Selbmann

—

Bunte Verse

**Der Autor** Rolf Selbmann lehrt Literaturwissenschaft an der LMU München. Promotion 1978 über den Bildungsroman, Habilitation 1994 zum Selbstverständnis des Schriftstellers von der Aufklärung bis zur Gegenwart. Monografien u.a. über den Bildungsroman, über Dichterdenkmäler, die Lyrik des Realismus, Gottfried Keller und die Deutsche Klassik. Außerdem zahlreiche Aufsätze zur Literatur- und Kulturgeschichte vom Mittelalter bis zum 21. Jahrhundert. Zuletzt: *Eine Kulturgeschichte des Fensters von der Antike bis zur Moderne* (2010); (hg. mit Walter Hettche): *Goethe und die Musik* (2012); *Nomen est Omen. Literaturgeschichte im Zeichen des Namens* (2013); *Die Wirklichkeit der Literatur. Literarische Texte und ihre Realität* (2016); *Literarische Geschwister. Praktiken des Textvergleichs* (2017); *Epochenjahr 1859. Kulturelle Verdichtung und geschichtliche Bewegung* (2018).

Rolf Selbmann

# Bunte Verse

Studien zur Lyrik über Farben

Königshausen & Neumann

*Bibliografische Information der Deutschen Nationalbibliothek*

Die Deutsche Nationalbibliothek verzeichnet diese Publikation in der Deutschen
Nationalbibliografie; detaillierte bibliografische Daten sind im Internet
über http://dnb.d-nb.de abrufbar.

© Verlag Königshausen & Neumann GmbH, Würzburg 2020
Gedruckt auf säurefreiem, alterungsbeständigem Papier
Umschlag: skh-softics / coverart
Umschlagabbildung: Farbenkreis, aquarellierte Federzeichnung von Goethe,
1809, Original: Freies Deutsches Hochstift – Frankfurter Goethe-Museum.
Wikicommons:
https://commons.wikimedia.org/wiki/File:Goethe,_Farbenkreis_
zur_Symbolisierung_des_menschlichen_Geistes-_und_Seelenlebens,_1809.jpg
(Letzter Zugriff: 09.12.2019)
Printed in Germany
ISBN 978-3-8260-6993-2
www.koenigshausen-neumann.de
www.libri.de
www.buchhandel.de
www.buchkatalog.de

## Farbenspiel

In einer Schule saßen zwei Schüler, von denen hieß der eine Schwarz, der andere Weiß, wie es sich treffen kann; der Schullehrer aber für sich hatte den Namen Rot.

Geht eines Tages der Schüler Schwarz zu einem andern Kameraden und sagt zu ihm: „Du, Jakob", sagt er, „der Weiß hat dich bei dem Schulherrn verleumdet." Geht der Schüler zu dem Schulherrn und sagt: „Ich höre, der Weiß hat mich bei Euch schwarz gemacht, und ich verlange eine Untersuchung. Ihr seid mir ohnehin nicht grün, Herr Rot!" Darob lächelte der Schulherr und sagte: „Sei ruhig, mein Sohn! Es hat dich niemand verklagt, der Schwarz hat dir nur etwas weißgemacht."

*(Johann Peter Hebel,*
*Erzählungen des Rheinländischen Hausfreundes, 1804-1819)*

# Inhalt

# Eine kleine Kulturgeschichte der Farbwahrnehmung

Am Anfang, als die Erde wüst und leer, vor allem aber dunkel war, gab es keine Farben. Doch sobald der biblische Schöpfungsbericht das Licht über die Finsternis ausgebreitet hatte, war diese Welt ohne Farben nicht mehr vorstellbar. Wie aber lässt sich diese Phänomen Farbe begreifen? Ist Farbe ihrem Wesen nach ein eigener Stoff oder nur eine Eigenschaft der Körper; ist sie eine Wirkkraft, eine Empfindung oder vielleicht nur ein Sinnesreiz? Wie man es dreht und wendet: Jedes neue Nachdenken darüber vervielfältigt die denkbaren Möglichkeiten und fügt einer Kulturgeschichte der Farbe ein weiteres Kapitel hinzu. An solchen Kulturgeschichten herrscht auch kein Mangel.[1] Darüber hinaus gibt es längst umfangreiche Farbtheorien, die uns das Wesen der Farben nicht nur geschichtlich erklären. Farbpsychologien behaupten sogar, jeder Farbe könnten menschliche Empfindungen, Verhaltensweisen oder gar Partnerschaftsvorlieben zugeordnet werden. Auf jeden Fall lasse sich belegen, dass und wie Farben auf Menschen wirken und welche tieferen Bedeutungen in allen diesen Farben schlummern.

## Theorien der Farbe

Vermutlich gehören die Erklärungsversuche, was denn das Wesen der Farbe sei, zu den frühesten Bemühungen der Menschheitsgeschichte, die Welt um sich zu verstehen. So begriff die Antike, indem sie sich auf archaische Überlieferungen und eigene Beobachtungen berief, Farbe als eine materielle Eigenschaft der Gegenstände selbst, gleichsam als eine Art ‚Farbstoff‘, der an den Dingen haftete. Um 600 v. Chr. war es Pythagoras, der die Meinung vertrat, das menschliche Auge sende Strahlen aus, wodurch Farbe als eine Substanz der Dinge sichtbar werde. Epikur hingegen verfocht eine Gegenposition, wonach vielmehr die Dinge selbst Strahlen aussenden, die dann vom Auge aufgenommen würden. Der römische Naturhistoriker Plinius bestimmte im zweiten Teil seiner berühmten *Naturgeschichte* die Farben ganz anders, nämlich als wesenhaft materiell. Dieser Materialität war geschuldet, dass sich Plinius ausführlich der Beschreibung ihrer Fundorte, ihrer Herstellung, ihrer Verarbeitung und

---

[1] Zu den bekanntesten zählen: John Gage: Kulturgeschichte der Farbe. Von der Antike bis zur Gegenwart. Ravensburg 1997; Victoria Finley: Das Geheimnis der Farben. Eine Kulturgeschichte. Berlin 2005; Alexandra Loske: Die Geschichte der Farben. München/London/New York 2019.

Benutzung unter besonderer Berücksichtigung der Wirkung solcher Farben widmete. Seine Farbtöne waren vor allem die, die er in seiner alltäglichen Umwelt sehen konnte, also Rot, Rotbraun und Erdfarben. Alle diese Farben lebten aus dem Kontrast zur Farbe Weiß, die als gleichsam farblos angesehen wurde:

Die Farben sind entweder düster oder lebhaft; Beides ist von ihrem Wesen oder von ihrer Wirkung abhängig. Lebhaft sind diejenigen, welche der Herr dem Maler liefert, wie Minium, Armenium, Cinnabaris, Chrysokolla, Indicum, Purpurrissum; die andern sind düster. Von allen aber entstehen einige von selbst, andere werden künstlich bereitet. Natürliche Farben sind Sinopis, Rubrica, Paraitonion, Melinum, Eretria, Auripigmentum. Alle andern werden künstlich bereitet, namentlich die, welche wir bei den Erzen erwähnt haben, außerdem aber von den gemeineren Farbstoffen Iochra, gebrannte Cerussa, Sandaraca, Sandyx, Syricum, Atramentum.[2]

Plinius fügte auch gleich hinzu, dass die berühmtesten Maler aller Zeiten mit nur vier Farben auskämen, die alle aus dem genannten Farbenspektrum stammten.

Schon immer staunten die Altphilologen, dass es in den antiken Texten kein blaues Meer gab. Sollen die alten Griechen und Römer etwa ‚blaublind' gewesen sein?[3] Die Erklärung war so verblüffend wie einleuchtend: Farben mit Blautönen wurden aus Indien importiert, worauf schon ihr Name hinwies (‚indigo'); zudem waren diese Farben ziemlich teuer und wenig haltbar. Blau galt daher als eine orientalische, mithin barbarische Farbe und taugte nicht recht für das heimische Farbenspektrum. Für die Alten war das Rot die eigentliche Farbe des Lichts, das Meer konnte höchstens weinfarben sein.

Dabei hatte schon Aristoteles im 4. Jahrhundert v. Chr. in seiner Abhandlung *Über die Seele* bei der Untersuchung des Gesichtssinns viel kühner argumentiert, indem er die Farbe an die Existenz des Lichts band und von einem komplexen Wahrnehmungsvorgang abhängig machte:

---

[2] Cajus Plinius Secundus Naturgeschichte. Uebersetzt und mit erläuternden Registern versehen von Dr. Christian Friedrich Lebrecht Strack, weiland Professor in Bremen. Ueberarbeitet und herausgegeben von Dr. Max Ernst Dietrich Lebrecht Strack, Oberlehrer am Königl. Friedrich-Wilhelms-Gymnasium zu Berlin. Dritter Theil. Bremen 1855, S. 446.
[3] Vgl. Michel Pastoureau: Blau. Die Geschichte einer Farbe. Leicht gekürzte Ausgabe. Aus dem Französischen von Antoinette Gittinger. Berlin 2013 (= Wagenbach Taschenbuch 718), S. 21.

Das Sichtbare ist nämlich Farbe. Diese findet sich bei dem an sich Sichtbaren. Das Ansich kommt ihm nicht dem Begriffe nach zu, sondern weil es in sich selbst die Ursache des Sichtbarseins hat. Jede Farbe ist bewegendes Prinzip des wirklich durchsichtigen Mediums und dies ist die Natur. Daher ist sie nicht sichtbar ohne Licht, sondern alle Farbe an jedem Objekt wird im Licht gesehen.[4]

Diese Erkenntnis des Aristoteles ging weit über das hinaus, was in der Antike durch bloße Naturbeobachtung festgestellt werden konnte. Bei seiner Argumentation drehte sich Aristoteles freilich etwas im Kreis, wenn er ausgerechnet das ‚Durchsichtige‘, also das eigentlich Farblose, zum Trägermedium der Farbe erhob: „Was Farbe aufzunehmen vermag, ist das Farblose".[5]

Für das gesamte Mittelalter galten Plinius und Aristoteles als fraglose Autoritäten. Deshalb konnten sich beide Positionen, die materialistische des Plinius wie die lichtorientierte des Aristoteles, nebeneinander und gleichzeitig lange halten. So übernahm das Mittelalter, vertreten etwa durch Thomas von Aquin, wie selbstverständlich die Vorstellung des Aristoteles, dass beim Farbensehen „Sinnesbilder", er nannte sie „phantasmata", aufgerufen werden,[6] wobei dem Gesichtssinn engere Grenzen als dem Intellekt gezogen seien. Farbe war also eher eine Vorstellung als eine in der Realität vorkommende Erscheinung. Albertus Magnus arbeitete in seiner Abhandlung *De Mineralibus* um 1250 beide Gedankengänge in die christliche Weltsicht ein, indem er den Farben „magische Kräfte" innerhalb einer göttlichen Weltordnung zuschrieb, andererseits den mineralischen Charakter dieser Farben besonders hervorhob. Auffällig ist dabei die mangelhafte Präzision seiner Farbbegriffe, die weit hinter die Bezeichnungen der Antike zurückfiel; über die Farben schrieb er:

weil sie im Grunde mit ihrer Leuchtkraft und Transparenz eher Erscheinungen des Himmels glichen. Daher sagen manche, Edelsteine seien aus Elementen geformte Sterne.

Denn in den oberen Sphären gibt es, so sagen sie, gleichsam vier Farben, welche auch die Farben sind, die man am häufigsten in Edelsteinen antrifft. Deren eine ist die Farbe der sternenlosen Sphäre, die jedermann saphirn heißt; und diese Farbe ist in hervorstechender Weise die des Saphirus, nach dem sie benannt ist ... Die zweite Farbe ist die der meisten Sterne, die helles, strahlendes Weiß genannt wird;

---

[4] Aristoteles: Philosophische Schriften in sechs Bänden. Darmstadt 1995. Band 6, S. 45.
[5] Ebd., S. 46.
[6] Vgl. Thomas Marschler: Sicut se habent colores ad visum, ita se habent phantasmata ad intellectum. Aristotelische Licht- und Farbmetaphorik in der Erkenntnislehre des Thomas von Aquin († 1274), in: Ingrid Bennewitz/Andrea Schindler (Hrsg.): Farbe im Mittelalter. Materialität – Medialität – Semantik. Band II. Berlin 2011, S. 841.

und dies ist die Farbe des Adamas [Diamant], des Berylls und zahlreicher anderer Steine. Die dritte wird als glühend und leuchtend bezeichnet; dies sind die Sonne und Mars und bestimmte andere Sterne; und dies ist vor allem die Farbe des Karfunkels ... Und daher heißt es, der Karfunkel sei der edelste, der die Kräfte aller anderen Steine besitze; weil er eine Kraft ähnlich der der Sonne erhalte, die edler sei als alle anderen himmlischen Kräfte.[7]

Auf diese Weise entstand eine Hierarchie der Farben, deren Rangfolge sich nach Wertsetzungen des göttlichen Universums richtete. Sie wurde während des gesamten Mittelalters noch gesteigert durch eine sakrale Aufladung des Chromatischen, man denke an die Lichttheologie, die sich um die gotischen Glasfenster rankte. Durch sie konnten die Vorstellungen von farbigem Licht sogar noch ins Religiöse gesteigert werden. So arbeitete sich die hochmittelalterliche Theologie daran ab, wer für diese Farbwirkung eigentlich verantwortlich sei: göttliches Licht („lux"), der Abglanz davon („lumen") oder nur reflektiertes Licht („splendor").[8] Abt Suger von Saint Denis, der als der Begründer der Gotik gilt, begriff das Licht als Ausfluss der Göttlichen und wollte möglichst viel davon in seine Kirche einströmen lassen. Für die Zisterzienser in der Nachfolge Bernhards von Clairvaux galt Farbe hingegen als Luxus und Ablenkung, da sie nur eine Oberflächenerscheinung sei; was sich darunter verberge, bleibe im Dunkeln. Farben hätten daher in der Kirche nichts zu suchen.

Gegenüber solchen spirituellen Aufladungen setzte sich im Alltag jedoch die *Materialität* der Farben durch, etwa in der Bekleidung. Hier beschränkten sich die Farben zumeist auf Schwarz, Weiß, Rot und Grün, weil diese sich durch eine klare Unterscheidbarkeit auszeichneten. Auch die mittelalterliche Heraldik hatte die religiös aufgeladenen Farbphilosophien ins handfest Praktische gewendet. Sie arbeitete mit der Leuchtkraft und der Kontrastwirkung weniger Grundfarben wie Schwarz, Weiß oder Rot und entwickelte daraus eine Wertordnung und Rangfolge zwischen den Farben. Durch die Dominanz einer einzigen Grundfarbe konnte auf Farbkontraste oder Mehrfarbigkeit ganz verzichtet werden: Monochromie war schon von weitem deutlich sichtbar und dadurch wirkungsvoller als Zwischentöne – man denke an den „Roten Ritter" Parzival oder seinen Vater Gahmuret, der als „Grüner Ritter" aufgetreten war.[9] Bis weit in die Frühe Neuzeit popularisierten sich solche Farbabgrenzungen in den zahl-

---

[7] Zit. nach John Gage: Kulturgeschichte der Farbe, S. 74.
[8] Vgl. Victoria Finley: Das Geheimnis der Farben.
[9] Carolin Oster: Die Farben höfischer Körper. Farbattribuierung und höfische Identität in mittelhochdeutschen Artus- und Tristanromanen. Berlin 2014 (= Beiträge zu einer kulturwissenschaftlichen Mediävistik 6), bes. S. 19-26 zur Farbsymbolik.

losen Kleiderordnungen, die nicht nur über Stoffe, Material und Accessoires, sondern auch über ganz konkrete Farbzuteilungen die einzelnen gesellschaftlichen Gruppen und Stände definierten und von einander abgrenzten. Blau kam in diesen Kleiderordnungen aus den schon genannten Gründen kaum vor; der Durchbruch der Farbe Blau begann erst mit dem Marienkult.[10]

Erstaunlicherweise spielte für die mit Beginn der Neuzeit schon hoch entwickelte Malerei die Frage nach dem Wesen von Farbe kaum eine Rolle. Der Streit zwischen „disegno" und „colore" war leicht durch ein unschlagbares Argument zu entscheiden: Eine Zeichnung könne ohne Farbe, aber die Farbe nicht ohne Zeichnung existieren. Bis ins 18. Jahrhundert galt diese Position so gut wie unangefochten, mochten auch die praktizierenden Maler insgeheim ganz anders denken und diese theoretische Gültigkeit in ihrer alltäglichen Arbeit einfach unterlaufen. Manche sprachen zur Rechtfertigung ihres intensiven Farbgebrauchs von einer Beseelung, die von diesen Farben ausgehe.[11] Die Maler hatten es naturgemäß weniger mit den reinen Farben als mit den Übergängen und den Mischungsverhältnissen zwischen den Farben zu tun, so dass die Kluft zwischen malerischer Praxis und theoretischer Auseinandersetzung lange nicht geschlossen werden konnte. So orientierten sich auch die ersten grafischen Darstellungen von Verhältnissen der Farben zueinander, etwa diejenige des Arztes und Hermetikers Robert Fludd von 1626, weniger an der Bildhaftigkeit der Farbwirkung als an der ihnen zugeordneten Symbolik.

Den entscheidenden Bruch, der auch einen Paradigmenwechsel für die gesamten Naturwissenschaften darstellte, markierte Isaac Newton 1704 mit seiner Abhandlung *Opticks: or, a treatise of the reflexions, refractions, inflexions and colours of light*. Dabei kam Newtons spektakuläre Entdeckung nicht aus dem Nichts. Denn es hatte Vorläufer gegeben, die schon in eine ähnliche Richtung dachten wie beispielsweise der Aufklärer René Descartes mit *Dioptique* (1637), oder der Leibarzt Kaiser Rudolfs II., V. A. Scarmilionis, der in *De Coloribus* (1601) von nur fünf Grundfarben ausging; alle anderen entstünden erst durch Mischung. Robert Boyle fixierte solche Einsichten 1664 mit *Experiments & Considerations Touching Colors*. Im Unterschied zu diesen seinen Vorgängern stellte Newton hingegen eine einheitliche, naturwissenschaftlich und experimentell begründete Theorie auf, in der er nachwies, dass alle Farben aus der

---

[10] Pastoureau, Blau, S. 41-45.
[11] Verena Krieger: Die Farbe als „Seele" der Malerei. Transformationen eines Topos vom 16. Jahrhundert zur Moderne, in: Marburger Jahrbuch für Kunstgeschichte 33 (2006), S. 91-112.

Brechung der Strahlen des weißen Lichts zu erzeugen seien bzw. umgekehrt, dass alle Farben zusammen genommen weißes Licht ergäben. Newton zeichnete auch als erster einen Farbkreis, der beanspruchte, ein in sich geschlossenes System zu bilden. Darin lagen sich die Komplementärfarben genau gegenüber, obwohl die unterschiedlichen Wellenlängen der Farben eigentlich unterschiedlich große Kreissegmente hätten ergeben müssen. Newton ordnete auf seinem Farbkreis übrigens auch die Töne der Tonleiter den einzelnen Farben zu, was durch seine experimentellen Befunde natürlich nicht gedeckt war. Außerdem setzte er das weiße Licht auf einen Nullpunkt in die Mitte des Kreises, denn Schwarz und Weiß hatten in diesem neuen Farbspektrum keinen Platz mehr.

Solche Schlussfolgerungen blieben zwar Spekulation, da sie durch die Experimentalanordnung nicht belegt waren. Mit seiner Entdeckung verschob Newton das Augenmerk von der Bedeutsamkeit der Farbe auf ihre *Funktionalität*; die ungeahnten Auswirkungen, die sich dadurch auf die zeitgenössische Physik ergaben, begründeten die moderne Optik. Ihre Akzeptanz lebte auch von Rückkopplungseffekten mit der malerischen Praxis. Sowohl bei Newtons Versuchen als auch bei der damals modernen Malerei kam es darauf an, die Farbwirkung zu intensivieren. Dies geschah, indem man die Umgebung abdunkelte und sich auf eine vereinzelte, zum Lichtstrahl reduzierte Lichtquelle konzentrierte. Um 1600 hatte Caravaggio dies mit seinen sensationellen Bildern malerisch vorgemacht. Dadurch war es möglich, die „Zerlegung des Regenbogens" in Angriff zu nehmen, ohne das dabei gefundene Farbspektrum durch religiöse Hilfskonstruktionen rechtfertigen zu müssen.[12]

Newtons Erschütterung der Denkformen seiner Epoche blieb nicht ohne Widerstand. Dieser kam nicht nur, wie zu erwarten war, von orthodoxen Kirchenvertretern und rückwärtsgewandten Wissenschaftsverächtern, die eine rechnerische Zerlegung des göttlichen Sonnenlichts grundsätzlich ablehnten. Einsprüche kamen auch von der Seite einer Naturauffassung, der die Vorstellung prinzipiell unerträglich war, dass ausgerechnet im weißen, gleichsam leeren Licht alle, auch die leuchtendsten Farben enthalten sein sollten. Berühmt geworden ist Goethes *Farbenlehre* von 1810 und sein jahrzehntelanges, letztlich vergebliches Bemühen, Newtons Farbtheorie zu falsifizieren oder ihr eine eigene, in sich stimmige Farbenlehre gegenüberzustellen. Für Goethe war nicht Weiß, sondern Purpur die Farbe, die alle anderen Farben enthielt. Goethe ging dabei nicht von physikalischen Messungen oder Berechnungen aus, sondern von der Mischung der Farben beim Malen. Goethes Gegenexperimente zu Newton

---

[12] Vgl. Gage, Kulturgeschichte der Farbe, S. 93ff.

blieben immer auf ein Beobachtersubjekt bezogen, da er sich nur am Bildcharakter der Farben orientierte. Goethe war vor allem an der emotionalen Wirkung der Farben auf den Menschen interessiert. Berühmt ist sein gedoppelter Farbenkreis geworden, der den einzelnen Farben im ersten Kreis moralische Kategorien wie „edel" oder „gemein", in einem zweiten Kreis dann darauf bezügliche Charaktereigenschaften wie „Verstand", „Sinnlichkeit" oder „Phantasie" zuordnete. Goethe konzentrierte sich bei seinen Experimenten immer stärker auf die Ränder der Farben, ihre Schatten und ihre Trübungen; er entdeckte die Nachbilder, die bei längerem Fixieren farbiger Gegenstände entstehen und sich vor andersfarbigen Hintergründen verändern. Er bestand gegen Newtons Funktionalität auf der *Spiritualität* der Farben und ihrer Wirkungen. Während Goethe von den zeitgenössischen (und späteren) Naturwissenschaftlern nicht ernst genommen und wegen seiner manischen Bekämpfung Newtons belächelt wurde, fand er mit seinem Beharren auf den Empfindungswerten der Farben bei den Künstlern der Romantik von Philipp Otto Runge bis William Turner Sympathie und Nachfolge.

Während des 19. Jahrhunderts verschoben sich Untersuchungen im Bereich der Farbe von der Optik zur Physiologie. Sie konzentrierten sich immer stärker darauf, in welcher Weise die Rezeption im menschlichen Auge für die Wirkung von Farbe von Bedeutung sein könnte. Was zunächst wie eine neue *Subjektivität* im Umgang mit Farbe aussah, stützte sich auf die Entdeckung, dass im menschlichen Auge nur drei Typen von Rezeptoren für die Wahrnehmung aller möglichen Farben verantwortlich waren. Hermann von Helmholtz konnte dies 1852 in *Ueber die Theorie der zusammengesetzten Farben* plausibel machen und in seinem *Handbuch der physiologischen Optik* 1867 noch einmal systematisch zusammenfassen. Nicht zufällig fand diese Entdeckung in einer Zeit statt, in der auch die angeblich objektive Realität grundsätzlich in Frage gestellt wurde. Dazu passte es gut, dass auch im Bereich der Farben keine ‚objektive' physikalische Materialität nachzuweisen war, dass Farben vielmehr subjektiv und damit von jedem Betrachter in jeweils anderer Form wahrgenommen werden. Für die Wissenschaftler mochte dies eine das Weltbild erschütternde Erkenntnis sein: die zeitgenössischen Künstler hatten dies immer schon geahnt und intuitiv in ihre malerische Praxis umgesetzt. Der malerische Impressionismus, noch stärker der sog. Pointillismus arbeitete mit der unmittelbaren Anwendung solcher Erkenntnisse, indem er unvermischte Farbpunkte unvermittelt nebeneinander auf die Leinwand setzte, die sich dann im Auge des Betrachters zu einem homogenen Farbeindruck rundeten. Auch damit war gezeigt, dass Farbe nicht durch und aus sich selbst existiert, sondern eines dazu geeigneten und bereiten Rezeptionsorgans bedarf. Das bestätigten auch Experimente wie dasjenige des französische Physiologen Charles Féré, der 1887 nachwies, dass verschiedenfarbiges Licht unterschiedliche Muskelkontraktionen hervorrufen konnte. Es dauerte nicht mehr lange, bis Sigmund Freud die Farben auch für seine Traumdeutung nutzbar machte; Farben galten dabei als „verlässlichste Affektrepräsentanz".[13]

Für die Gegenwart sieht es so aus, als seien Wesen und Wirkung von Farbe vollständig erforscht. Wir wissen heute ganz genau, dass das menschliche Auge nur einen geringen Frequenzbereich des Lichts, nämlich zwischen 0,0038 und 0,0075 Millimetern wahrnehmen kann; nur in diesem Bereich gibt es für uns sichtbares Licht, nur in diesem Frequenzabschnitt können auch Farben auftauchen. In diesem Bereich lassen sich Farben als elektrisches Erregungspotential darstellen.[14] Andererseits ist es heute technisch problemlos möglich, die physiologischen Grenzen der Farbwahrnehmung zu überschreiten und jeden nur denkbaren Farbton künstlich zu erzeugen – mit einer Leuchtintensität, die jeden Maler vor Neid erblassen lässt.[15] Der völlig willkürliche Umgang mit Farben, der beliebige Farbwechsel jeglicher Objekte ist immer und jederzeit machbar. Die *Virtualität* der Farben hat längst über das ‚natürliche' Farbspektrum gesiegt, denn jede vorstellbare Farbe ist auch darstellbar.

## Die Wirkung von Farbe

*Dass* Farbe wirkt, ist unbestritten. Doch *was* bewirkt sie? Farbwahrnehmung mag ein nachgewiesener physikalischer, biologischer und neuropsychologischer Vorgang sein; vor allem aber ist er ein kulturelles Phänomen. Biologische Kontexte und psychophysische Bedingungen stecken nur den Rahmen ab, innerhalb dessen jedes Subjekt die Farbigkeit der Welt jeweils ganz anders wahrnimmt. Die individuelle psychische Wirkung von Farbe, welchen Gefühlswert das Subjekt seiner Wahrnehmung zuschreibt, reicht aber noch weiter. Auch deshalb sind Farben eine kulturelle Angelegenheit und noch weitergehend: Farbwahrnehmung ist untrennbar an soziale und sogar geschichtliche Bedingungen geknüpft.[16]

---

[13] Joachim F. Danckwardt: Farben im Traum. Ein Beitrag zur Traumdeutung Sigmund Freuds, in: Forum der Psychoanalyse 22 (2006), S. 167.
[14] Vgl. Christoph von Camphausen: Von der Psychophysik der Farben. Bildhafte Farbsysteme von Malern und Physikern, in: Norbert Elsner (Hrsg.): Bilderwelten. Vom farbigen Abglanz der Natur. Göttingen 2007, S. 62.
[15] Herbert W. Roesky: Pinakothek der Chemie, in: ebd., S. 78f.
[16] Vgl. Andreas Heberstreit: Die soziale Farbe. Wie Gesellschaft sichtbar wird. Berlin/Zürich 2007; vgl. schon Rudolf Hochegger: Die geschichtliche Entwickelung des

Die Farbpsychologie, auch wenn sie sich noch nicht so bezeichnete, hatte immer schon intersubjektiv nachweisbare Lieblingsfarben statistisch erfasst oder die Empfindungswerte von Farben zu messen versucht, man denke an Goethes Farbenkreis, den Schiller 1799 zu einer Temperamentenrose erweiterte, indem er den einzelnen Farben zuerst menschliche Handlungstypen zuordnete, etwa „Helden", „Liebhaber", „Lehrer", „Herrscher", und dann durch einen weiteren Ring mit den Eigenschaften der klassischen Temperamentenlehre erweiterte.[17] Die Entscheidungsgrundlagen seiner Farbzuordnungen thematisierte Schiller nicht, weil er sich bewusst war, dass es sich hierbei um eine Normsetzung, nicht um eine Beschreibung handelte. Die volkstümliche Farbpsychologie hat dieses Angebot dann dankend angenommen und angewendet.

Mit welcher Begründung verbinden die meisten Menschen mit Rot Erregung und Aktivität, mit Blau hingegen Ruhe und Zufriedenheit? Ist eine von dieser Norm abweichende Wahrnehmung schon ein Indiz für einen psychischen Defekt? Dass die vier Grundfarben Rot, Blau, Gelb und Grün etwas ‚bedeuten', also etwas über das Wesen eines sie in einer bestimmten Reihenfolge auswählenden Menschen aussagen, hat erstmals so plakativ Max Lüscher behauptet.[18] Der Erfolg seiner These bis hin zur leicht anwendbaren Lebenshilfe belegt die Übereinstimmung mit allgemein akzeptierten Zuordnungen, deren Rezepte und Vorhersagen denen des Horoskops ähneln. Entsprechen Farben Stimmungen, charakterisieren sie Lebenshaltungen? Gibt es den Rot-, Blau-, Gelb- oder Grüntyp? Für die Modeberatung mögen sich daraus hilfreiche Kaufanweisungen ableiten lassen, zum genaueren Verständnis von Farbwirkungen tragen sie aber nichts bei.

Die Farbsymbolik arbeitet weniger holzschnittartig, aber genauso assoziativ. Dass Weiß für die Unschuld, Rot für Liebe und Leben steht, bestimmen die gesellschaftlichen Konventionen und die kulturellen Traditionen mehr als das individuelle Empfinden. Schwarz gilt nur in unserem Kulturkreis als Trauerfarbe; in anderen kleidet man sich im Trauerfall weiß, rot oder ganz bunt. Aus dem *Handwörterbuch des Aberglaubens* und den Sprichwörterbüchern ließe sich eine Vielzahl von völlig willkürlich deutbaren Beziehungen zwischen Farben und kulturkonformen Verhal-

---

Farbensinnes. Eine psychologische Studie zur Entwickelung des Menschen. Innsbruck 1884.

[17] Peter Schmidt: Goethes Farbensymbolik. Untersuchungen zu Verwendung und Bedeutung der Farben in den Dichtungen und Schriften Goethes. Berlin 1965 (= Philologische Studien und Quellen 26), S. 66.

[18] Max Lüscher: Der 4-Farben-Mensch oder der Weg zum inneren Gleichgewicht. München 1977.

tensanweisungen zusammenstellen; bis auf Gelb und Grau, die fast immer negativ besetzt sind, ist so gut wie jede Deutung möglich.[19]

## Die Sprache der Farbe

Wahrnehmung, Empfindung und Bedeutung von Farbe sind von den Begriffen abhängig, die man zu ihrer Erfassung und Erklärung benutzt. Schon in der Mitte des 17. Jahrhunderts hatte sich Justus-Georg Schottelius in seiner *Teutschen Sprachkunst* Gedanken darüber gemacht, dass und wie „Gott gleichfalls alle Natur durch die Kunst der Sprachen umbgrenzet".[20] Für die Farbbezeichnungen stellte er fest:

Die Natur ist wunderreich / und spielet überkünstlich in dem mannigfaltigen Unterschiede der Farben: dennoch meyne ich soll die Kunst unserer Teutschen Sprache der Natur hierinn nichts bevorgeben / sondern die hunderterley Arten der Farben alle nachreden / und zwar kürtzlich / lieblich und gründlich.[21]

Schottelius benannte „außer den Namen der Hauptfarben (als weiß / schwarz / roth /ec. welche andere Sprache mit uns gemein haben)" ganze Listen von Farbkomposita,[22] wobei er „Mittelfarben" („außgesprochen durch ein Wort / so von den zweyen vermischeten Farben verdoppelt wird") von „glänzenden / hellscheinenden Farben" wie z. B. „grün-blanck" und „eine etwa halbscheinende Farbe" (wie z. B. bräunlich) unterschied.[23] So konnte er am Ende zufrieden feststellen: „Und also von allen / wodurch ein Teutscher / wie gesagt / der Natur kann nachgehen / und dieselbe / wie sie auch spielet und sich menget / gar wol und vernehmlich abbilden".[24]

Einer der bekanntesten Sprachphilosophen, Ludwig Wittgenstein, war mit dieser Zufriedenheit über die Leistungsfähigkeit der Sprache beim Benennen von Farben nicht einverstanden. Wittgenstein hat in seinen

---

[19] Vgl. Joachim Knuf: Unsere Welt der Farben. Symbole zwischen Natur und Kultur. Köln 1988; Margarete Bruns: Das Rätsel Farbe. Materie und Mythos. Stuttgart 1997.

[20] Justi-Georgii Schottelii / Einbeccensis, / Teutsche / Sprachkunst / Darinn die / Allerwortreichste / Prächtigste / reinlichste / voll- / kommene / Uralte Hauptsprache / der Teutschen auß jhren Gründen erhoben / dero Eigenschafften und Kunststücke völliglich ent- / deckt / und also in eine richtige Form der Kunst / zum ersten mahle gebracht / worden. / Abgetheilet / in / Drey Bücher. Braunschweig 1641, S. 106.

[21] Ebd., S. 121.

[22] Ebd., S. 122.

[23] Ebd., S. 124.

[24] Ebd., S. 125.

*Bemerkungen über die Farben* von 1951 genau diesen Zusammenhang (oder eher: Nichtzusammenhang) zwischen der menschlichen Farbwahrnehmung und der Begriffsbildung untersucht. Ist das Farbdenken an ein vorgegebenes Farbvokabular gebunden oder schaffen umgekehrt erst definierte Farbbegriffe bestimmte Farbvorstellungen?[25] Welche Farbvorstellung verbinde ich ganz persönlich mit einem Farbbegriff? Offensichtlich gibt es unterschiedlich intensive Farbbegriffe, je nach dem kulturellen Hintergrund und der eigenen Lebenserfahrung, vor denen sie aufscheinen: Ist „flaschengrün" eindeutiger farblich definiert als „meergrün"? Insofern gilt es bei jeder Farbuntersuchung immer auch „die Geschichtlichkeit der Farben aufzuzeigen und zu ergründen".[26]

Die empirisch arbeitende Linguistik hat solche Assoziationen hinter sich gelassen und ganz andere Wege beschritten. In Fortschreibung der Spracherwerbsthesen von Edward Sapir und Edward Lee Whorf gehen die Verfechter der sprachlichen *Relativitätstheorie* davon aus, dass das Farbvokabular analog zur allgemeinen Sprachentwicklung aus dem jeweiligen Kulturkreis entsteht. Dadurch unterscheiden sich alle Sprachen mehr oder weniger deutlich voneinander. Berühmt geworden sind zwei höchst anschauliche, immer wiederholte Beispiele: In der Sprache der Eskimos soll es, gemäß ihrem Lebensumfeld, zahlreiche ganz unterschiedliche Begriffe für die Weißheit von Schnee und Eis geben; Amazonas-Indianer verfügten angeblich über mehrere Dutzend verschiedener Begriffe zur Differenzierung der Farbe Grün in ihrer Urwaldwelt. Abgesehen davon, dass die Beweiskraft dieser und ähnlicher Beispiele umstritten ist, weil sie vermutlich auf einer mangelhaften Kenntnis der beobachteten Sprache beruht[27] – die diametrale Gegenposition ließ nicht lange auf sich warten. 1969 stellten Brent Berlin und Paul Kay die *Universalitätstheorie* auf, die besagt, dass alle Sprachen der Welt in ihrem Farbvokabular gleichartig strukturiert seien.[28] Die Untersuchung von solchen „Basic Color Terms" in 40 Sprachen ergab, dass in allen diesen Sprachen nur elf Farbgrundwörter auftauchten, nämlich weiß, schwarz, rot, grün, gelb, blau, braun, violett, rosa, orange, grau. Die Untersuchung glaubt nun unterschiedliche Entwicklungsstadien der einzelnen Sprachen an der Dif-

---

[25] Zum älteren Stand vgl. Helmut Gipper: Die Farbe als Sprachproblem, in: Sprachforum 1 (1955), S. 135-145.

[26] John Gage: Die Sprache der Farben. Bedeutungswandel der Farbe in der bildenden Kunst. Ravensburg 1999, S. 8.

[27] Vgl. dazu Beat Lehmann: ROT ist nicht „rot" ist nicht [rot]. Eine Bilanz und Neuinterpretation der linguistischen Relativitätstheorie. Tübingen 1998 (= Tübinger Beiträge zur Linguistik 431).

[28] Brent Berlin/Paul Kay: Basic Color Terms. Their Universality and Evolution. Berkeley/Los Angeles/Oxford 1969.

ferenzierung des Farbvokabulars festmachen zu können. In Sprachen des ersten Stadiums gibt es nur die zwei Farbgrundwörter schwarz und weiß; bei Sprachen des zweiten Stadiums hat sich schon eine weitere Farbe, hier Rot, dazwischengeschoben, bis sich im siebten und letzten Stadium alle elf Farbgrundwörter herausgebildet haben. Diese Zuspitzung ist mittlerweile relativiert worden und hat – zumindest für die Literaturwissenschaft – eine Art quantitative Textanalyse hervorgebracht, die die Häufigkeit von Farbwörtern statistisch untersucht.[29]

Der Ausgang des (immer noch offenen) Streits hat insofern für die Farbbegriffe wenig Bedeutung, als solche „Basic Color Terms" nur die unterste Stufe des Problems ersteigen. Schon Wittgenstein hatte darauf hingewiesen, dass bei jedem Reden über Farbe letztlich „Sprachspiele" entscheiden,[30] weil es eine unübersteigbare Hürde zwischen der Wahrnehmung der Farbe und ihrer Verbalisierung gibt: „Denn über die Begriffe der Farben wird man durch Schauen nicht belehrt."[31] Denn was kann, fest eingeführt in der deutschen Sprache, nicht alles „Rot" sein?[32]

antik-, blaß-, blut-, blutig-, bordeaux-, brand-, brennend-, braun-, brown-, burgunder-, cardinal-, carmoisin-, chrom-, cyclamen-, dunkel-, düster-, englisch-, erdbeer- (fraise), erika-, fahl-, feuer-, flammen-, fuchs-, garibaldi-, glühend-, glut-, granat-, hektisch-, hell-, himbeer-, hoch-, husten-, hyacinth-, karmin-, kirsch- (cerise), knall-, korallen-, krapp-, kupfer-, lachs-, leuchtend-, licht-, maccarat-, matt-, mennig-, nelken-, orange-, päonien-, pfirsich-, ponceau-, postillons-, purpur-, puter-, rosa-, rosen-, rosinen-, rost-, rubin-, scham-, scharlach-, schreiend-, tief-, tulpen-, türkisch-, wein-, weinhefen-, ziegelrot; zinober; brique (Ziegel); rouge; solferino; vermillon- = (scharlach); incarnat = (granatblütenfarben); incarnadin = (fleischfarben); pompejanisch.[33]

Jeder professionelle Verkoster von Rotweinen verfügt über noch mehr Begriffe. Das gilt vermutlich für alle Grundfarben.[34] Und was ist mit den

[29] Toni Bernhart: Die Vermessung der Farben in der Sprache. Zur Berlin-Kay-Hypothese in der Literaturwissenschaft, in: Literaturwissenschaft und Linguistik 38 (2008), S. 56-78.
[30] Ludwig Wittgenstein: Bemerkungen über die Farben / Remarks on colour. Hrsg. von G. E. M. Anscombe. Oxford 1977, S. 3.
[31] Ebd., S. 12; vgl. dazu Frederik A. Gierlinger: Wittgensteins *Bemerkungen über die Farben*. Frankfurt a. M. 2015 (= Forschungsergebnisse der WLL Wirtschaftsuniversität Wien 60).
[32] Zur Zuordnung der Farbe Rot zum Begriff vgl. Galen Strawson: ‚Red' and ‚Red', in: Synthese 78 (1989), S. 193-232.
[33] So eine „Bezeichnung der Farben" von 1927, zit. nach: Basic Color Terms, S. 333f.
[34] Vgl. Angelika Lochmann/Angelika Overath (Hrsg.): Das blaue Buch. Lesarten einer Farbe. Nördlingen 1988 (= Krater Bibliothek).

anderen, den noch vielfältiger zusammengesetzten, durch Vergleiche entstandenen oder soeben neu erfundenen Begriffen? Offensichtlich gibt es nicht nur eine fundamentale „Schwierigkeit, über Farbe zu reden",[35] sondern sogar eine „basale Angst vor der Farbe", wenn es gilt, diese in geeignete Worte zu fassen.[36]

## Poetik der Farbe

Was bedeutet dieser Befund für den Umgang der Literatur mit Farbe? Literaturtheoretisch gesprochen steht poetische Sprache bekanntlich im Spannungsfeld von Wirklichkeits- und Fiktionsreferenz ihrer sprachlichen Aussagen. Sucht sie eher den Anschluss an das Realsystem („tomatenrot", „taubengrau"), so erhalten wir ‚realistische' Aussagen, die leichter intersubjektiv nachvollzogen, in unsere Lebenswirklichkeit eingeordnet und aus ihr verstanden werden können. Neigt die poetische Sprache jedoch eher in die Gegenrichtung („Frühlingswolkenmorgenrot", „knochengrün wie ein Geistesblitz"), dann erscheinen uns diese Aussagen unpräziser, aber eben auch ‚dichterischer', nämlich tiefsinniger und damit interpretationsrelevanter.[37] Die Folgerung, literarische Texte bräuchten ihre Farbbegriffe nur immer weiter im letzteren Sinn zu steigern, um dadurch immer dichterischer zu werden, ist aber ein Fehlschluss.[38] Das hat schon Gottfried Benn 1951 in seinem Vortrag *Probleme der Lyrik* angemahnt, indem er den exzessiven Gebrauch der „Farbenskala" in der Lyrik als „das Mittelmäßige schlechthin unerlaubt und unerträglich" geißelte[39] und selbstkritisch erläuterte:

Beachten Sie, wie oft in den Versen Farben vorkommen. Rot, purpurn, opalen, silbern mit der Abwandlung silberlich, braun, grün, orangefarben, grau, golden –

---

[35] Vgl. Christel Meier: Von der Schwierigkeit, über Farbe zu reden, in: Michael Scheffel/Silke Grothues/Ruth Sassenhausen (Hrsg.): Ästhetische Transgression. Festschrift für Ulrich Ernst zum 60. Geburtstag. Trier 1006, S. 81-99.

[36] So Monika Schausten (Hrsg.): Die Farben imaginierter Welten. Zur Kulturgeschichte ihrer Codierung in Literatur und bildender Kunst vom Mittelalter bis zur Gegenwart. Berlin 2012, S. 16.

[37] Vgl. dazu Ulrich Ernst: Polychromie als literaturästhetisches Programm. Von der Buntschriftstellerei der Antike zur Farbtektonik des modernen Romans, in: Schausten, Die Farben imaginierter Welten, S. 63f.: „Fazit: Grundlinien einer Poetik der Polychromie".

[38] Vgl. dagegen ebd., S. 63: „suggeriert Polychromie literarisch eine bunte Fülle und breitgefächerte Mannigfaltigkeit des ästhetischen Gebildes".

[39] Gottfried Benn: Gesammelte Werke in acht Bänden. Hrsg. von Dieter Wellershoff. Wiesbaden 1968, Band 4, S. 1069.

hiermit glaubt der Autor vermutlich besonders üppig und phantasievoll zu wirken, übersieht aber, daß diese Farben reine Wortklischees sind, die besser beim Optiker und Augenarzt ihr Unterkommen finden. In Bezug auf eine Farbe muß ich mich an die Brust schlagen, es ist: Blau – ich komme darauf zurück.[40]

Denn die ästhetische Wirkung von Schwärze wie z. B. in dem bekannten Vers „Der Wald steht schwarz und schweiget" aus Matthias Claudius' *Abendlied* wird eben nicht durch ein besonders intensiviertes Farbadjektiv hervorgerufen, sondern lebt gerade von seiner Kargheit. Assonanzen, Alliteration, Metrum, Satzstellung und die ungewöhnliche adverbiale Verwendung von „schwarz" erzeugen eine komplexe Sprachbildlichkeit, die nicht allein über eine linguistische Analyse aufzulösen ist. Nicht die häufige, sondern die auffällige, das kann auch eine spärliche Verwendung von Farbbegriffen sein, steigert also die poetische Wirkung.[41]

## Gedichte über Farbe

Nach dem bisher Gesagten läge es auf der Hand, nun eine umfangreiche, alle Textgattungen einschließende Literaturgeschichte der Farben zu präsentieren. Dies wäre zwar wünschenswert, geriete aber naturgemäß uferlos, selbst wenn sie sich nur auf eine aperçuhafte, mehr oder weniger geistreiche Kommentierung solch farbiger Stellen in der Literatur beschränkte.[42] Der vorliegende Versuch gibt sich nicht nur viel bescheidener, er beansprucht auch einen etwas abgewandelten Zugang zu seinem Gegenstand: Denn wenn Gedichte verdichtete Sprachgebilde sind, dann müsste sich durch die Untersuchung ihrer Farbigkeit die Eigenart poetischen Sprechens genauer zeigen lassen. Ob dazu „eine Art Koordinatennetz" nötig ist, das die semantische Kraft der Farbwörter in ein figuratives Feld gegen ihre „strukturbildende Kraft" überführt,[43] wäre in Rechnung zu stellen. Der Leser ist eingeladen, dies an den folgenden Studien selbst zu überprüfen. Bei der Auswahl der Gedichte trifft er auf Bekanntes und weniger Bekanntes. Er wird (und soll auch) bedauern, dass viele Autoren, die als farbenfrohe Dichter gelten, nicht vertreten sind. Umgekehrt wird

---

[40] Ebd., S. 1068.– In der Tat ist auf dieses Bennsche Blau zurückzukommen, vgl. S. 116ff.

[41] Reinhold Grimm: Entwurf einer Poetik der Farben, in: Revue de littérature comparée (38) 1964, S. 531-549.

[42] Vgl. die grundlegende Studie von Jacques Le Rider: Les couleurs et les mots. Paris 1997 (= perspectives critiques), auf Deutsch: Farben und Wörter. Geschichte der Farbe von Lessing bis Wittgenstein. Wien/Köln/Weimar 2000.

[43] So Grimm, Entwurf einer Poetik der Farben, S. 546.

er auf Texte treffen, deren Vorkommen er in diesem Zusammenhang nicht erwartet. Immer aber hat der Leser es mit Gedichtlektüren zu tun, die gegen den Strich herkömmlicher Lyrikinterpretationen angelegt sind.

Deshalb kapriziert sich die vorliegende Studie nicht auf Gedichte, in denen möglichst viel Farbe vorkommt, sondern auf solche, in denen die Farbe thematisiert wird. Manche dieser Gedichte sind trotzdem äußerst farbenreich, also tatsächliche bunte Verse. Andere hingegen kommen mit ganz wenig Farbe aus, sind diesbezüglich oft karg, manchmal fast farblos. Dennoch oder gerade deshalb zeigen sie besonders deutlich, dass und wie tief die Farbe sie einfärbt.

# Erste Annäherungen

Zwei Beispiele sollen zeigen, wie wenig ergiebig die Untersuchung von Farben in und an Gedichten abläuft, wenn man sich mit dem ersten, vorschnellen Blick zufriedengibt, dass es sich um nichts anderes als um Farbgedichte handelt. Manchmal scheint etwas Verfremdung nötig, weil eine reflektierende Abstandsnahme den Blick schärft. Denn erst bei näherem Hinsehen enthüllt sich die Komplexität, wenn Lyrik von Farbe spricht. Dabei geht es nicht nur um den Fall einer „sprachlichen Verfremdung".[1] Die naive, seit Benn gebrandmarkte dilettantische Vorstellung, man könne ‚Buntheit' in Texten durch eine Häufung von Farbadjektiven erzielen, erweist sich auf der Seite des Dichters als Fehlschluss. Aus der Sicht des Lesers hingegen führt es zu einer Unterschätzung der poetischen Möglichkeiten, die der Dichter hat, mit Farbe umzugehen. Poetische Farben sind da – aber sind sie es wirklich? Manchmal gilt auch die Umkehrung des Satzes: poetische Farbsignale sind auf den ersten Blick fast unsichtbar, bis sie dann ihre Strahlkraft entfalten.

## 1. Farbe bekennen

Arthur Rimbauds Gedicht *Voyelles* ist vermutlich 1871 entstanden und 1883 nach einer geringfügig davon abweichenden Handschrift für Paul Verlaine von diesem zum Druck gebracht. Das Gedicht gilt geradezu als Schlüsseltext, wenn man es auf eine Farbenanthologie anlegt.[2] Dabei ist diese Deutung des Gedichts vermutlich eher einer schiefen Rezeptionsgeschichte geschuldet als am Text selbst abzulesen. 1888 war auf der Titelseite des 7. Bandes von *Les hommes d'aujourd'hui* („Dessin de Luque. Texte de Paul Verlaine") eine ganzseitige kolorierte Karikatur „Arthur Rimbaud" zu sehen, die den Dichter im Kinderanzug zeigte, wie er gerade fünf Holzfiguren in Form von Vokalen mit verschiedenen Farben bemalte. Rimbaud ist gerade beim „O" und der Farbe Blau angekommen; er blickt dabei den Bildbetrachter herausfordernd an. So entstand tatsächlich der Eindruck, bei *Voyelles* handle es sich um die Darstellung eines Kinderspiels mit Farben. Der Text sagt allerdings etwas anderes, denn in *Voyelles* spielen die Farben

---

[1] Grimm, Entwurf einer Poetik der Farben, S. 542.
[2] Vgl. die Sammlung: Ein Rot, ein Grün, ein Grau vorbeigesendet. Farben in der deutschen Lyrik von der Romantik bis zur Gegenwart. München 1994 (= dtv Klassik), S. 179.

höchstens eine sekundäre Rolle, auch wenn sie im ersten Vers in prägnanter Nennung präsentiert werden:

*Voyelles*
A noir, E blanc, I rouge, U vert, O bleu, voyelles,
Je dirai quelque jour vos naissances latentes:
A, noir corset velu des mouches èclatantes
Qui bombinent autour des puanteurs cruelles.

Golfes d'ombre; E, candeurs des vapeurs et des tentes,
Lances des glaciers fiers, rois blancs, frissons d'ombrelles;
I, pourpres, sang craché, rire des lèvres belles
Dans la colère ou les ivresses pénitentes;

U, cycles, vibrements divins des mers virides,
Paix des pâtis semés d'animaux, paix des rides
Que l'alchimie imprime aux grands fronts studieux;

O, suprême Clairon plein des strideurs étranges,
Silences traversés des Mondes et des Anges:
– O l'Oméga, rayon violet de Ses Yeux![3]

Das Gedicht wirkt in der poetischen Nachdichtung zwar stärker als in einer wortgetreuen Übersetzung, verfälscht dadurch allerdings die semantische Präzision zugunsten der Klanggestalt:

*Vokale*
A schwarz, E weiß, I rot, Ü grün, O blau, Vokale,
Einst künd ich den verborgnen Grund, dem ihr entstiegen.
A, schwarzbehaartes Mieder glanzvoll prächtiger Fliegen,
Die summend schwärmen über stinkend grausem Mahle.

Der Schatten Golf. E, Weiß von Dämpfen und von Zelten,
Speer stolzer, weißer Gletscherkönige, Rausch von Dolden;
I, Purpur, Blutsturz, Lachen, wie's von Lippen, holden,
In trunkner Reue strömt und in des Zornes Schelten.

Ü, Kreise, grüngefurchter Meere göttlich Beben,
Der Almen Friede, so die Herden weidend leben,
Friede, den Alchimie in Denkerstirnen gräbt.

---

[3] Arthur Rimbaud: Sämtliche Dichtungen. Französisch und Deutsch. Hrsg. und übertragen von Walther Küchler. Heidelberg 1955, S. 106.

O wunderbares Horn, voll seltsam schrillen Weisen,
Stillschweigen, drin die Welten und die Engel kreisen:
– O, Omega, Strahl, der ihr Auge blau umwebt.[4]

Dieser Übertragung wäre diejenige von Stefan George aus dem Jahr 1905 gegenüberzustellen, bei der es sich eher um eine Nachschöpfung als um eine Übersetzung handelt:

*Vokale*
A schwarz, E weiß, I rot, Ü grün, O blau – vokale
Einst werd ich euren dunklen ursprung offenbaren:
A: schwarzer sammtiger panzer dichter mückenscharen
Die über grausem stanke schwirren · schattentale.

E: helligkeit von dämpfen und gespannten leinen ·
Speer stolzer gletscher · blanker fürsten · wehn von dolden.
I: purpurn ausgespienes blut · gelach der Holden,
Im zorn und in der trunkenheit der peinen.

Ü: räder · grünlicher gewässer göttlich kreisen ·
Ruh herdenübersäter weiden · ruh der Weisen
Auf deren stirne schwarzkunst drückt das mal.

O: seltsames gezisch erhabener posaunen ·
Einöden durch die erd- und himmelsgeister raunen.
Omega – ihrer augen veilchenblauer strahl.[5]

Im französischen Gedicht geht die Gleichsetzung von Vokalen und Farben von ersteren aus. Dies sowie der melodiöse Titelbegriff, der in der deutschen Übersetzung kaum zum Tragen kommt, betonen ganz eindeutig den Vorrang des Klanglichen. Insofern mag dieses Gedicht geradezu mustergültig dafür geeignet sein, die Schwierigkeiten einer Interpretation von literarischen Texten um, mit und über Farben vorzuführen. Dabei unterstützt die Übersetzung aus dem Fremdsprachlichen diese Demonstration noch, weil auf diese Weise eine zusätzliche Distanzierung erreicht wird, die als eine Art Verfremdungseffekt wirkt und zu einem noch genaueren Hinsehen zwingt. Denn die den Vokalklängen zugeordneten Farbwerte weichen von der im Deutschen üblichen Reihenfolge ab und widersprechen damit den sonst nicht hinterfragten Gewohnheiten. So wird das

---

[4] Ebd., S. 107.
[5] Stefan George: Werke. Ausgabe in zwei Bänden. Düsseldorf und München ²1968, Band 2, S. 426.

französische „E", der zweite Vokal im ersten Vers von *Voyelles*, bekanntlich zumeist stimmlos (bis zum gelegentlichen völligen Ausfall) gesprochen;[6] insofern passt es ganz gut zur ‚farblosen' Farbe Weiß. Diese auffällige Unauffälligkeit des „E" zeigt sich in *Voyelles* auch daran, dass der Laut als einziger nicht gleich am Versanfang eingeführt wird. Zudem teilt er sich mit dem „I" eine Strophe, während alle anderen Vokale jeweils eine ganze Strophe für sich beanspruchen dürfen. Auch das „U" wird zwar so geschrieben, erklingt aber im französischen Original in der Aussprache als aufgehellter Umlaut; dies ist vermutlich auch der Grund, warum Rimbaud es in der Reihenfolge seiner fünf Vokale nicht an die letzte Stelle, sondern noch vor „O" einrückt. Im Deutschen stellt dieses „U" hingegen den zweifellos dunkelsten Laut dar, was übrigens beide Übersetzungen durch ein „Ü" ausgleichen. Hinzu kommt, dass das „Y" im Französischen, wenn man es nicht als Pronomen, sondern als Laut betrachtet, durchaus als eine Art Halbvokal (‚i grec') gelten kann, was seine Großschreibung im letzten Vers erklären könnte. Bei der Beiordnung von Vokalen und Farbwerten in *Voyelles* fehlt hingegen die Farbe Gelb ganz, was wiederum bestätigt, dass die Klangwerte Vorrang vor den Farben haben, weil das französische Wort für Gelb (‚jaune') nicht in diese Reihe passt. Eine ganz andere Farbreihenfolge ergibt sich allerdings, wenn man sich darauf festlegt, dass die Farben gar keinem herkömmlichen Verständnis folgen, sondern aus hermetischen und alchemistischen Überlieferungen eingewandert sind.[7] Begründen lässt sich diese Vermutung allerdings nicht.

*Voyelles* ist also weniger ein Farb- als ein Klanggedicht; auch diese Zuschreibung ist in der Forschung höchst umstritten.[8] Zudem folgt Rimbaud mit dieser Verknüpfung von Farbe und Klang der Vorgabe von Baudelaires Sonett *Correspondances* aus dessen *Les Fleurs du Mal* von 1857, der den Dreiklang von Duft, Farbe und Klang dort schon vorgegeben hatte.[9] Dabei hat die Gattungswahl des Sonetts, im Französischen noch stärker als im

---

[6] Wie im Französischen alle Vokale stimmlos und stimmhaft ausgesprochen werden können, so dass sich für das „E" bis zu vier Ausspracheweisen ergeben, vgl. dazu René Etiemble: Le sonnet des voyelles. De l'audition coloré à la vision érotique. Paris 1968 (= Les Essais 139), S. 43.

[7] So Françoise Meltzer: On Rimbaud's *Voyelles*, in: Modern Philology 76 (1979), S. 352.

[8] Vgl. Claudine Hunting: La Voix de Rimbaud. Nouveau point de vue sur les „naissances latentes" des *Voyelles*, in: Publications of the Modern Language Association 88 (1973), S. 472: „Il est aussi un chant, une ‚pensée chantée'"; hingegen Meltzer, S. 353: „Rimbaud's medium is language, and his elixir is purely abstract".

[9] Charles Baudelaire: Sämtliche Werke/Briefe. Hrsg. von Friedhelm Kemp und Claude Pichois. München/Wien 1975. Band 3, S. 68: „Les parfums, les couleurs et les sons se répondent".

Deutschen, durch Klang und Wortetymologie ebenfalls schon eine Vorentscheidung getroffen, dass hier eine Gedichtform vorliegt, die ganz aus dem Klang lebt. Hinzu tritt eine besonders raffinierte Klanggestalt von *Voyelles*, die über die Reimstruktur hinausgeht – die beiden Quartette kommen mit nur zwei kunstvoll aufeinander antwortenden Reimen aus. Aber auch innerhalb der Verse arbeitet das Gedicht mit sorgfältig aufeinander abgestimmten Klängen, übrigens nicht nur der Vokale, wie man aufgrund des Titels meinen könnte. So zeichnet sich die Darstellung der Farbe „rouge" in der zweiten Strophe durch gehäufte r-Lautverbindungen aus. Die Übersetzung Walther Küchlers macht dieses Klangkunststück gar nicht mit, diejenige Stefan Georges nur andeutungsweise durch die Abdunkelung mit gehäuft eingesetzten „o"- und „u"-Vokalen. Man hat davon gesprochen, dass Rimbaud in *Voyelles* aus den Farbwörtern sogar „Klangfarbwörter" mache.[10] Tatsächlich ergibt sich daraus ein Zusammenspiel von Klang und Farbe, vielleicht auch eine Ausweitung der Empfindungen in Richtung auf „parfum", „mouvement", „sentiment", „concept" und „époque", so dass den Tönen und Farben durchaus auch einzelne Lebensalter zugeordnet werden können.[11]

Liest man *Voyelles* also nicht sofort als Farbgedicht, dann fällt zunächst auf, dass das Gedicht nach der unvermittelten Zuordnung der Vokale zu Farben im ersten Vers zuerst diese Vokale anredet, nicht die Farben („voyelles"), um dann zum ersten und letzten Mal die Stimme eines Ich-Sprechers zu Wort kommen zu lassen, der sein Sprechen ausdrücklich mit dem Willen zur Verkündigung thematisiert: „Je dirai". Die Stimme vertröstet diese „voyelles" auf eine ungewisse Zukunft („quelque jour"), in der ihnen Aufklärung über ihre Herkunft („vos naissances latentes") zukommen werde. Diese Stimme tut dies in geradezu wörtlichem Selbstzitat Rimbauds, der in seiner *Alchimie du Verbe* beides programmatisch verkündet hatte, nämlich sowohl dieses Ich-Selbstbewusstsein als auch die Zeitangabe:

J'inventai la couleur des voyelles! – *A* noir, *E* blanc, *I* rouge, *O* bleu, *U* vert. – Je réglai la forme et le mouvement de chaque consonne, et, avec des rhythmes instinctifs, je me flattai d'inventer un verbe poétique accessible, un jour ou l'autre, à tous les sens.[12]

---

[10] Matthias Politycki: Die Farbe der Vokale, in: ders.: Die Farbe der Vokale. Von der Literatur, den 78ern und dem Gequake satter Frösche. München 1998, S. 173.
[11] So Hunting, La Voix de Rimbaud, S. 477.
[12] Rimbaud, Sämtliche Dichtungen, S. 298.

Auf die Klang-Farbumstellung dort von „O" und „U" nach dem Prinzip der „rhythmes instinctifs" ist zurückzukommen. Darüber hinaus muss man die Formulierung „vos naissances latentes" als eine komplexe rhetorische Figur lesen, die sich zwischen Oxymoron und Tautologie ansiedelt. Was ganz offen sichtbar ist, ja gerade ins Auge springt („latentes"), enthält zugleich einen noch nicht durchschauten Entstehungsprozess, gekleidet ins Bild eines Geburtsvorgangs („naissances"). Die Vertröstung auf eine spätere Zeit hält die Sprecherstimme aber nicht ein. Nach dem Doppelpunkt – dieser wird vor dem pointierten Schlussvers wieder auftauchen – eröffnet das Gedicht sofort mit der angekündigten Erklärung, indem es ein Panorama der Lautzuschreibungen ausbreitet. Nur diese Stimme verfügt über das einzige Verb des Gedichts – die beiden anderen Verben in Strophe eins und drei kommen nur in erläuternden Relativsätzen innerhalb der assoziierenden Zuschreibungen vor und enthalten daher keine eigenständigen Aussagen. Hier experimentiert Rimbaud offensichtlich mit seinem Anspruch, eine neue, eigenständige poetische Sprache zu erfinden („inventer un verbe poétique accessible").

Zwischen den beiden Doppelpunkten und damit gleichsam eingeklammert exerziert das Gedicht nun das Spektrum der Vokale in der Reihenfolge durch, wie es der erste Vers vorgegeben hatte, gipfelnd im „O"-Laut, an den der letzte Vers als eine Art Umspringpunkt angeheftet ist. Dort schließt der zweite Doppelpunkt die Auflistung der Vokalklänge zunächst ab, um mit einem markanten Gedankenstrich am Versanfang einen auffälligen Wendepunkt zu setzen. Dieses „O" vor „l'Oméga" lässt eine dreifache Deutung zu: zuerst markiert es einen Ausruf, dann den „O"-Laut des Vokals. Es wird drittens zum hinweisgebenden Zeichen „Oméga", so dass das Gedicht sich zugleich in ein anderes Diskurssystems zwischen Anfang und Ende einschreibt. Dieses andere Diskurssystem verweist auf den christlichen Schöpfungsmythos, die Apokalypse und die Auferstehung, wenn es von „A noir" über einen mit christlichem Inventar ausgestatteten Prozess („Silences traversés des Mondes et des Anges") bis hin zu einem „Oméga" ausgreift. Als ironisches Glanzlicht einer solchen religiösen Aufladung mag man in „studieux" sogar ein verborgenes Reimwort hören (‚Dieux'), das zum Schlussreimwort „Yeux" hinzutritt.

Was geschieht um dieses „Oméga"? Der Strahl, der von ihm ausgeht, kehrt die gewohnte Farbwahrnehmung um: der Lichtstrahl fällt nicht *aufs* Auge, sondern geht *von* diesen Augen aus. Sodann ist dieser Strahl „violet" gefärbt, besteht also aus einer Mischfarbe von Rot und Blau, die in den Farbzuschreibungen der Vokale aus dem ersten Vers nicht vorkommt, in den Farbbenennungen aber im Klang durchaus enthalten ist („rouge" und „bleu"). Farben und Töne vermischen sich bis zur Ununterscheidbarkeit, wobei im letzten Vers die Farbe zu dominieren scheint. Doch das letzte Wort des Gedichts und das Ende der Farb- und Klangverwerfungen bildet „Yeux". Dieses letzte Wort trägt sein in der „O"-Farbe verstecktes Reimwort „bleu" mit sich, ohne dies ausdrücklich zu erkennen zu geben.

Worauf will *Voyelles* hinaus? Besonders der letzte Vers erscheint mehrdeutig, wozu nicht wenig die direkte Anrede und die Großschreibung des Personalpronomens beitragen. Beides hat den Streit ausgelöst, wie sehr *Voyelles* in einem zeitgeschichtlichen Kontext gelesen werden muss,[13] ob es sich bei dem Gedicht um eine Persiflage auf die Symbolisten handelt[14] oder ob das großgeschriebene „Ses" einen außertextlichen Verweis auf Gott oder aber eine geliebte männliche oder weibliche Figur enthalten könnte. Auch eine im Klang versteckte Nebenbedeutung von *Voyelles* darf man nicht ausschließen, wenn Rimbaud sich als einen Dichter begreift, der auch ein Seher („voyant") ist.[15] Dadurch ergäben sich eine Vielzahl weiterer Konnotationen und Folgerungen, die zu Spekulationen führen können. Das vermeintliche Rätsel lässt sich freilich ganz textintern lösen, wenn man „Ses" auf „l'Oméga" bezieht. Denn dieses „Oméga" markiert ja zugleich auch den Höhepunkt und Abschluss der Reihe der „voyelles", Abschluss und Abbild einer vom Gedicht selbst erschaffenen Welt, so dass man ihm auch die quasi-göttliche Großschreibung „Ses" zuschreiben kann. Auch in einer solchen Geste stellt sich die unfassbare Anmaßung des Gedichts (und seines Autors) zur Schau, nicht nur den Vokalen und mit ihnen den zugeordneten Farben ein gehöriges Sinnpotential zuzuschreiben, sondern dieses sogar als zweifellos offenkundig und naturgegeben („naissances latentes") zu behaupten. Diese Anmaßung rechtfertigt das Gedicht durch sich selbst, wenn es den Anspruch erhebt, Explikation und eigenständiger Schöpfungsvorgang in einem zu sein, der sich zu einer eigenen Welt von „A noir" bis „Oméga" rundet. Rimbauds spätere Umstellung der Vokale in *Alchimie de verbe* zeigt auch, dass die Farben nur Mittel zum Zweck sind. Denn es geht in *Voyelles* um die Erfindung einer neuen poetischen Sprache, deren Vollzug das Gedicht selbst darstellt. Auf diese mehr als nur synästhetische Weise lassen sich Farben auch als Klänge begreifen. *Voyelles* tut jedenfalls alles, um dies zu behaupten, gesteigert durch den Anspruch, dass es dazu der Anrufung durch einen gestandenen Dichter bedarf und nicht des Zeitvertreibs eines mit Farbtöpfen hantierenden Kindes.

---

[13] Vgl. Steve Murphy: Le Premier Rimbaud ou l'apprentissage de la subversion. Lyon 1991, S. 22.
[14] Etiemble, Le sonnet de voyelles, S. 132.
[15] Vgl. Hunting, La Voix de Rimbaud, S. 474.

## 2. Die farbige Welt

Walther von der Vogelweides Lied *Diu welt was gelf, rôt unde blâ* (L. 75,25) eröffnet im Stil eines Farbengedichts. Es ist aber wie Rimbauds *Voyelles* ebenfalls kein Farb-, sondern ein Klangkunststück. Denn seine fünf Strophen reimen um jeweils einen Vokal in der bekannten Klangreihenfolge a – e – i – o – u. Das Lied eröffnet im ersten Vers zwar geradezu programmatisch mit der Buntheit der Welt in drei Grundfarben, verzichtet dann aber ebenso programmatisch auf eine farbige Ausschilderung dieser Welt. Eigentlich forderten diese Elemente zur Buntfärbung geradezu heraus, seien es „bluomen unde klê", „snî" oder die sommerlich gezierten „anger unde lô"; doch sie bleiben alle ganz farblos. Es sieht ganz so aus, als habe diese Vermeidungsstrategie alles Farbigen sogar System:

Diu welt was gelf, rôt unde blâ,
grüene in dem walde und anderswâ,
die cleine vogele sungen dâ,
nû schrîet aber diu nebelcrâ.
phligt sî iht ander varwe? Jâ!
sist worden bleich und übergrâ.
des rimpfet sich vil menic brâ.

Ich saz ûf eime grüenen lê,
dâ entsprungen bluomen unde clê
zwischen mir und eime sê.
der ougenweide ist da niht mê.
da wir schapel brâchen als ê,
dâ lît nû rîf unde snê,
daz tuot den vogellînen wê.

Die tôren sprechent ,snîâ snî',
die armen liute ,owê owî'.
des bin ich swær alsam ein blî,
der wintersorge hân ich drî.
swaz der under andern sî,
der wurde ich alse schiere vrî,
wær uns der sumer nâhe bî.

E danne ich lange lebt alsô,
den crebz wollte ich ê ezzen rô.
sumer, mache uns aber vrô,
dû zierst anger unde lô.
mit den bluomen spielt ich dô,

mîn herze swebt in sunnen hô,
daz jaget der winter in ein strô.

Ich bin verlegen als ein sû,
mîn sleht hâ ist mir worden rû.
Süezer sumer, wâ bist dû?
Jâ sæhe ich gerner veltgebû,
danne ich lange in selcher drû
beclemmet wære, als ich bin nû:
ich wurde ê munich ze Toberlû.[16]

Das Gedicht gehört nicht dem Korpus der Minnelieder an, sondern der
Spruchdichtung Walthers, und dies so sehr, dass die Anspielungen auf
Duktus und Tonfall von Walthers berühmten ‚Reichsspruch' *Ich saz ûf eime
steine* (L. 8,4) unüberhörbar sind. In *Diu welt was gelf, rôt unde blâ* taucht
der Ich-Sprecher in der farblich präludierenden ersten Strophe noch gar
nicht auf, zeigt sich dann aber in den folgenden, farblosen Strophen umso
dominanter. Die erste Strophe eröffnet mit einem verknappten *locus amoe-
nus*, verbunden mit dem Anspruch, Grundsätzliches über diese „welt" aus-
sagen zu wollen. Man übersieht dabei leicht, dass diese Aussagen allesamt
solche aus der Vergangenheit sind („was") und für die Gegenwart nicht
mehr gelten. Farben und Klang, sowohl Reimklänge als auch das Singen der
„vogele", werden untereinander verknüpft und zugleich auch schon been-
det; der folgende Farbverlust ist auch ein Klangverlust oder besser: eine
Farbveränderung („ander varwe"). Der Entfärbung („bleich und übergrâ")
entspricht auch ein Klangabfall vom „singen" der Vögel zur Nebelkrähe,
die nur noch „schrît". Zudem steht dem Vergangenheitsaufruf gleich im
vierten Vers die Wintergegenwart gegenüber („nû"). Dieser Jahreszeiten-
wechsel vom Sommer zum Winter wäre nun nichts Besonderes, sondern
eher topisch für mittelalterliche Lyrik, wenn er nicht mit der markanten
Setzung eines Ich-Sprechers einherginge, der in der zweiten Strophe die
Positur von Walthers bekanntem Reichsspruch *Ich saz ûf eime steine* im fast
wörtlichen Selbstzitat einnimmt: „Ich saz ûf eime grüenen lê". Im Unter-
schied zum Reichsspruch gibt es hier noch ein letztes Mal eine Farbmar-
kierung. Dieser landschaftlich und farblich veränderte Kontext ruft also die
große Attitüde des Reichsspruchs auf, als wolle der Sprecher auch diesmal
die Weltläufte erklären, um dann genau darauf zu verzichten. Stattdessen
beginnt er eine Art Genreerzählung vom sommerlichen, nun aber

---

[16] Walther von der Vogelweide: Leich, Lieder, Sangsprüche. 15., veränderte und um Fas-
sungseditionen erweiterte Auflage der Ausgabe Karl Lachmanns. Berlin/Boston 2015, S.
311f.

vergangenen „schapel"-Brechen, die mit der jetzt gegenwärtigen Winter-
landschaft kontrastiert. Den Anspruch, von mehr zu singen als vom Jah-
reszeitenwechsel, gibt dieser Sprecher freilich nicht auf, sondern schiebt
ihn nur an den Rand. Wer mit Beinamen „von der Vogelweide" heißt, von
einer „ougenweide" und vom Singen der „vogele" spricht, winterlich ver-
kleinert zu „vogellînen", streut wohl mehr als nur ein unpräzises Verste-
henssignal aus.

Die dritte Strophe ist dann endlich ganz Gegenwart und mit dem „i"-
Reimklang der gesamten Strophe dem „snî" zugeordnet. Hier nimmt das
Lied auch die bekannte Dreistufung des Reichsspruchs von den „driu dinc"
auf: „der wintersorge hân ich drî". Während aber der Reichsspruch diese
„driu dinc" ausdrücklich genannt hatte, nämlich „êre", „varnde guot" und
„gotes hulde", und sie einer systematischen Hierarchisierung („der zweier
übergulde") unterzog, um am Ende der Argumentation zu einer pointier-
ten Lösung zu kommen („diu driu enhabent geleites niht, diu zwei enwer-
den ê gesunt"),[17] wiegelt unser Farbenlied diese seine Dreiheit ab. Sie tut
dies gleich in doppelter Weise, nämlich im Sinn von Gleichgültigkeit und
Loswerden: „swaz der under andern sî, / der wurde ich alse schiere frî".
Liest man die beiden Sprüche also parallel, wozu sie wohl herausfordern,
dann erkennt man unschwer, dass und wie Walther eine Art Wiederer-
kennenseffekt erzeugt, um ihn dann ins Leere laufen zu lassen.

Die hier anklingende Zwischenlösung: wenn der Sommer käme, wäre
der Winter vorbei, beschränkt sich nicht auf die banale Erwartung des Jah-
reszeitenwechsels, sondern bereitet die vierte Strophe vor, die in einer ver-
trackten Zeitstufung von Vergangenheit, Optativ der Gegenwart, Präsens
in Futurbedeutung und Wunsch-Irrealis angesiedelt ist: „sî" – „wurde" –
„wær". Die Zeitgegensätze sind in diese Zeitformen genauso wie in die kon-
ditionale Satzstruktur und in die Bildlichkeit eingelagert: Gerade in dieser
tiefsten Winterlichkeit lässt sich darauf hoffen: „wær uns der sumer nâhe
bî", so sehr („alsô"), dass man es gar nicht erwarten kann und „den crebz"
sogar „rô" essen würde. Auf diese Weise wandert von der dritten in die
vierte Strophe eine unerfüllte Hoffnung ein, die „blî"-Zeit möge doch end-
lich durch eine „vrô"-Zeit abgelöst werden. Dieses erwartete Aufblühen der
sommerlichen Landschaft – übrigens nicht „wieder", sondern als Gegen-
satz („aber") – verläuft nicht als Abfolge der Jahreszeiten, sondern als Kon-
trast. Walther zeichnet die Natur mit den bekannten Spielmarken („anger",
„lô", „bluomen") nach, verzichtet dabei allerdings auf eine Farbmarkie-
rung, wie sie die sommerliche Ausgangslandschaft der Vergangenheit be-
sessen hatte. Dass es sich hier nur um den Vorschein einer Wunschrealität

---

[17] Ebd., S. 12.

handelt, bewahrt der letzte Vers der vierten Strophe auf. Eine besondere Betonung erhielte dieser Vers zusätzlich, wenn man entgegen den meisten Herausgebern nicht „daz jaget der winter in ein strô" liest, sondern mit der Handschrift A: „daz jaget den winter in ein strô", weil dann der „winter" vom handelnden Subjekt zum behandelten Objekt degradiert und noch stärker entmächtigt würde. Mit dem Winter würde dann rabiat umgegangen – immer im Irrealis natürlich und mit dem Wissen, dass von einer wirklichen Wende in die Sommerzeit überhaupt nicht die Rede sein kann.

Die letzte Strophe führt dieses Spiel mit den Jahreszeitgegensätzen zusammen und auf die Schlusspointe zu. Hier setzt sich das programmatische Ich erneut in eine sprechende Positur. Hatte es sich in der zweiten Strophe in Analogie zum Reichsspruch auf seinen erhöhten Posten begeben, sich den Beschwernissen des Winters ausgesetzt („ich bin swære alsam ein blî") und sich dem befürchteten Weiterexistieren überlassen („E danne ich lange lebt alsô"), so taucht es jetzt in hervorgehobener Rolle wieder auf, jedoch ganz ironisch verkehrt: statt in der stolzen Sitzhaltung des Reichsspruchs jetzt in drastischer Verkümmerung („Ich bin verlegen") und in einem provokanten Vergleich („als ein sû"). Diesem Niedergang entspricht ganz der Weg durch die Reimvokale der Strophen.

Ein solcher Schluss mündet eben nicht in ein glückliches Ende des erhofften Sommers nach dem Winter, sondern in ein Verharren, ja ein bedrückendes Gefangensein („in selher drû"), aus dem ein zwar pointierter, aber eben auch kümmerlicher Ausweg winkt: das Mönchsein in „Toberlû". Wenn es sich bei diesem Signalwort „Toberlû" wie bei allen Sprüchen Walthers um die entscheidende Schlusspointe handelt, so ist diese vertrackt und raffiniert zugleich. Der bunte Sommer wird als ein solcher der unwiederholbaren Vergangenheit betrauert, der Winter ist und bleibt hingegen faktische Gegenwart, der nur im Modus der tristen Erinnerung („ougenweide ist dâ niht mê"), des nur Vorstellbaren („wær uns der sumer nâhe bî") oder des Wünschbaren („süezer sumer, wâ bist dû?") zu überwinden ist. Aus dieser Gefangenschaft („in selher drû") gibt es nur einen einzigen Ausweg, allerdings von solcher Absurdität, dass der Sänger vermutlich die Lacher aller Zuhörer auf seiner Seite gehabt hat. Auch hier wäre mit der Handschrift A gegen die Textherausgeber zu argumentieren, nicht „ê deich lange in selher drû" zu lesen, sondern „ê deich lege in selher drû". Der Irrealis „lege" verschärfte nicht nur die Unwahrscheinlichkeit im Anschluss an die Verben der Verse davor und danach, sondern arbeitete auch die Lagerungs-Parallele zum „verlegen als ein sû" deutlicher heraus. Zudem bestärkte er den Kontrast dieser neuerlichen Ich-Haltung im Gegensatz zu dem stolzen Sitzen der Vergangenheit: „Ich saz ûf eime grüenen lê".

Man mag Walther unterstellen, dass sich dabei um mehr als bloße Komik, um ein reines Vokalspiel oder gar um eine Parodie der Sangspruchdichtung handelt.[18] Lässt man sich allerdings auf die Ernsthaftigkeit der Argumentation ein, dann verlockt diese natürlich, den Spruch Walthers biografisch und/oder politisch zu lesen, wie wenig historisch belegt auch ein Aufenthalt Walthers beim Markgrafen von Meißen oder gar ein Besuch im damaligen Zisterzienserkloster „Toberlû" (heute die Reste der Klosterkirche Doberlug bei Finsterwalde) auch sein mögen.[19] Denn die Hinweise auf Walthers gelegentliche Kirchenanspielungen oder auf seine Figur des „klôsenære" (z. B. L. 10,13; 9,16; 34,24) führen nicht recht weiter;[20] offensichtlich ist „in dem Hinweis auf dieses Kloster ein Hintersinn versteckt, der sich womöglich nur der Meißener Hofgesellschaft erschlossen hat".[21] Das Kloster Doberlug war zu Walthers Zeit in der Mark Meißen wegen der dortigen Lebensbedingungen eher „berüchtigt" als berühmt, so dass das *name dropping* für einen Dichter, der die Annehmlichkeiten des Hoflebens gewohnt war, durchaus einen Sinn ergibt: „dieser Dichter will nun in gemimter Verzweiflung ausgerechnet zu den Zisterziensern in Doberlug gehen, deren karge Lebensweise teilen und ihnen bei der schweren Arbeit des Klosterausbaus und der Kolonisierung einer ziemlich trostlosen Landschaft beispringen".[22] Die Pointe des Lieds zeigte dann, in die Jahreszeitenmetaphorik gekleidet, eine Sackgasse, in die der Sänger Walther geraten war. Es gibt zwar noch die in jahreszeitliche Verbrämung gekleidete Hoffnung („jâ sæhe ich gerner veltgebû"); das entspricht jedoch nicht die Wirklichkeit: „als ich bin nû". Der Rückzug ins ferne Kloster bedeutete in der Sängerrealität tatsächlich Mehrfaches: die Auswanderung aus der kultivierten Welt, die Aufgabe des Dichterberufs und das Verstummen zugleich. Steckt dahinter die Aufforderung an einen schon ins Auge gefassten Gönner, dieser möge doch beides durch sein Eingreifen noch im letzten

---

[18] Vgl. Max Schiendorfer: Ulrich von Singenberg, Walther und Wolfram. Zur Parodie in der höfischen Literatur. Bonn 1983 (= Studien zur Germanistik, Anglistik und Komparatistik 112), S. 98-121; vgl. jetzt Beate Kellner: Spiel der Liebe im Minnesang. Paderborn 2018, S. 328-331.

[19] Vgl. dazu Eric Marzo-Wilhelm: Walther von der Vogelweide – zwischen Poesie und Propaganda. Untersuchungen zur Autoritätsproblematik und zu Legitimationsstrategien eines mittelalterlichen Sangspruchdichters. Frankfurt a. M. u. a. 1998 (= Regensburger Beiträge zur deutschen Sprach- und Literaturwissenschaft, Reihe B/Untersuchungen 70).

[20] Ebd., S. 151.

[21] Manfred Lemmer: *Münch ze Toberlû*. Anmerkungen zu Walther L 76,21, in: Jürgen Jaehrling/Uwe Mewes/Erika Timm (Hrsg.): Rollwagenbüchlein. Festschrift für Walter Röll zum 65. Geburtstag. Tübingen 2002, S. 46.

[22] Ebd., S. 49.

Augenblick verhindern?[23] Schließlich beginnt Walthers Lied mit einer bunten Welt, deren Wiederbelebung nicht ohne Reiz wäre. Gelingt dies jedoch nicht, dann endet alles in „Toberlû", in einer Welt ohne Farbe.

Trotz ihrer begrifflichen Präzision bleibt die Pointe des Gedichts von Uneindeutigkeit umweht. Dem entspricht der von mittelalterlichen Gepflogenheiten abweichende Farbengebrauch.[24] Dies erhellt z. B. ein Vergleich mit dem Minnelied Walthers, *Sô die bluomen ûz dem grase dringent* (L. 45,37), das eine grundsätzliche Diskussion um die Werte des Minnediskurses thematisiert, indes es das bekannte Inventar des Mailieds aufruft, ohne irgendeine Farbmarkierung zu setzen, obwohl es doch gerade dazu herausfordert. So mag es kein Zufall sein, dass Peter Rühmkorf bei seinen Übersetzungen der Gedichte Walthers ausgerechnet an diesem Sangspruch gescheitert ist und nach der ersten Strophe aufgegeben hat:

Die Welt war gelb + rot + blau
grün war der Wald + auch die Au
Die Vögel sangen im Verhau
da schlug die Krähe laut Radau.[25]

Auch Rühmkorfs Kommentar dazu ist eindeutig: „Gedichte wie dieses, das Strophe für Strophe die ganze Selbstlautkette durchreimt, müssen wohl für immer unübersetzbar bleiben."[26]

Walthers Gedicht mag unübersetzbar sein, unfortsetzbar ist es freilich nicht. Von einem Liederdichter des 13. Jahrhunderts, Rudolf dem Schreiber, gibt es ein Lied, das man geradezu als Kontrafaktur auf Walthers *Diu welt was gelf, rôt unde blâ* lesen kann. Rudolfs Lied *Ein mündel rôt, zwo brûne brâ* greift Walthers Strophen- und Reimschema ganz unmittelbar auf und überträgt es auf die Minnethematik.[27] Zahlreiche Bildübernahmen belegen, dass Rudolf das Walther-Lied gekannt hat und dessen Reimspiele mitmacht, vielleicht auch, weil ihm in der siebenfachen Reimkette andere Reimworte als die Walthers nicht zur Verfügung stehen. Man vergleiche

---

[23] Vgl. dazu die Andeutungen bei Melanie Müller: Markgraf Dietrich von Meißen in der politischen Spruchdichtung Walthers von der Vogelweide. Göppingen 2004 (= Göppinger Arbeiten zur Germanistik 723).

[24] Vgl. schon Minna Jacobsohn: Die Farben in der mittelhochdeutschen Dichtung der Blütezeit. Leipzig 1915 (= Teutonia 22).

[25] Peter Rühmkorf: Des Reiches genialste Schandschnauze. Texte und Briefe zu Walther von der Vogelweide. Hrsg. von Stephan Opitz unter Mitarbeit von Christoph Hilse. Göttingen 2017, S. 69.

[26] Ebd., S. 140.

[27] Carl von Kraus: Deutsche Liederdichter des 13. Jahrhunderts. 2 Bände. Tübingen 1952-1958. Band 1, S. 394-396.

etwa Rudolfs Formulierungen „Mîn muot ist swærer dann ein blî"; „als in dem meien grüeniu lô" oder „und lieze gar der sorgen drû" mit Walthers Spruch. In Rudolfs Minnebanalität geht freilich die politische Raffinesse von Walthers politischem Diskurs verloren. Denn jetzt dienen die Farben, die sich bei Rudolf als Farbverlust erweisen, nicht zur Beschreibung des farblosen Winters, sondern zur Charakterisierung einer Liebessehnsucht, die in gewohnter Weise in ihrer Nichterfüllung endet. Es sieht so aus, als käme es in noch späterer Zeit dann zum Auslaufen von Text- und Erlebnismodellen, in denen die Farbsignale gar nicht mehr als solche genannt zu werden brauchen, sondern nur noch als Abstraktum angeschlagen werden müssen, um verstanden zu werden. Eine solche „varwe" kann als Abstraktum für „stæte", „êre" oder sonstige Hochwertbegriffe eingesetzt werden, ohne dass gesagt wird, um welche Farben es sich dabei handelt. So heißt es in der zweiten Strophe eines Minnelieds des spätmittelalterlichen Schweizer Sängers Winli:

Ich will iemer mêre
hân die lieben z'einem meien,
sît ir varwe kann sô stæte sîn.
swer mir das verkêre,
der var in den meien reien
unde lâz mich an der vrouwen mîn.
vil ist, des ich minne an ir:
sô des meien êre
varwe rêret stolzen leien,
seht, sô gênt ir wengel liehten schîn.[28]

---

[28] Karl Bartsch: Die Schweizer Minnesänger. Frauenfeld 1886 (= Bibliothek älterer Schriftwerke der deutschen Schweiz 6). Photomechanischer Neudruck Darmstadt 1964, S. 151.

# Farben vor und nach Newton

So könnte es weitergehen, Farben nach ihrem Empfindungsgehalt literarisch einzusetzen, sie weiterzutradieren und auf diese Weise mit immer neuen Bedeutungszuschreibungen aufzufüllen. Einen solchen Weg beschreitet *Der maruschgarancz mit frau venus und der 7 varbn*, um 1450 in Sterzing aufgeführt und 1511 von Vigil Raber aufgezeichnet. In einem grotesk pantomimischen Moriskentanz tritt die Allegorie der Venus mit sieben weiblichen Figuren auf, die nach ihrem Auftrag in „gruen", „rott", „plab", „gra", „schbarcz", „weiysß" und „grell" gekleidet sind:

Ir wert darnach woll gefragt,
warumbmen ir die varb tragt;
Den ir seyet Minner genant,
das sicht man woll an eurem gbant.[1]

Zuerst ergreift die Farbe Grün das Wort: „Gruen ist der lieb ain anefang".[2] Ihr hält eine „widerspruch" genannte Figur entgegen: „Doch ist oft ainer, der gruen antrait, / der denocht nit erckhent liebe noch laidt".[3] Dann kommt die Trägerin der Farbe Rot, die behauptet, „rot das prindt in der minn"; sie hofft durch ihren Einspruch, als „Minner" ausgewählt zu werden: „ich wird von euch erlost".[4] In diesem Fall warnt der „widerspruch" vor der „yppigkait" der Farbe Rot: „Die seind an sinnen gancz plindt".[5] Während die Farbe Blau als ihr Merkmal „statikayt" anbietet, behauptet der „widerspruch" dagegen: „plab ist pecklaid", denn dahinter verberge sich „vnstetikhayt."[6]

Nach demselben Muster verlaufen auch die Auftritte der Farben Grau, Weiß, Schwarz und Gelb: Ihre Farbangebote werden immer wieder durch die Einsprüche des „Widerspruch" zurückgewiesen, bis am Ende ein „diener venus" auftritt, der sein Schlusswort zu diesem Farbenreigen spricht: Welche Farbe hat die größte Chance, bei Frau Venus als Liebhaber („puelen") angenommen zu werden?

Die siben varb sind also penent
Vnd haben damit ain endt,

---

[1] Zit. nach: Hedwig Heger (Hrsg.): Spätmittelalter, Humanismus, Reformation. Erster Teilband. München 1975 (= Die deutsche Literatur. Texte und Zeugnisse), S. 487-300.
[2] Ebd., S. 488.
[3] Ebd., S. 488.
[4] Ebd., S. 490.
[5] Ebd., S. 491.
[6] Ebd., S. 492.

Doch wollen mir nit abelan,
mein frau dy mues ain puelen han.
Ist yndert hie ain guet gesell,
der puelschafft mit ir pflegn bell,
Es sey ritter oder knecht,
pfaffn, purger, sy sind all gerecht,
Schreiber oder paurn guet,
dy sollen sein so wolgemuet
Dy lassn sich hie schauenn
Vnd dienet meiner frauenn;
Etbo kumpt ainer, der ir gefelt
Vnd den sy ir da auserbelt.[7]

Die Lösung kommt unerwartet. Sie beendet das allegorische Farbenbenennen ohne eine Entscheidung für eine Liebesfarbe, als komme es jetzt darauf gar nicht mehr an. Ganz umstandslos springt der Sprecher der Frau Venus von den farblichen Differenzen auf ein ganz anderes Ordnungssystem über. Wie an den Farben wird auch an den sozialständischen Unterscheidungen demonstriert („Es sey ritter oder knecht, / pfaffn, purger"), dass diese auf dem Feld der Liebesfähigkeit nichts gelten. Schließlich wird von Frau Venus, die unbedingt einen Liebhaber braucht („mues ain puelen han"), nicht derjenige ausgewählt („auserbelt"), der die besten Farbargumente vorträgt und den höchsten sozialen Rang hat, sondern jeder beliebige „guet gesell", der „ir gefelt". Denn die Liebe ist in ihrer Entscheidung völlig frei, sowohl von allen Farben, die vieles und auch nichts bedeuten können, als auch von allen Standesunterschieden.

Eine Sicht wie diese, Farben als Allegorien zur Welterklärung zu betrachten, fand ihr Ende mit Isaac Newtons bahnbrechender Untersuchung von 1704, *Opticks, Or, a Treatise of the Reflexions, Refractions, Inflexions and Colours of Light*. Newtons Arbeit markierte den entscheidenden Wendepunkt beim Nachdenken der Menschheit über Farbe. Von nun an musste klar sein, dass die empirische, gleichsam naive Beobachtung der Farbenwelt nicht ausreichte, das Wesen der Farbe zu durchschauen. Auch ein irgendwie sittliches Wirken der Farben war fürderhin nicht auszumachen. Das wissenschaftlich kontrollierte Experiment, so Newton schon im Vorwort seines Buches, lieferte angeblich unangreifbare, sogar mathematisch quantifizierbare Farbenbilder, die jederzeit durch Experimentalanordnung nachahmbar waren und sowohl dem bloßen Augenschein als auch dem gläubigen Vorwissen widersprachen. Farben waren Brechungen des weißen Lichts, nicht weiter, auch wenn dies schwer nachvollziehbar erschien: Wie konnten im reinen weißen Licht alle Farben enthalten sein? Und weiter:

---

[7] Ebd., S. 300.

Farbe war offenbar kein Zustand oder eine Eigenschaft von Objekten, sondern ein Vorgang, der den Weg von einer Lichtquelle über ein beleuchtetes Objekt zur Wahrnehmung im menschlichen Auge beschrieb. Newton stellte in seiner Untersuchung auch schon die Begriffe bereit, ohne die dieses neue Farbensehen nicht mehr angemessen zu beschreiben war: die Bündelung des Lichts, die Brechung von Lichtstrahlen und ihre Reflexion, die Absorbierung dieses Lichts als Farben in einer Farbskala, einem Spektrum, dessen Abfolge den Lichtstreifen des Regenbogens gleicht.[8]

## 1. Farbe vor Newton

An einem Sonett wie Martin Opitz' *Bedeutung der Farben* aus seiner Sammlung *Teutsche Pöemata* von 1624 lässt sich beobachten, wie die poetische Farbwahrnehmung vor Newtons Entdeckung verläuft:

Sonnet,
Bedeutung der Farben.
WEiß/ ift gantz keufche Reinigkeit/
Leibfarbe/ weh vnd Schmertzen leiden/
Meergrüne/ von einander fcheiden/
Schwartz/ ift Betrübnuß/ Angft/ vnd Leid/
Roth/ innigliche Liebesbrunft/
Vnd Himmelblo/ fehr hohe finnen/
Bleich Leichfarb/ argen Wohn gewinnen/
Gelb/ end vnd außgang aller Gunft/
Haarfarbe/ deutet vff Gedult/
Bleich Afchenfarben/ heimlich Huldt.
Braun/ aller Liebe gantz vergeffen/
Grün/ Hoffnung; Vnd weil jetzundt ich/
Gebrauche diefer Farbe mich/
Ift wol mein Zuftandt zuermeffen.[9]

In seine späteren Gedichtsammlungen hat Opitz dieses Gedicht nicht mehr aufgenommen, weil *Bedeutung der Farben* mit dem nur vierhebigen Vers und dem Reimwechsel im zweiten Quartett seinen eigenen Forderungen

---

[8] Vgl. Holger Helbig: Naturgemäße Ordnung. Darstellung und Methode in Goethes Lehre von den Farben. Köln 2004, S. 449f.
[9] Martin Opitz: Teutsche Pöemata und: Aristarchvs wieder die verachtung Teutscher Sprach. Straßburg, 1624, S. 74.– Neuere Drucke, z. B. von Georg Witkowski: Neudrucke deutscher Literaturwerke 189-192. Halle 1902, S. 110, verändern zumeist die Originalschreibung durch den Ersatz der barocken Virgeln durch Kommata.

für ein korrektes Sonett nicht entsprach, wie er sie in seinem Grundlagen-werk *Buch von der Deutschen Poeterey* 1626 aufgestellt hatte.[10]

Das Gedicht misst, so schon der Titel, den Farben ganz konventionell und selbstverständlich eine „Bedeutung" bei. Dabei folgt das erste Quartett der herkömmlichen Farbensymbolik von Weiß („gantz keufche Reinig-keit") bis hin zur Trauerfarbe Schwarz. Die gestaffelten Farbstufen dazwi-schen entsprechen den barocken Zuschreibungen:[11] die „Leibfarbe", das In-karnat, erinnert an den Schmerzensmann am Kreuz, die „Meergrüne" an Reisetrennung. Entscheidend ist dabei immer die eindeutige Zuordnung der Farbe zu ihrem sinnbildlichen Wert. So stellt das erste Quartett gleich zweimal diese Relation durch eine Art Gleichheitszeichen ausdrücklich her: „ist".

Im zweiten Quartett gilt eine andere Analogie von Farbe und Sinn-deutung, die durch die syntaktische Funktion der Virgel bestimmt ist. Hier sind die Farben nicht mehr durch ein Gleichheitszeichen mit ihrem Bedeu-tungsbezug korreliert, sondern durch die bloße, gleichsam beiläufige Bei-ordnung. Hier entscheidet nicht mehr die Farbskala von „Roth" – „Him-melblo" – „Bleich Leichfarb" – „Gelb". An ihre Stelle tritt eine emotionale Rangfolge, nämlich der Abstieg von „Liebesbrunst" zum „außgang aller Gunft", so dass ein anderes Ordnungssystem als das der Chromatik ent-steht.

Das erste Terzett erweitert diese farbliche Doppelung durch einen neuen Aspekt. Es verzichtet ganz auf reine Farben zugunsten von gebro-chenen Farben, von Mischfarben oder Farben, deren genauer Farbcharak-ter völlig im Unklaren bleibt: „Haarfarbe" (welche?) – „Bleich Aschenfar-ben" – „Braun". Entscheidender als die Abdunkelung dieser Farben ist aber ihre völlig andere Zuordnung auf abstrakte Werte; denn jetzt gilt: Farbe „ist" nicht, sondern „deutet uff".

Im auffälligen Zeilen- und Strophensprung zum letzten Terzett wird noch einmal eine Farb-Werte-Beziehung aufgerufen, die die bisherigen Zu-ordnungen – Gleichsetzung, Analogie und Hindeutung – aufgreift und zu-gleich beendet: „Grün / Hoffnung". Dann und erst hier tritt ein lyrisches Ich auf den Plan, das sich in beschwerter Hebung ganz an das Ende des Verses setzt und im Enjambement seine weitere Tätigkeit ankündigt. Die-ses Ich steht am Ende einer Stufenleiter, die vom scheinbar bloß anschlie-ßenden Zugriff „Vnd", verstärkt nochmals in „jetzundt", über eine kausale Rechtfertigung („weil") bis zu einer Zeitangabe der Plötzlichkeit

---

[10] Vgl. Janis Little Gellinek: Die weltliche Lyrik des Martin Opitz. Berlin/München 1973, S. 99.
[11] Vgl. schon Ludwig Manfred Schweinhagen: Die Farbe als konstitutives Element der deutschen Barockdichtung. Diss. Masch. FU Berlin 1955.

(„jetzundt") reicht. Was tut dieses Ich? Es greift hier und jetzt in die bisher ohne es abgelaufene Bedeutungszuordnung der Farben ein, indem es dieses „Grün" ,gebraucht'. Man beachte ein Doppeltes, nämlich einmal, dass die altertümliche reflexive Formulierung dieses Ich nochmals in flektierter Form dominant an das Versende setzt; zum anderen, dass es zum ersten Mal – sieht man vom Titel des Gedichts ab – „Farbe" als Abstraktum und damit gleichsam als einen theoretischen Begriff benutzt. Kann man Farbe ,gebrauchen'? Dieses Ich spinnt sich dergestalt in die Welt der Farben ein, dass es die unverbindliche Zuschreibung von Farb- und Empfindungswerten aufeinander aufgibt und in eine ganz konkrete Relation überführt. Der Farbwert „Grün" bestimmt präzis einen „Zustand", nämlich „Hoffnung". Das Ich verlangt aber noch mehr, nämlich diesen seinen „Zustand" geradezu rechnerisch aus der Farbzuschreibung ableiten zu können. Kann man Farbe ,messen', gar ,ermessen'?

So darf man Opitz' *Bedeutung der Farben* in der Abfolge der ersten Verse aller vier Strophen als ein Liebesgedicht lesen – weiß: „keusche Reinigkeit"; rot: „innigliche Liebesbrunst"; die (ungenannte) Haarfarbe der Geliebten; die „Hoffnung" der letzten Strophe als einen „Zustand". Man kann aber auch den Anspruch des Dichters darin erspüren, an der Farbskala nicht nur einfach Empfindungswerte abzulesen. Denn dieses Ich verfügt souverän über die Farbsymbolik seiner Zeit und generiert daraus einen „Zustand", der ein Wunschverhalten („Hoffnung") in eine sogar ,messbare' Wirklichkeit überführt.[12] Dass Farben Brechungen des Lichtstrahls und insofern Funktionen ohne eigene Identität sind, wird noch nicht gewusst.


## 2. Farbe nach Newton

Das hohe Bildungsniveau des Hamburger Ratsherrn Barthold Heinrich Brockes ist bekannt, seine unmittelbare, nicht nur dem Hörensagen geschuldete Kenntnis von Newtons *Opticks* ist verlässlich nachgewiesen.[13] In einer Vielzahl seiner Naturgedichte, gesammelt in seinen zwischen 1721 und 1748 erschienenen neun Bänden *Irdisches Vergnügen in Gott*, kann man dieses Wissen spüren. An fast allen Gedichten der Sammlung lässt sich ein Modell des neuen Farbensehens, das auch ein solches der Naturwahrnehmung ist, ablesen. Das Gedicht *Das unverhoffte Grün* führt dies geradezu

---

[12] Vgl. Klaus Garber: Der Reformator und Aufklärer Martin Opitz (1597-1639). Ein Humanist im Zeitalter der Krisis. Berlin 2018, S. 462ff.: „Übergang zur Poetologie" und S. 476: „Liebesdichtung doppelsinnig".
[13] David G. John: Newton's *Opticks* and Brockes' Early Poetry, in: Orbis Litterarum 30 (1983), S. 205-214.

mustergültig vor. Ausgangspunkt ist wie so oft bei Brockes der scheinbar zufällige Hinaustritt in die blühende Natur – das Schlüsselwort ist hier, gleich zweimal vorkommend, „von ungefehr".[14] Was als Zufall vorgegeben ist („Jüngst gieng ich"), ahmt in Wirklichkeit eine Experimentalanordnung nach, die schon in Newtons Kategorien denkt, ohne noch seine Begriffe zu gebrauchen. Zuerst dokumentiert ein Gespräch unter Gleichgesinnten den Vor- wie den Nacherkenntnisstand durch den Hinzutritt weiterer Disputanten: „nebst Fabricius"; „Le Fevre, welcher sich zugleich bey uns befand"; „Als eben Böckelmann, / Des schönen Gartens Herr und Pfleger, zu uns trat". Dadurch ergibt sich bei der Betrachtung der bunten Blumenwelt eine Versuchsanordnung wie von selbst:

Hierauf kam man von ungefehr
Von neuem auf der Bluhmen Heer:
Man sprach: Bewunderns-wehrt ist, da der Bluhmen Pracht
In allen Farben glimmt, daß die Natur von ihnen
Doch keine grün gemacht.
Wir andern stimmten bey,
Und dachten, daß dem Laub' und Gras' allein, im Grünen
Zu glänzen vorbehalten sey.
Drauf gieng, mit sanften Schritten,
Herr Böckelmann von uns, kam aber bald hernach,
Mit ja so sanften Schritten, wieder;
Und, sonder daß er etwas sprach,
So legt' er in der Mitten,
Auf unsern Tisch drey grüne Bluhmen nieder,
Wodurch er, daß wir uns geirrt,
Uns überzeuglich überführte.
Wir sah'n einander an.
Gestunden wir, zu seiner Ehr',
Daß dieß die beste Art zu überzeugen wär.[15]

Die Betrachtung „von ungefehr" wird durch den Gartenfachmann Böckelmann gleichsam gebrochen, auch wenn die Verstörung nicht als Bruch, sondern in „sanften Schritten" – die Formulierung steht gleich zweimal hintereinander – abläuft. Der Beweis, „daß wir uns geirrt", erfolgt faktisch-wortlos („sonder, daß er etwas sprach") und dadurch besonders „überzeuglich", so dass die Betrachter zum neuen Sehen gleichsam ,überführt'

---

[14] Barthold Heinrich Brockes: Auszug der vornehmsten Gedichte aus dem irdischen Vergnügen in Gott. Hamburg 1738. Reprint Stuttgart 1965, S. 57-59.
[15] Ebd., S. 58f.

werden. Die Schlussfolgerung, „daß auch das schönste Kraut / Kein schöner Grün fast zeigen kann", ergibt sich dann wie von selbst:

Hierüber stimmten wir zuletzt der Meynung bey,
Daß alles, was in der Natur,
Sowohl an Farben, als Figur,
Nur möglich, auch vermuthlich wircklich sey.[16]

Diese Erkenntnis der Wirklichkeit wird zwar als Vermutung wie als „Meynung" geäußert, unterscheidet sich aber grundlegend vom Farbensehen bei Opitz, weil sie als Ergebnis einer Quasi-Experimentalbeobachtung hervorgegangen ist. Noch mündet sie nicht in eine Verstörung der eigenen Sehgewohnheiten, sondern bloß in eine Anrufung Gottes, dass auch so „mancher" andere diese neue Erkenntnis „bemercke".

Einen Schritt weiter geht das Gedicht *Der Gold-Käfer*. Hier wird die schon bekannte Beobachtungssituation „nun ungefehr" durch einen Generationensprung erweitert: „Mein ält'ster Sohn lief mit".[17] Der Altersunterschied ist auch ein solcher des Beobachtungsstatus, denn die Figur des naiven Kindes markiert einen Vorerkenntniszustand. Während das Kind ein „güld'nes Käferchen auf einer Rose findet", es an den Vater abliefert und später beim Wegfliegen des Tiers weint, entfaltet der Vater zwar zunächst „lächelnd", dann aber „mit fast erschrock'nem Sinn", seine Beobachtungsqualifikation bei der Betrachtung des Tiers:

Als ich, mit höchster Lust, erblickte,
Wie ihm Smaragd und Gold den glatten Rücken schmückte;
Und ich bewunderte sein wandelbares Grün,
Das bald wie Gold, bald wie Rubin,
Und bald aufs neu Smaragden, schien,
Nachdem der Fürst des Lichts auf seine Theilchen strahlte,
Und die verschied'ne Fläche malte.[18]

Im Unterschied zum Kind, das sich naiv ergötzend „die veränderliche Pracht" des Tiers auf sich wirken lässt, werden beim reflektierenden Vater weiterführende „Gedancken" ausgelöst:

Was sind die Farben doch? Nichts, als ein blosses Nichts.
Denn, wenn der Schein des all-erfreu'nden Lichts

[16] Ebd., S. 59.
[17] Ebd., S. 295.
[18] Ebd., S. 295.

Sich von uns trennet, schwinden,
Vergehn und sterben sie; man kann nicht einst die Spur
Von ihrer Pracht, von ihrem Wesen, finden.[19]

Newtons Entdeckung, hier freilich ganz in negative Formulierungen ge-
packt, dass alle Farben ein Produkt des Lichtstrahls sind und ohne diesen
nicht existieren, wird schon so stillschweigend vorausgesetzt, dass der Ich-
Sprecher gar nicht auf die Idee verfällt, eine solche Erkenntnis als Pointe
zu verwenden. Er denkt von diesem Verharrungspunkt aus gleich weiter:
„Dieß heisst mich weiter gehen, und auch: Was ist die Welt?" Hier springt
das ja doch eigentlich überholte Denkmuster der barocken *vanitas mundi*
an, so dass man meinen könnte, die alte Sichtweise habe noch einmal die
Oberhand gewonnen:

Farben sind es, was ihr sehet,
Höret, riechet, schmeckt und fühlt,
Ohne GOtt, den Brunn des Lichts,
Sind wir, und ist alles, nichts.
Alles schwindet und vergehet,
Was auch noch so herrlich spielt.[20]

Diese auch grafisch abgesetzten Verse sind wohl als ein zu singender Hym-
nus oder als ein rhapsodisch vorzutragender Refrain gedacht, wie die da-
runter gesetzte Anweisung „Da Capo" kundgibt. Zum Erkenntnisprozess
in Sachen Farbensehen tragen sie nichts bei.
  Doch Brockes' *Gold-Käfer* ist damit noch nicht an sein Ende gekom-
men. Das Weinen des Kindes beim Wegflug des schönen Insekts löst beim
Vater einen weitergehenden Denkreflex aus, der das Farbenspiel des Gold-
käfers in eine ganz andere Dimension rückt:

Ein Wurm ergetzt ein Kind, ein gelber Koth die Alten;
Man will ihn mit Gewalt erhalten und behalten.
Das Kind hat kurtze Lust, der Alte kleine Freude;
So bald nur Wurm und Gold dahin sind, weinen beyde.[21]

Man sieht, wie die ursprüngliche Goldfarbe des Käfers in einen ganz ande-
ren Kontext gerät. Das Ergebnis des Verlusts bleibt freilich gleich: die
Flüchtigkeit der Farbe hinterlässt bei ihrem Verschwinden nur eine „kurzte

---

[19] Ebd., S. 295.
[20] Ebd., S. 295.
[21] Ebd., S. 296.

Lust". Denn die Farben sind nur noch ein Symptom für einen Wirklichkeitszustand, sie haben keinen Eigenwert mehr. Weder aus der Goldfarbe des Käfers noch aus der Kotfarbe lässt sich eine zeitlos gültige Lehre ableiten.

Diese Farbsicherheit der Aufklärung, dass alles vernünftig erklärbar sei, erhält bald schon einen Knacks, der nicht von der Optik ausgeht, sondern vom Wissen um die Abhängigkeit der Farbwahrnehmung bei ihrer Umsetzung in Sprache. So konnte der empfindsame Lyriker Ludwig Christoph Heinrich Hölty in seinem *Maylied*, präzis auf den 17. Februar 1773 datiert, scheinbar noch ganz naiv dichten:

Der Anger steht so grün, so grün,
Die blauen Veilchenglocken blühn,
Und Schlüsselblumen drunter,
Der Wiesengrund
Ist schon so bunt,
Und färbt sich täglich bunter.

Drum komme, wem der May gefällt,
Und freue sich der schönen Welt,
Und Gottes Vatergüte,
Die diese Pracht
Hervorgebracht,
Den Baum und seine Blüthe.[22]

Farbigkeit geschieht hier durch die sprachliche Einfärbung der Objektwelt. Der Eindruck der Kunstlosigkeit ist freilich Programm; er entspricht dem zeitgleich in Mode gekommenen Englischen Garten, der ja ebenfalls so tut, als handle es sich bei diesem raffiniert alle Blickwirkungen eingeplanten Landschaftsentwurf um reine, unverfälschte Natur ohne menschliche Eingriffe. Auch in Höltys *Maylied* werden die Farbpunkte ganz umstandslos gesetzt, weil es auf chromatische Eigenständigkeit gar nicht ankommt, sondern auf die Buntheit des Gesamteindrucks – so der beschwerte Schluss dieser Strophe, der diese Buntheit nicht nur verdoppelt, sondern sogar noch steigert. Die Reime suchen die Simplizität so sehr, dass sie höchst einfache Begriffe verwenden und dabei sogar noch auf ihre umgangssprachliche Verschleifung zurückgreifen („blühn", „drunter"). Die zweite Strophe kommt ganz ohne Farbe aus, was auf den ersten Blick gar nicht auffällt: das weit entfernte Abstraktum „Pracht" kann dies alles zusammenfassen.

---

[22] Ludwig Christoph Heinrich Hölty: Gesammelte Werke und Briefe. Kritische Studienausgabe. Hrsg. von Walter Hettche. Göttingen 1998, S. 162.

Denn an die Stelle der Farben sind längst die Stimmungswerte einer einfach „schönen Welt" getreten.

Dabei hatte schon Lessing in seinem *Laokoon: oder über die Grenzen der Malerei und Poesie* von 1766 darauf hingewiesen, dass wie die Farben auch alle anderen „Zeichen der Rede willkürlich sind".[23] Dazu zitierte Lessing aus Albrecht von Hallers epischem Lehrgedicht *Die Alpen* von 1722:

Ein ganzes Blumenvolk dient unter seiner Fahne,
Sein blauer Bruder selbst bückt sich, und ehret ihn.
Der Blumen helles Gold, in Strahlen umgebogen,
Türmt sich am Stengel auf, und krönt sein grau Gewand,
Der Blätter glattes Weiß, mit tiefem Grün durchzogen,
Strahlt von dem bunten Blitz von feuchtem Diamant.[24]

Lessing demonstrierte an diesem Fallbeispiel, dass der Dichter durch seine Worte zwar „mit großer Kunst und nach der Natur malet",[25] dass diese Übersetzung von Farbeindrücken in Worte aber dem wirklichen optischen Eindruck niemals gleichkommen könne: „Sie bleibet unendlich unter dem, was Linien und Farben auf der Fläche ausdrücken können",[26] „weil das Koexistierende des Körpers mit dem Konsekutiven der Rede dabei in Kollision kömmt".[27] Lessing hatte also erkannt, dass Farben „Zeichen, nicht Objekte" sind, „integrale Bestandteile des menschlichen Geistes", die „nur aus Relationen zueinander" bestehen.[28]

Ein solches gedankliches Niveau der Farbe konnte die empfindsame Naturlyrik der Epoche noch nicht erreichen. Umgekehrt konnte sie in ihren Versen erfolgreich demonstrieren, mit wie wenig Farben man auskommen kann, erst recht, wenn sich selbst als ursprünglich und urwüchsig versteht. Farbreduktion darf sich als durchaus als Messlatte volkstümlicher Poetizität verstehen.[29]

---

[23] Gotthold Ephraim Lessing: Werke. Band 6. Darmstadt 1996, S. 109.
[24] Ebd., S. 111.
[25] Ebd., S. 111.
[26] Ebd., S. 112.
[27] Ebd., S. 113.
[28] Beate Allert: Wie farbig darf die Dichtung sein? Lessings Beitrag zum Diskurs der Farben im 18. Jahrhundert, in: Lessing-Yearbook 37 (2006/2007), S. 145.
[29] Vgl. Heinz Rölleke: Weiß – Rot – Schwarz. „Die drei Farben der Poesie". Zur Farbsprache in Grimms *Snewittchen* im Märchen und anderswo, in: Fabula 54 (2013, S. 214-234.

# Goethes Farbenlehre und die Folgen

## 1. Goethes Farbenlehre als poetologisches Werk

Goethes jahrzehntelange Beschäftigung mit seiner Farbenlehre steht sperrig innerhalb der Kulturgeschichte der Farbe. Waren doch Weimarer Klassik und Klassizismus eher durch eine Abwehr der Farbe als durch deren Hochschätzung, geradezu durch eine Chromophobie ausgewiesen.[1] Berufen konnte man sich dabei auf Immanuel Kant, der in seiner *Kritik der Urteilskraft* von 1790 noch ganz im Sinne des *disegno-colore*-Streits die Zeichnung als das „Wesentliche" bezeichnet hatte, das die schöne Form bestimmt: „Die Farben, welche den Abriß illuminieren, gehören zum Reiz; den Gegenstand an sich können sie zwar für die Empfindung belebt, aber nicht anschauungswürdig und schön machen".[2] Schon dieses Auseinandertreten von Epochengeist und persönlicher Neigung mag Erstaunen über Goethes jahrzehntelange Beschäftigung mit seinen Farbexperimenten hervorrufen. Es erklärt allerdings nicht, dass Goethe mit den meisten seiner Schlussfolgerungen falsch lag, sich in seiner Polemik gegen Newtons Lichtbrechungstheorie völlig verrannte, verbissene Grabenkämpfe ausfocht und bis zu seinem Lebensende seine Positionen nicht preisgab.[3] Alle Rettungsversuche Späterer, Goethes chromatische Verbohrtheit als Fortschritt im Sinne eines ganzheitlichen Naturwissenschaftsbegriffs verstehen zu wollen[4] oder sie als Wende von der optischen Physik zu einer Psychologie des Optischen neu zu bewerten,[5] haben genauso wenig Ertrag eingefahren wie der Nachweis, dass Goethes Kritik an Newtons Experimenten zur

---

[1] Vgl. David Batchelor: Chromophobie. Angst vor der Farbe. Wien [2]2004.

[2] Wilhelm Weischedel (Hrsg.): Immanuel Kant: Werke in zehn Bänden. Darmstadt 1975, Band 8, S. 305.

[3] Vgl. dazu Felix Höpfner: Wissenschaft wider die Zeit. Goethes Farbenlehre aus rezeptionsgeschichtlicher Sicht. Mit einer Bibliographie zur Farbenlehre. Heidelberg 1990 (= Beiträge zur neueren Literaturgeschichte, 3. Folge, Band 106); Anja Eichler: Goethes *Farbenlehre* und die Lehren von den Farben und vom Färben. Wetzlar 2011; Friedrich Steinle: Goethe und die Farbenforschung seiner Zeit, in: Martin Dönike/Jutta Müller-Tamm/Friedrich Steinle (Hrsg.): Die Farben der Klassik. Wissenschaft – Ästhetik – Literatur. Göttingen 2015 (= Schriftenreihe des Zentrums für Klassikforschung 3), S. 255-289.

[4] So schon 1853 Hermann von Helmholtz: Über Goethes naturwissenschaftliche Arbeiten, in: ders.: Vorträge und Reden. Band 1. Braunschweig 1884, S. 1-24.

[5] Vgl. Rainer Mausfeld: „Wär' nicht das Auge sonnenhaft ..." Goethes Farbenlehre: Nur eine Poesie des Chromatischen oder ein Beitrag zu einer naturwissenschaftlichen Psychologie?, in: Mitteilungen des Zentrums für interdisziplinäre Forschung 4. Bielefeld 1996, S. 3-27.

Lichtbrechung methodisch durchaus gerechtfertigt war.[6] Man könnte es damit bewenden lassen und Goethes Vertiefung in seine Farbenlehre einfach als eine besondere Form der „Farbentheologie" verstehen,[7] die ihn sein Leben lang begleitete, angefangen mit ersten Überlegungen schon in seiner Leipziger Zeit, wie dies aus seinen Briefen an Friederike Oeser 1769 hervorgeht.[8] 1790 hatte Goethe wohl eine Art Erweckungserlebnis, als er Newtons Versuchsanordnung (falsch) nachstellte und beim Blick durch das Prisma das erwartete Farbenspektrum eben nicht sah.[9] Zugespitzt formuliert: Goethes Farbenlehre sagt nichts über Wesen und Wirkung der Farben aus, sondern liefert umgekehrt ein riesengroßes Veranschaulichungsmodell natürlich zuerst seines Denkens, dann aber vor allem seiner Poetologie.

Goethe experimentierte seit den 1780er Jahren intensiver mit Farben. So berichtete er während seiner *Italienischen Reise* am 1. März 1788 aus Rom:

Ferner habe ich allerlei Speculationen über Farben gemacht, welche mir sehr anliegen, weil das der Theil ist, von dem ich bisher am wenigsten begriff. Ich sehe, daß ich mit einiger Übung und anhaltendem Nachdenken auch diesen schönen Genuß der Weltoberfläche mir werde zueignen können.[10]

Man beachte die lange Gedankenfigur, die bei den „Speculationen" anfängt und mit einer Selbstzueignung endet. 1791/92 veröffentliche Goethe seine ersten *Beyträge zur Optik*, bis er dann 1810/12 seine Studien in den drei Bänden *Zur Farbenlehre* systematisch ordnete, aber nicht methodisch trennte, so dass eine Abfolge von Lehrbuch, Streitschrift und geschichtlicher Abhandlung zustande kam, die man gleichzeitig als ein

---

[6] Vgl. dazu Olaf L. Müller: Goethes philosophisches Unbehagen beim Blick durchs Prisma, in: Jakob Steinbrenner/Stefan Glausauer (Hrsg.): Farben. Betrachtungen aus Philosophie und Naturwissenschaften. Frankfurt a. M. 2007 (= suhrkamp taschenbuch wissenschaft 1825), S. 64-101.

[7] So Albrecht Schöne im Titel seiner grundlegenden Darstellung: Goethes Farbentheologie. München 1987.

[8] Vgl. Helbig, Naturgemäße Ordnung, S. 70-88.

[9] Schöne, Goethes Farbentheologie, S. 22.

[10] Goethes Werke, Weimarer Ausgabe (WA) I, 32, S. 290.- Die Linie von Goethes italienischer Reise bis zur Veröffentlichung seiner *Farbenlehre* zieht aus: Irmgard Egger: „Taten des Lichts". Goethes italienische Chromatik, in: Dönike u. a., Die Farben der Klassik, S. 31-42; zusammenfassend zur Farbenlehre jetzt Gisela Maul: Die Farbenlehre. Experiment – Polemik – Historie, in: Abenteuer der Vernunft. Goethe und die Naturwissenschaften um 1800. Katalog der Ausstellung im Schiller-Museum Weimar vom 28. August 2019–5. Januar 2020, S. 324-377.

zusammenhängendes, auf sich gegenseitig verweisendes Konstrukt betrachten muss.[11] Bei all seinen Überlegungen betrachtete Goethe das Auge nicht als ein bloßes Rezeptionsorgan für den Lichteinfall, sondern ging von einem wechselseitigen, lebendigen Verhältnis zwischen Auge und Licht aus. Im „didaktischen Teil" seiner *Farbenlehre* und dann nochmals in einem seiner *Zahmen Xenien* drückte er diesen Sachverhalt dann ganz bildhaft aus:

Wär' nicht das Auge sonnenhaft,
Die Sonne könnt' es nie erblicken;[12]

So konnte er ohne Rückgriff auf irgendeine Farbtheorie und ganz auf der Grundlage eigener Empfindungen von einer „sinnlich-sittlichen Wirkung der Farbe" sprechen, wie ein Abschnitt im didaktischen Teil seiner *Farbenlehre* überschrieben ist.[13] „Die Farben sind Thaten des Lichts, Thaten und Leiden", wie es im Vorwort zu dieser *Farbenlehre* heißt.[14] Es erhellt sich, dass eine solche Farbenlehre ganz in der Nähe zu Goethes Bildungsidee anzusiedeln ist, wie er sie in seiner *Metamorphose der Pflanzen* entwickelt hatte.[15]

Genauso auffällig wie diese lebenslängliche Versessenheit Goethe auf seine *Farbenlehre* ist auch die starke Anlehnung seiner Farbexperimente an die ihn begleitende Zeitgeschichte, so dass man die *Farbenlehre* „in einem zweifachen Sinne historisch zu nennen" berechtigt ist.[16] Während der Aufzeichnungen zu seiner *Kampagne in Frankreich*, dem Feldzug der Truppen des Ancien Regime gegen das revolutionäre Frankreich, befasste sich Goethe wiederholt mit optischen Experimenten, als habe er in diesem Kriegsgetümmel nichts Besseres zu tun – oder sollte man eher sagen, dass gerade diese Erlebnisse eine Analogie zwischen beidem hergestellt hatten? Denn schon die Nachricht vom Sturm auf die Bastille hatte Goethe ganz unmittelbar auf Newtons Umgang mit den Lichtstrahlen bezogen und diesem Verfahren seine eigene Experimentierweise entgegengehalten.[17] So sprach Goethe mit Blick auf Newtons Arbeitsweise der Lichtbrechung von einem „Leiden des Lichts", das diesem zugefügt werde, weil Newton dadurch „die

---

[11] Vgl. Martin Basfeld: Zur Farbenlehre, in: Goethe-Handbuch in vier Bänden. Hrsg. von Bernd Witte u. a. Stuttgart/Weimar 1997, Band 3, S. 719-743.
[12] Johann Wolfgang Goethe: Gedichte 1800-1832. Hrsg. von Karl Eibl. Frankfurt a. M. 1988, S. 645.
[13] Goethe, WA, II, 1, S. 307-309.
[14] Ebd., S. IX.
[15] Theda Rehbock: Goethe und die „Rettung der Phänomene". Philosophische Kritik des naturwissenschaftlichen Weltbilds am Beispiel der Farbenlehre. Konstanz 1995, S. 236.
[16] So Alexander Honold: Goethes Farbenkrieg, in: KulturPoetik 2 (2002), S. 27.
[17] Schöne, Goethes Farbentheologie, S. 39.

Natur auf die Folter spannte".[18] Eine mehr als bloß unterschwellige Politisierung zeigt sich vielleicht auch bei den von Goethe in die Chromatik eingeführten Begriffen, etwa wenn er 1793 in seiner Schrift *Von den farbigen Schatten* sprach oder wenn er sich in seiner *Farbenlehre* von 1810 immer mehr auf die „Trübe" konzentrierte.[19] Goethe begriff das Auge nicht als einen Apparat nach Art der Camera obscura, die man üblicherweise für Lichtbrechungsexperimente benutzte, sondern als Sehorgan; Farbe war daher für ihn keine Objekteigenschaft, sondern eine Art Farbigsein der Farbe selbst. Daher verstand er seine Farbenlehre als „Weltwerdung des Sichtbaren",[20] so dass darin der Beginn einer neuen Ästhetik grundgelegt werden konnte.

Noch im hohen Alter, als selbst sein getreuer Eckermann zweifelte und die Farbenlehre „nicht durchaus bestätigt" finden wollte,[21] zeigte sich der von Eckermann ansonsten kritiklos Angebetete mehr als unwillig. Eckermann registrierte mit Erstaunen, dass „Goethes erhaben-heiteres Wesen sich verfinsterte", Goethe „ironisch spöttelnd" wurde[22] und seine Kritiker als Abweichler von der reinen Lehre als „Ketzer" diffamierte.[23] Diese Zuspitzung überbot Goethe aber noch in einer drastischen Hyperbel, die so aussah, als verneine er sein gesamtes literarisches Werk, wenn er es in Relation zu seiner „Wissenschaft der Farbenlehre" stellte. Nach Eckermanns Erinnerung trug Goethe diese Provokation sogar „wiederholt" vor:

„Auf alles, was ich als Poet geleistet habe", pflegte er wiederholt zu sagen, „bilde ich mir gar nichts ein. Es haben treffliche Dichter mit mir gelebt, es lebten noch trefflichere vor mir, und es werden ihrer nach mir sein. Daß ich aber in meinem Jahrhundert in der schwierigen Wissenschaft der Farbenlehre der einzige bin, der das Rechte weiß, drauf tue ich mit etwas zugute, und ich habe daher ein Bewußtsein der Superiorität über viele."[24]

---

[18] Ebd., S. 65; zu Goethes gewaltfreiem Naturwissenschaftsverständnis vgl. auch Rehbock, Goethe und die „Rettung der Phänomene", S. 303-308.
[19] Bernd Hamacher: Grau und Braun – „Vorgefühl der Gegensätze des Kalten und Warmen". Zur Rehabilitierung der ‚farblosen', ‚schmutzigen' Farben bei Goethe, in: Walter Pape (Hrsg.): Die Farben der Romantik. Physik und Physiologie, Kunst und Literatur. Berlin/Boston 2014 (= Schriften der Internationalen Arnim-Gesellschaft 10), S. 73-86.
[20] So Joseph Vogl: Der Weg der Farbe (Goethe), in: Inka Mülder-Bach/Gerhard Neumann (Hrsg.): Räume der Romantik. Würzburg 2007 (= Stiftung für Romantikforschung 42), S. 159.
[21] Goethe zu Eckermann am 19. Februar 1829, zit. nach: Johann Peter Eckermann: Gespräche mit Goethe in den letzten Jahren seines Lebens. Wiesbaden o. J., S. 334.
[22] Ebd., S. 337.
[23] Ebd., S. 338.
[24] Ebd., S. 339.

Wer freilich genau hinhört, erkennt, dass Goethe sich seiner Selbsteinordnung in den literarischen Kanon sehr wohl bewusst war („treffliche Dichter") und diese Einschätzung sehr wohl von der Wissenschaft abtrennte. Denn auf dem dortigen Feld war „Superiorität" durch Wissen, nicht über das Lebenswerk definiert. Insofern ist es mehr als berechtigt, Goethes Farbenlehre mit seinem literarischen Werken nicht nur kurzzuschließen, wie er es selbst getan hat, sondern auch das eine auf der Folie des anderen zu lesen.[25]

In seinen *Zahmen Xenien* von 1827 hat Goethe sich zu einem ironisch-humoristischen Tonfall bequemt:

Freunde flieht die dunkle Kammer
Wo man euch das Licht verzwickt,
Und mit kümmerlichstem Jammer
Sich verschrobnen Bilden bückt.[26]

Zugleich hat er aber auch sein eigenes Farbensehen aus dem Horizont der wissenschaftlichen Optik in seine poetische Weltsicht eingerückt:

Da gebt der Natur die Ehre,
Froh, an Aug' und Herz gesund,
Und erkennt der Farbenlehre
Allgemeinen ewigen Grund.[27]

Im hohen Alter („wenn einer wie ich über die achtzig hinaus ist") hat er seine Polemik gegen Newton zwar nicht zurückgenommen, sie aber doch stark relativiert und gegenüber Eckermann eingeräumt, bei einer zukünftigen Neuauflage „können Sie den polemischen Teil der *Farbenlehre* weglassen":

Ich desavouiere meine etwas scharfe Zergliederung der Newtonischen Sätze zwar keineswegs, sie war zu ihrer Zeit notwendig und wird auch in der Folge ihren Wert behalten, allein im Grunde ist alles polemische Wirken gegen meine eigene Natur und ich habe daran wenig Freude.[28]

---

[25] Vgl. dazu Andreas Käuser: Goethes Redeweise über die Farbe, in: Zeitschrift für Germanistik. Neue Folge 2 (1997), S. 249-261; auch Helbig, Naturgemäße Ordnung, S. 485f.

[26] Goethe, Gedichte 1800-1832, S. 677.

[27] Ebd., S. 678.

[28] Goethe zu Eckermann am 15. Mai 1831, zit. nach: Johann Peter Eckermann: Gespräche mit Goethe, S. 516.

Lassen sich Wissenschaft und Poesie, gehoben auf die Ebene der Geschichte („zu ihrer Zeit") und der persönlichen Eigenheit („im Grunde"), vielleicht doch versöhnen? Bekanntlich lässt sich der Anfang von *Faust* II nicht nur als Antwort auf den *Prolog im Himmel* des ersten Teils verstehen, sondern auch als situationsbedingte Eingemeindung der Farbenlehre in Goethes poetisches Weltmodell. Nach seinem Heil- und Vergessensschlaf wird Faust „dem heiligen Licht" zurückgegeben (V. 4633), wobei der Morgen nach der erholenden Nacht aus einem „Dämmerschein" hervorgeht (V. 4686). Die Form der Terzine, wie sie Dante in seiner *Göttlichen Komödie* in die Literaturgeschichte eingeführt hatte, adelt Fausts Rede. Dabei verbreitet sich „Himmelsklarheit" von oben nach unten (V. 4689), so dass die Farbigkeit nicht durch die Brechung des Lichts entsteht, sondern in einer Gegenbewegung von unten nach oben hervorgeht – Goethe erfindet dafür sogar eine eigene Verbform: „Auch Farb' an Farbe klärt sich los vom Grunde" (V. 4692). Im Gegensatz zu dieser eher tröstlichen Farbigkeit kann Faust den direkten Blick ins (weiße) Sonnenlicht nicht ertragen. Das weiße Licht wirkt zugleich als „Flammenübermaß" (V. 4708) wie als „Lebens Fackel" (V. 4709); es ist reine Blendung (V. 4701: „und leider schon geblendet"), die „Augenschmerz" (V. 4702) hervorruft und zum Abwenden zwingt.

Diese Abwendung des geblendeten Faust – „So bleibe denn die Sonne mir im Rücken!" – spielt nicht nur auf Platons Höhlengleichnis an und übersteigt es, weil die Inszenierung nicht wie bei Platon bloß farblose Schatten an die Wand wirft. Denn „des bunten Bogens Wechseldauer" (V. 4722) dieses Regenbogens ist mehr. Die Aufstellung Fausts gleicht einer Versuchsanordnung, die die Urkonstellation der chromatischen Prismenversuche nachahmt, wenn sich das weiße Sonnenlicht in den Wassertropfen bricht, die der „Wassersturz" (V. 4716) erzeugt hat. Was Faust und mit ihm Goethe sieht, ist aber nicht etwa das Newtonsche Farbenspektrum, sondern eine mit Empfindungswerten gefüllte Anordnung, in der die Farben mit einer reichhaltigen Bedeutungsaura ausgestattet sind:

Wölbt sich des bunten Bogens Wechseldauer,
Bald rein gezeichnet, bald in Luft zerfließend,
Umher verbreitend duftig kühle Schauer.
*Der* spiegelt ab das menschliche Bestreben.
Ihm sinne nach, und du begreifst genauer:
Am farbigen Abglanz haben wir das Leben. (V. 4722-4727)

Goethes Regenbogenfarben zeichnen sich durch „Wechseldauer" aus – mehr als ein vieldeutiger Schlüsselbegriff, man bedenke das Gedicht *Dauer in Wechsel*, in dem Goethe neben seiner Farbentheologie auch seine Metamorphose-Vorstellungen ins Spiel bringt. Auch die Farben in *Faust* II sind in ihrer optischen Konsistenz nicht stabil („Bald" – „bald") und erzeugen sogar Sinnesempfindungen, die über den bloßen Augenschein hinausgehen. Zudem wird dieser synästhetischen Wahrnehmung mit dem Bild des Spiegels zeichenhafte Bedeutung für alles Menschliche zugeschrieben; zum Nachsinnen dieses Bildes wird ausdrücklich aufgefordert.

Außerdem weist das Verb des faustischen Auftrags an sich selbst („Ihm sinne nach") darauf hin, dass es für Goethe neben der reinen Chromatik auch eine „sinnlich-sittliche" Wirkung der Farben gibt, wie es in der *Farbenlehre* heißt. Erst in diesem durch die Spiegelung hervorgerufenen „farbigen Abglanz" erfüllt das Farbenspektakel die ganze Breite von Goethes Farbenlehre: Die reine Weiße des Sonnenlichts wird nicht etwa gewaltsam (wie bei Newton) gebrochen oder aufgespalten, sondern in organischer Weise in seine Farben überführt. Die *Faust*-Formulierung „erprießend" (V. 4721) bedient sich ja nicht nur eines Verbs, das auf (gewaltlose, weil natürliche) Metamorphose-Vorstellungen hinweist. In seiner Zwischenstellung zwischen Zustand und Vorgang deutet dieses Partizip Präsens den Regenbogen als ein Naturphänomen, das trotz seiner optischen Instabilität ein sinnfälliges Spiegelbild ergibt. Die Reimbeziehungen „sich ergießend" – „erprießend" – „in Luft zerfließend" (V. 4719-4723) bestärken diese Gewichtung. Damit erhält dieses Bild des Regenbogens endgültig eine poetologische Dimension weit über die optische hinaus.[29]


## 2. Goethes Farbengedichte

Goethes Farbengedichte folgen den Denkvorgaben seiner Farbenlehre, gehen aber nicht darin auf. Die hier getroffene Auswahl kann nicht repräsentativ, sondern nur exemplarisch, muss also hochgradig selektiv sein.[30] Das frühe Gedicht *Die Freuden*, das aus der Leipziger Zeit der *Oeser-Lieder* stammt, schon 1770 in *Neue Lieder* gedruckt und 1789 für die *Schriften* überarbeitet wurde, lebt noch aus den Denkfiguren vor der Erarbeitung der *Farbenlehre*. In seinem Duktus und im Gebrauch der Farben scheint es ganz an Brockes' Naturgedichte anzuschließen:

---

[29] Vgl. Monika Lemmel: Poetologie in Goethes west-östlichem Divan. Heidelberg 1987 (= Reihe Siegen 73), S. 115f.; Gernot Böhme: Ist Goethes Farbenlehre Wissenschaft?, in: ders.: Alternativen der Wissenschaft. Frankfurt a. M. ²1993, S. 123-153.
[30] Eine umfangreichere Zusammenstellung der in Frage kommenden Texte bei Schöne, Goethes Farbentheologie.

*Die Freuden*
Da flattert um die Quelle
Die wechselnde Libelle,
Der Wasserpapillon,
Bald dunkel und bald helle,
Wie ein Chamäleon;
Bald rot und blau, bald blau und grün,
O daß ich in der Nähe
Doch seine Farben sähe!

Da fliegt der Kleine vor mir hin
Und setzt sich auf die stillen Weiden.
Da hab ich ihn!
Und nun betracht ich ihn genau,
Und seh ein traurig dunkles blau.
So geht es dir Zergliedrer deiner Freuden![31]

Bezeugt ist die Stoßrichtung gegen einen ganz anderen „Zergliedrer" als gegen den Lichtstrahlenzerleger Newton, wie aus einem Brief Goethes vom 14. Juli 1770 deutlich wird:

Mendelssohn und andre, deren Schüler unser Hr. Recktor ist, haben versucht die Schönheit wie einen Schmetterling zu fangen, und mit Stecknadeln, für den neugierigen Betrachter festzustecken; es ist ihnen gelungen; doch es ist nichts anders damit, als mit dem Schmetterlingsfang; das arme Thier zittert im Netze, streift sich die schönsten Farben ab; und wenn man es ia unversehrt erwischt, so stickt es doch endlich steif und leblos da; der Leichnam ist nicht das *ganze* Thier, es gehört noch etwas dazu, noch ein Hauptstück, und bei *der* Gelegenheit, wie bey ieder andern, ein sehr wahrscheinliches Hauptstück: das Leben, der Geist, der alles schön macht.[32]

Vor einem solchen diskursiven Hintergrund ist nicht nur der Tonfall, sondern vor allem die scheinbar einfache, dann aber doch raffinierte Strophen- und Reimform des Gedichts *Die Freuden* zu bedenken; sie und die Satzkonstruktionen spiegeln den verzwickten Zusammenhang der Farbtöne. Denn diese Farben verändern sich innerhalb des Farbspektrums durch Bewegung und die dadurch hervorgerufenen Beleuchtungsverhältnisse. Dann tritt ein Wahrnehmungssubjekt hinzu, das die wechselnde Farbenvielfalt erst in eine systematisch abstrahierende Beleuchtung rückt. Im Gedicht

---

[31] Johann Wolfgang Goethe: Gedichte 1756-1799. Hrsg. von Karl Eibl. Frankfurt a. M. 1987, S. 89.
[32] Brief Goethes an Hetzler jun. vom 14. Juli 1770, in: Goethe, WA IV, 1, S. 238f.

firmiert der Wechsel als bloßer Farbwechsel; es gibt keine „Wechseldauer" wie in *Faust* II, jedoch schon die Syntaxfigur des verdoppelten „Bald" – „bald", freilich noch nicht als Wahrnehmungsphänomen, sondern als Eigenschaft des Objekts, wie der Vergleich mit dem „Chamäleon" zeigt.

Das am Ende der ersten Strophe eingeführte lyrische Ich wird zur dominanten Figur, um die sich das Geschehen wie bei Brockes' Aufklärungsversen rankt: sehen – genau betrachten – Schlussfolgerung. Im Unterschied zu Brockes beschränkt sich Goethes Ich-Sprecher aber nicht auf die Feier der göttlichen Schöpfungsleistung. Denn schon bei genauerer Betrachtung erscheint die Farbe Blau als „traurig". Bei Brockes wird der *Gold-Käfer* nur vorübergehend zur Betrachtung gefangen; hier wird er mit Nadeln festgesteckt, mithin getötet. Der zum Gedicht recht zeitgleiche Brief schildert dramatisch den Fang; die Beobachtungen werden nicht wie bei Brockes am lebenden Objekt, sondern am „Leichnam" vorgenommen, dem „alles Leben, der Geist" entflogen ist.

In der Druckfassung von 1789 hat Goethe den Geschlechterwechsel von „Libelle" zu „Wasserpapillon", der mehr ist als nur ein Wechsel des grammatischen Geschlechts, rückgängig gemacht; das Insekt bleibt jetzt eine „sie" und gerät damit in die Nähe eines darin versteckten Liebesdiskurses zwischen einem Ich und seinem Betrachtungsobjekt, man denke etwa an Goethes *Heideröslein*, das gerade durch diese Einspielmöglichkeit einer Liebesbeziehung in den Naturdiskurs berühmt wurde. Einen solchen Kontext verstärkt die Ausgabe von 1789, wo *Die Freuden* zwischen Liebesgedichten eingestellt ist. Als weibliches Wesen zu Beginn der zweiten Strophe, „Sie schwirrt und schwebet, rastet nie!", übernimmt es die Stelle des ursprünglichen, viel schwächeren „Da fliegt der Kleine vor mir hin". Dramatisiert wird die Handlung durch das im zweiten Vers vorangestellte „Doch still", dann durch die Verdoppelung des Gefangenwerdens: „Da hab' ich sie! da hab' ich sie!", beides dramatisch gesteigert durch zweimalige Ausrufezeichen. Außerdem ist jetzt der Schlussvers von der zweiten Strophe abgesetzt und damit beschwert. Verstärkt ist auch die Wertung des Blauen durch den Wechsel von „ein traurig dunkles blau" zu „ein traurig-dunkles Blau" mit anschließendem Gedankenstrich.[33] Die Veränderungen der Versbrüche vereinheitlichen nicht nur das Schriftbild der Strophe. Das Spiel mit dem 14-zeiligen Sonett-Schema, in der frühen Fassung eingehalten, wird in der überarbeiteten Fassung in beiden Strophen um jeweils einen Vers erweitert. In *Die Freuden* ist Farbensehen noch nicht problematisiert, sondern der Vorgang steht stellvertretend für eine allumfassende

---

[33] Goethe, Gedichte 1756-1799, S. 284.

Naturwahrnehmung. Farben erscheinen dadurch als unmittelbarer Ausdruck des Lebens, nicht mehr und nicht weniger.

Nach Goethes ersten Farbstudien veränderte sich nicht nur die Stoßrichtung, sondern auch die Stillage grundlegend. So reagierte Goethe mit einem Distichon unter dem Titel *Neueste Farbentheorie von Wünsch*, das Schiller in seinem *Musenalmanach 1797* abdruckte, drastisch auf einen Christian Heinrich Wünsch, der in seiner Theorie von anderen Grundfarben als Goethe ausging: „So wird aus Gurkensalat wirklich der Essig erzeugt!"[34] Sarkastisch stellte Goethe in seinen *Invektiven* von 1810, die vielleicht schon 1802 entstanden waren, eine pädagogische Versuchsanordnung nach, bei der es galt, „Newtonisch Weiß den Kindern vorzuzeigen", wobei die Kinder beim Betrachten einer rotierenden Schwungscheibe mit aufgetragenem Farbenspektrum die Farbe Weiß sehen sollen. Doch die Kinder reagieren ganz naiv, nämlich natürlich, indem sie alles „genau" betrachtend, nur „Grau" sehen und deshalb zurechtgewiesen werden: *„Weiß, dummer Junge, Weiß!"*[35] Phänomenologisch mochte Goethe dabei recht haben, dachte er doch als Maler, nicht wie Newton als Spektralanalyst. Denn er konnte noch nicht wissen, dass man aus einer subtraktiven Mischung von Farbpigmenten allerdings kein reines Weiß herstellen kann, sehr wohl aber aus der additiven Mischung von Spektralfarben, wie dies Newton vorhergesagt hatte.

Noch heftiger, aber ernsthaft im Tonfall reagierte Goethe 1817, als er die epigrammatische Stilhaltung aufgab und im rein Lyrischen, allerdings in belehrender Form, argumentierte. So entstand im Gewand einer freundschaftlichen Widmung ein Lehrgedicht. 1817 schrieb er der Familienfreundin Julie von Egloffstein, die zugleich Malerin war, einen Monat vor ihrer Hochzeit in ihr Denkbuch:

*Entoptische Farben*:
Laß dir von den Spiegeleien
Unsrer Physiker erzählen,
Die am Phänomen sich freuen,
Mehr sich mit Gedanken quälen.

Spiegel hüben, Spiegel drüben,
Doppelstellung, auserlesen;
Und dazwischen ruht im Trüben
Als Crystall das Erdewesen.

---

[34] Ebd., S. 596.
[35] Ebd., Gedichte 1800-1832, S. 759.

Dieses zeigt, wenn jene blicken,
Allerschönste Farbenspiele,
Dämmerlicht das beide schicken
Offenbart sich dem Gefühle.

Schwarz wie Kreuze wirst du sehen,
Pfauenaugen kann man sehen;
Tag und Abendlicht vergehen
Bis zusammen beide schwinden.

Und der Name wird ein Zeichen,
Tief ist der Crystall durchdrungen:
Aug' in Auge sieht dergleichen
Wundersame Spiegelungen.

Laß den Macrocosmus gelten,
Seine spenstischen Gestalten!
Da die lieben kleinen Welten
Wirklich Herrlichstes enthalten.[36]

Das Gedicht spielt mit den wechselnden Bedeutungen der Spiegelmetapher: „Spiegeleien" – „Spiegel hüben, Spiegel drüben" – „Wunderbare Spiegelungen". Den rein optischen Lichtbrechungsexperimenten der zeitgenössischen „Physiker" stellt Goethe seine eigene Vorstellung von der Qualität des Lichts gegenüber, die „im Trüben" zuhause ist. Der „Crystall" stellt für ihn eben keinen bloßen Lichtbrechungsgegenstand dar, sondern fungiert als ein „Erdewesen". Dadurch erscheint der „Crystall" als eine Art Doppelwesen, weil in ihm die Farben gleichsam aufbewahrt sind und dann „dazwischen" durch den Spiegelvorgang freigesetzt werden.[37] „Allerschönste Farbenspiele" erscheinen dann, wenn sogar die Spiegel zu eigenständigen Beobachtungssubjekten werden können, „wenn jene blicken". So entsteht gefühltes „Dämmerlicht" – genauer: diese Farben erscheinen nicht einfach so, sondern werden „Offenbart". Das Licht tritt in *Entoptische Farben* nie in seiner Reinform, sondern immer nur in Komposita auf.

In der vierten Strophe unternimmt Goethe sogar einen Experimentalkurs mit seiner Leserin, bei dem er ihr seine eigenen Farbbeobachtungen vorführt, indem er sie ihr unterstellt. Goethe bleibt bei diesen Vorführungen, die ihm die eigene Farbenlehre bestätigen, aber nicht stehen, sondern

---

[36] Ebd., S. 505f.
[37] Vgl. Maria Behre: Übersetzen als Doppelspiegelung. Goethes Gedicht *Entoptische Farben*, in: Ulrich Stadler (Hrsg.): Zwiesprache. Beiträge zur Theorie und Geschichte des Übersetzens. Stuttgart/Weimar 1996, S.368-381.

wendet sie in eine allgemeine Betrachtung, wenn er den titelgebenden Farbenbegriff zu einem „Zeichen" erhebt, von dessen Bedeutung sogar der „Crystall" „durchdrungen" wird – von was? Vom Licht oder vom Bewusstsein, dass es sich um ein „Zeichen" handelt?[38]

Jetzt sind durch einen solchen Durchdringungsprozess („Aug' in Auge"), der kein bloßer Lichtbrechungsvorgang mehr ist, aus den anfänglichen „Spiegeleien" der Physik „Wundersame Spiegelungen" geworden. Dieser Begriff, sogar noch steigerbar zu *Wiederholten Spiegelungen*, wie ein bekannter Aufsatz Goethes betitelt ist, bezeichnet bekanntlich einen Paradigmawechsel in Goethes Alterswerk, nämlich die Abkehr vom traditionellen Abbildungsnarrativ der *Mimesis*.[39] Die Parallele fordert freilich Vorsicht, weil im Aufsatz *Wiederholte Spiegelungen* von mehrfachen, aber jeweils nacheinander erfolgten einfachen Spiegelungen die Rede ist, während es sich in *Entoptische Farben* um eine gleichzeitige Doppelspiegelung („Doppelstellung") handelt. So wird in der letzten Strophe aus dem Widmungsgedicht an Julie von Egloffstein ein didaktisches Lehrmodell, in dem das Große wie das Kleinste im Kosmos aufgefangen ist. Die eigene Farbenlehre wird damit nicht mehr in den polemischen Gegensatz zu herrschenden Forschungsmeinungen gesetzt, sondern als Teil einer höheren Ordnung verstanden. Goethe denkt nicht in Aufspaltungen, sondern in Polaritäten von Licht und Finsternis, von Helligkeit und Trübe.

Das am 24. September 1815 entstandene und 1819 im *Buch Suleika* des *West-östlichen Divan* gedruckte Gedicht *Wiederfinden* gehört zu den bekanntesten Altersgedichten Goethes; es ist auch eines der meistinterpretierten.[40] *Wiederfinden* ist aber auch ein Farbengedicht, wie zu zeigen sein wird. Der entscheidende Kippvorgang des gesamten Gedichts wurzelt in Goethes Farbenlehre:

*Wiederfinden*
Ist es möglich, Stern der Sterne,
Drück' ich wieder dich an's Herz!

---

[38] Vgl. Dorothea Hölscher-Lohmeyer: *Entoptische Farben*. Gedicht zwischen Biographie und Experiment, in: Études germaniques 38 (1983), S. 56-72.

[39] Vgl. dazu Karl Richter: Wiederholte Spiegelungen im *West-östlichen Divan*. Die Entoptik als poetologisches Paradigma in Goethes Alterswerk, in: Scientia Poetica 4 (2000), S. 115-130.

[40] Zuletzt Michael Böhler: Wiederfinden, in: Goethe-Handbuch, Band 1, S. 418-424; ders.: Poeta Absconditus. Zu Goethes Gedicht *Wiederfinden* – von Hofmannsthal her gelesen, in: Wolfram Malte Fues/Wolfram Mauser (Hrsg.): „Verbergendes Enthüllen". Zu Theorie und Kunst dichterischen Verkleidens. Festschrift für Martin Stern. Würzburg 1995, S. 177-196; Thomas Forrer: Nachbilden, Übersetzen, „Wiederfinden". Zu einer Poetologie der Wiederholung in Goethes *West-östlichem Divan*, in: Variations 17 (2009), S. 173-188.

Ach, was ist die Nacht der Ferne
Für ein Abgrund, für ein Schmerz!
Ja, du bist es! Meiner Freuden
Süßer lieber Widerpart;
Eingedenk vergangner Leiden
Schaudr' ich vor der Gegenwart.

Als die Welt im tiefsten Grunde
Lag an Gottes ew'ger Brust,
Ordnet' er die erste Stunde
Mit erhabner Schöpfungslust,
Und er sprach das Wort: Es werde!
Da erklang ein schmerzlich Ach!
Als das All, mit Machtgebärde,
In die Wirklichkeiten brach.

Auf tat sich das Licht! sich trennte
Scheu die Finsternis von ihm,
Und sogleich die Elemente
Scheidend auseinander fliehn.
Rasch in wilden wüsten Träumen
Jedes nach der Weite rang,
Starr, in ungemess'nen Räumen,
Ohne Sehnsucht, ohne Klang.

Stumm war alles, still und öde,
Einsam Gott zum erstenmal!
Da erschuf er Morgenröte,
Die erbarmte sich der Qual;
Sie entwickelte dem Trüben
Ein erklingend Farbenspiel
Und nun konnte wieder lieben
Was erst auseinanderfiel.

Und mit eiligem Bestreben
Sucht sich was sich angehört,
Und zu ungemess'nem Leben
Ist Gefühl und Blick gekehrt:
Sei's Ergreifen, sei es Raffen,
Wenn es nur sich faßt und hält!
Allah braucht nichts mehr zu schaffen,
Wir erschaffen seine Welt.

So mit morgenroten Flügeln
Riß es mich an deinen Mund,
Und die Nacht mit tausend Siegeln
Kräftigt sternenhell den Bund.
Beide sind wir auf der Erde
Musterhaft in Freud' und Qual,
Und ein zweites Wort: Es werde!
Trennt uns nicht zum zweitenmal.[41]

Auf den ersten Blick handelt es sich um ein Liebesgedicht, denn offensichtlich sprechen die erste und die letzte Strophe ganz im Sinn des Titels von einer Wiederbegegnung von Liebenden. Die beiden Strophen schreiben ihre Liebesgeschichte in die Schöpfungsgeschichte ein.[42] Daraus ergibt sich eine Doppelung, die erst am Schluss so zusammengeführt wird, dass sich (private) Liebesbegegnung und Weltschöpfung gegenseitig steigern. Goethe bedient sich hier der aufwendigen Strophenform der achtversigen Stanze, die „große feierliche Strophe",[43] die er ansonsten für Themen in hohem Tonfall reserviert, man denke an Gedichte wie *Warum gabst du uns die tiefen Blicke*. Hier passt er die Stanze durch die Reimvariation der zweiten Hälfte an die zumeist vierversigen Strophen des *Divan* an, so dass sich schon in der Strophenwahl die thematische Doppelung von Liebes- und Schöpfungsdiskurs bestätigt.

Die Liebesgeschichte der ersten und letzten Strophe spielt so sehr mit biografischem Vorwissen, dass Autor und lyrisches Ich zusammenzufallen scheinen. Dies entspricht sowohl der Intention, reine Erlebnislyrik zu simulieren, als auch der Einbindung in das *Buch Suleika* als biografisch verfremdende Fiktion.[44] Ebenfalls uneindeutig sind die vier Binnenstrophen angelegt. Sie schreiben den alttestamentarischen Schöpfungsmythos – „Und er sprach das Wort: Es werde!" – nicht einfach nach, sondern verschieben ihn sprechend: Dass Gott nach seinem ersten Schöpfungsgestus „mit Machtgebärde" eben keine Ordnung stiftet („Ordnet' er die erste Stunde"), sondern das All eigentlich zerbricht („In die Wirklichkeiten

---

[41] Goethe, Gedichte 1800-1832, S, 490f.

[42] Vgl. David Bell: ‚Trennung' and ‚Wiederfinden' in Goethe's *West-östlicher Divan*, in: Philologie im Netz 42 (2007), S. 1-23; Friedrich Harrer: Dunkel genug? Die schwierige Deutung des Gedichtes *Wiederfinden*, in: Jahrbuch der Österreichischen Goethe-Gesellschaft 111/112/113 (2007/2008/2009), S. 85-105.

[43] So schon Wilhelm Schneider: Goethes *Wiederfinden*, in: ders.: Liebe zum Gedicht. Freiburg ²1954, S. 245.

[44] Vgl. Wolfgang Mohr: Goethes Gedicht *Wiederfinden* und der Frühlingsreigen Burkarts von Hohenfels, in: Ulrich Gaier/Werner Volke (Hrsg.): Festschrift für Friedrich Beißner. Bebenhausen 1974, S. 264.

brach") und selbst in Einsamkeit zurückbleibt („Einsam Gott zum erstenmal!"), hat keine biblische Entsprechung, sondern entstammt antiken Traditionen wie Ovids *Metamorphosen* und der *Ars amatoria* des Horaz.[45] Wie sehr neuplatonische Vorstellungen von der Natur zum Tragen kommen, wie wir sie aus Goethes *Farbenlehre* kennen, wäre genauer zu untersuchen.[46] Auch Gedanken aus Friedrich Wilhelm Schellings *Philosophische Untersuchungen über das Wesen der menschlichen Freiheit* von 1809 mögen hineinspielen.[47] Am Ende der fünften Strophe erfährt man dann, dass es sich bei diesem Gott weder um den jüdischen noch um den christlichen Gott handelt, sondern gemäß dem Kontext des *Divan* um „Allah".

Entscheidender ist hingegen, dass Goethe schon hier zuerst seine Lichttheorie, dann seine Farbenlehre in diesen Schöpfungsvorgang einschmuggelt. Im Unterschied zum biblischen Schöpfungsbericht konstruiert Goethe eine raffinierte Genese der Gegensätze im Zeilensprung, der hier wahrlich als ein Zeilenbruch zustande kommt, aus dem sogar die „Elemente" als belebte und handelnde Wesen hervorgehen: „Auf tat sich das Licht! sich trennte / Scheu die Finsternis von ihm". In dieser zerklüfteten Welt ohne „Klang" („Stumm war alles, still und öde") entsteht eine Bruchstelle, an der Gott nicht nur „Einsam" verharrt, sondern dies auch „zum erstenmal" tut. Hier schlägt „die erste Stunde" von Gottes erstem Wort („Es werde!") den Bogen zu den beiden Liebesstrophen, in denen das „wieder" durch „ein zweites Wort: Es werde!", „zum zweitenmal" gesprochen, aufgehoben wird. Gleiches gilt für die Schöpfungswelt „Ohne Sehnsucht" im Gegensatz zur erfüllten Liebessehnsucht der beiden Rahmenstrophen. Genau an dieser Stelle wären Verse, die Goethe später wieder gestrichen hat, zu stehen gekommen.[48]

Der plötzliche zweite Schöpfungsvorgang („Da") bringt dann die „Morgenröte" hervor. Hier tritt Goethe auf den Plan, nicht nur, weil sein Autorname im *Divan* bekanntlich das Reimwort zu dieser „Morgenröte" darstellt. Liest man *Wiederfinden* auch als ein poetologisches Gedicht, dann enthält dieser zweite Schöpfungsvorgang eine Verschwisterung von göttlichem und poetischem Schöpfer. Denn die fast zur Allegorie erhobene „Morgenröte" speist ihre folgende Aktivität aus Mitleid über den

---

[45] Vgl. Walter Marg: Goethes *Wiederfinden*, in: Euphorion 46 (1952), S. 63-66.

[46] Gisela Luther: Goethes *Wiederfinden*, in: Edgar Lohner (Hrsg.): Interpretationen zum west-östlichen Divan Goethes. Darmstadt 1973 (= Wege der Forschung 288), S. 257.

[47] Vgl. Horst Haller: Goethes Gedicht *Wiederfinden*. Ein Beitrag zur Quellenfrage seiner Kosmogonie, in: Pädagogische Rundschau 15 (1961), S. 101-104.

[48] Vgl. den Hinweis aus Boisserées Tagebuch vom 3. Oktober 1815: „wo nur ein Gedanke verkehrt war und die ganze Komposition gestört und verdorben hat. Er fands nachher und warf ihn wieder heraus." (Sulpiz Boisserée: Tagebücher. Hrsg. von Hans-J. Weitz. Darmstadt 1978-1985, Band 1, S. 277).

missglückten ersten Schöpfungsakt („erbarmte sich der Qual") – ein zentraler Begriff, der wieder auf den Liebes-„Schmerz" der ersten Strophe zurück- und auf seine Aufhebung in der letzten Strophe vorausweist: „Musterhaft in Freud' und Qual". Auch das Reimwort zu „Qual" bestärkt diesen Zusammenhang: „Einsam Gott zum erstenmal!" – „Trennt uns nicht zum zweitenmal."

Was macht nun Goethes „Morgenröte"? Sie entfaltet, in nur zwei Versen verdichtet, Goethes gesamte Farbenlehre: Keine (Zer)Brechung des Lichts wie bei Newton, sondern eine Entwicklung („Sie entwickelte") aus dem trüben Licht („im Trüben").[49] Dieses „Farbenspiel" geht zudem weit über die bloß optisch gewonnene Skala der Farben hinaus, weil sie einerseits die Farben untereinander ins Zusammenspiel bringt und andererseits den Farben eine akustische Dimension hinzufügt („erklingend"), die der göttlichen Erstschöpfung noch völlig abging: „ohne Klang". Jetzt geht die „wieder"-Vereinigung des einstmals Auseinandergefallenen rasend schnell („mit eiligem Bestreben"). Auch hier ist die Brücke zwischen den Liebes- und den Schöpfungsstrophen zu beachten: Die Welt „in ungemess'nen Räumen" wird durch das Farbenspiel jetzt „zu ungemess'nem Leben"; das „wieder" des anfänglichen Wiederfindens erlaubt das „wieder lieben"; die „Morgenröte" führt zu den „morgenroten Flügeln"; aus der „Finsternis" vor dem Schöpfungsakt wird „die Nacht mit tausend Siegeln".

Die vorletzte Strophe, die die korrigierende Wirkung der Zweitschöpfung demonstriert, führt den kosmologischen Akt mit der Liebesfindung auf sehr eigenwillige Art zusammen. Waren das „ich" und das „du" der ersten Strophe zwar zusammengekommen, aber von der Erinnerung der Trennung („Eingedenk vergangner Leiden") eigentlich doch noch innerlich getrennt gewesen („Widerpart"), so ertönt jetzt ein eindeutiges „Wir". Dieses „Wir" hatte sich über die Figur der selbstreflexiven Beugeform des „sich" entwickelt, das bei der Trennung von Licht und Finsternis verloren gegangen („sich trennte") und aus dem Text verschwunden war, bis es bei der Einführung der Farben wieder auftauchte („Sich entwickelte"): „Sucht sich was sich angehört". Die Verlockung liegt natürlich nahe, in diesem Vorgang eine spielerisch verbergende Anspielung („mit tausend Siegeln") auf Marianne von Willemers geheimes Mitdichten am *Divan* zu sehen und damit ein „dialogisches Prinzip" weiblich-männlichen Schaffens aufzuspüren.[50] Schließlich antwortet auch auf das „Ach" des Wiedersehens das „schmerzlich Ach" des misslungenen ersten Schöpfungsakts – und umgekehrt.

---

[49] Vgl. auch Luther, Goethes *Wiederfinden*, S. 265-269.
[50] So Böhler, Poeta Absconditus, S. 17, vgl. auch S. 18: die „Morgenröte" als „eine weibliche Allegorie".

Inwieweit andererseits *Wiederfinden* einen poetischen, verbessernden Gegenentwurf zur göttlichen Schöpfung postuliert, der diese ersetzen kann („braucht nicht mehr zu schaffen"), muss nicht wegdiskutiert werden.[51] Freilich bleibt die genaue Verortung in der Schwebe, da mit „Allah" eine Figur aus der *Divan*-Welt an die Stelle des alttestamentarischen „Gottes" gesetzt ist.

Deshalb bleibt auch der Anschluss der letzten Strophe mit „So" offen, worauf genau er sich bezieht. Jedenfalls zeigt die letzte Strophe die Wiedervereinigung der Liebenden nicht als Wiederholung,[52] sondern als eine Steigerung der Ausgangssituation der ersten Strophe, die durch die Schilderung des Schöpfungsvorgangs hindurchgegangen ist. Die „Morgenröte", jetzt erweitert mit einer Zuschreibung des Ich-Sprechers („mit morgenroten Flügeln"), hat eine erhöhte Qualität, wie dies auch die intensivierte erotische Annäherung von „Drück' ich wieder dich ans Herz!" zu „Riß es mich an deinen Mund" anzeigt. Das einzige Präteritum in den beiden Liebesstrophen („Riß") weist darauf hin, wie der im Präteritum erzählte Schöpfungsvorgang in diese präsentische, jetzt erhöhte Liebesannäherung eingegangen ist. Nur so kann aus der „Nacht der Ferne" eine „Nacht mit tausend Siegeln" entstehen, nur so kann aus der hymnischen Anrede „Stern der Sterne" die Verdichtung zu einer Verbindung im Zeichen dieser Sterne werden: „Kräftigt sternenhell den Bund". Die Selbstdefinition dieses Bundes erscheint gedoppelt („Beide sind wir"), geerdet („auf der Erde") und zum Modellfall erhoben, dass die „Freuden" der Eingangsstrophe gleichsam geläutert worden sind – man beachte auch die Elision, wodurch die noch recht sinnleeren „Freuden" bedeutsam aufgeladen werden: „Musterhaft in Freud' und Qual".

Die berühmten Schlussverse enthalten sogar noch eine Pointe, die man biografisch wie poetologisch lesen kann.[53] Es sieht so aus, als schwemmte das Weiterleben von *Wiederfinden* sogar die Absichten des Autors hinweg: Poetisches Wunschdenken hält der normativen Kraft des Faktischen nicht stand. Als Goethe sein *Wiederfinden* am 24. September 1815 unter dem Eindruck des unerwarteten Wiedersehens mit Marianne von Willemer schrieb, mochte er noch auf eine andauernde Verbindung mit und zu ihr hoffen. Der Austausch von Chiffrenbriefen zwischen den beiden

---

[51] So Luther, Goethes *Wiederfinden*, S. 274f.
[52] So Forrer, Nachbilden, Übersetzen, „Wiederfinden", S. 180.
[53] So wie sich das *Buch Suleika* geradezu als eine Poetologie des gesamten *Divan* lesen lässt, vgl. Monika Lemmel: Poetologie in Goethes west-östlichem Divan. Heidelberg 1987 (= Reihe Siegen 73), S. 193-262; vgl. auch Harrer, Dunkel genug, S. 97ff.

Liebenden deutet darauf hin;[54] mit der Formulierung von den „tausend Siegeln" hatte das Gedicht diese Geheimniskrämerei sogar poetisch vorweggenommen. So läuft der Zweitschöpfungsvorgang ja darauf hinaus, dem Trennenden des ersten zu entgehen und die Zeitlichkeit aufzuheben. Doch schon im Frühjahr 1815 hatte Goethe in einem Gedicht *An Geheimrat von Willemer* in fünf Strophen eine ganz andere Farbkonstellation ins Feld geführt. Mit der Farbe Gold thematisierte er eine Farbe, die außerhalb des gewöhnlichen Farbspektrums liegt; zugleich rückte er sein *Divan*-Interesse sowohl in die Vergangenheit als auch in den Bereich des poetischen *ornatus*: „Als ich eine Zeitlang im Orient hauste, liebte ich meine Gedichte mit goldblumigen Verzierungen einzufassen". Vor allem aber war dieses Gedicht einer höheren goldenen Ordnung „dem geprüften alten Freunde", eben nicht der Geliebten gewidmet. Außerdem endete es mit der Einschreibung der Liebeserinnerung in eine eben goldene, aber vor allem in eine textuelle Welt, die aus schwarzen Buchstaben bestand:

Und so bringt vom fernen Orte
Dieses Blatt Euch goldne Worte,
Wenn die Lettern schwarz gebildet
Liebevoll der Blick vergüldet.[55]

Mit der Veröffentlichung im *West-östlichen Divan* 1819, vor allem aber mit der Aufnahme des Gedichts in seine Sammlung von 1827 löste sich *Wiederfinden* dann endgültig und ganz von der Liebesgeschichte ab.[56] Spätestens jetzt musste Goethe klar sein, dass es kein tatsächliches Wiedersehen mit Marianne geben würde und dass mithin dieses literarische Weltschöpfungsmodell der Wirklichkeit nicht standhalten konnte. Für die literaturhistorische Perspektive zeigt sich damit, wie sehr hier eben keine bloße Unterwanderung der Erlebnislyrik vorliegt,[57] sondern eine poetologische Positionsnahme, in der Goethes Farbenlehre umfassend eingemeindet ist.


## 3. Romantische Widerspiegelungen

Was der Anfang von Goethes *Faust* II im Regenbogengleichnis den Lesern vor Augen geführt hatte, mochte bei den Naturwissenschaftlern seiner Zeit

---

[54] Anke Bosse: „Poetische Perlen" aus dem „ungeheuren Stoff" des Orients. 200 Jahre Goethes *West-östlicher Divan*. Göttingen 2019, S. 54f.
[55] Goethe, Gedichte 1800-1832, S. 584f.
[56] Bosse, Poetische Perlen, S. 56.
[57] So Forrer, Nachbilden, Übersetzen, „Wiederfinden", S. 174.

auf keinen großen Widerhall treffen; bei den Malern der Romantik fand er ihn.[58] Das ging so weit, dass man im Kreis englischer Romantiker 1817 in sarkastischer Weise auf Newtons Gesundheit und seinen angeblich verwirrten mathematischen Geist trank, weil er „die ganze Poesie des Regenbogens zerstört hatte, weil er diesen auf die Farben des Brechungsspektrums zurückgeführt hatte".[59] William Turner malte noch 1843 sein Bild *Licht und Farbe* als ausdrückliche Hommage an Goethes Farbenlehre. Der Maler Philipp Otto Runge schaffte es 1810 sogar, den Goetheschen Farbenkreis zu einer geschlossenen Kugel umzuformen, es damit in die dritte Dimension auszuweiten und ihm damit eine noch umfassendere Gültigkeit einzuschreiben.[60] Und Wilhelm Ostwald, immerhin Nobelpreisträger von 1909, verfeinerte diese Kugel zu einem Doppelkegel, was er als „die höchste Leistung" ansah, die ihm in seinem wissenschaftlichen Schaffen vergönnt gewesen sei.[61]

Auf dem Feld der Literatur gelang es Novalis in seinem Roman *Heinrich von Ofterdingen* (1802), mit dem Symbol der blauen Blume ein farbliches Sinnbild für die gesamte Epoche hervorzubringen. Die Quellen und Anregungen zu diesem Farbsymbol sind bekanntlich sehr vielfältig und ausführlich dokumentiert.[62] Man hat mit gutem Recht die Farbe Blau als die mediale Farbe der Romantik schlechthin bezeichnet.[63] Überliefert ist auch der Einfall, den Novalis 1800 zu seinem Roman notierte: „Farbencharacter. Alles blau in meinem Buche. Hinten Farbenspiel – Individualitaet jeder Farbe. (Das Auge ist allein räumlich – die andern Sinne alle zeitlich.)"[64] Obwohl es sich bei diesem Roman um einen Text in Prosa handelt,

---

[58] Vgl. Gage, Kulturgeschichte der Farbe, S. 102: „Die Lehren des Regenbogens", und passim.- Vgl. auch Frederik Burwick: Goethes Farbenlehre und ihre Wirkung auf die deutsche und englische Romantik, in: Goethe-Jahrbuch 111 (1994), S. 213-229.

[59] Benjamin Robert Haydon: Autobiography and Memoirs, zit. nach: Gage, Kulturgeschichte der Farbe, S. 106.

[60] Philipp Otto Runge: Farben-Kugel oder Construction des Verhältnisses aller Mischungen der Farben zu einander, und ihrer vollständigen Affinität, mit angehängtem Versuch einer Ableitung der Harmonie in den Zusammenstellungen der Farben. Nebst einer Abhandlung über die Bedeutung der Farben in der Natur von Prof. Henrik Steffens in Halle. Hamburg 1810 (Faksimileausgabe. Mittenwald 1977); dazu auch Höpfner, Wissenschaft wider die Zeit.

[61] Zit. nach: Camphausen, in: Elster (Hrsg.): Vom farbigen Abglanz der Natur. Göttingen 2007, S. 53.

[62] Vgl. den Kommentar zu: Novalis: Werke, Tagebücher und Briefe Friedrich von Hardenbergs. Hrsg. von Hans-Joachim Mähl und Richard Samuel. München 1978. Band 3, S. 158.

[63] Helmut Schanze: Erfindung der Romantik. Stuttgart 2018, S. 152-159: „Die Farbe des Mediums".

[64] Zit. nach ebd., S. 152.

kann er nach romantischem und auch nach Novalis' Selbstverständnis durchaus als lyrikadäquat betrachtet werden: „Ein Roman muß durch und durch Poësie seyn."[65] Schließlich wirken Träume nach romantischer Übereinstimmung als „versteckte Poeten in unserem Innern".[66] Für Gotthilf Heinrich Schubart eröffnete der Traum einen Zugang zum Alphabet der Natur, so dass diese Natur durch das Medium des Traums wenigstens theoretisch lesbar wurde, denn dieses Alphabet bestand nur aus Hieroglyphen. Romantische Traumtexte liefern daher Modelle einer poetischen Initiation, die in symbolische Bilder umgesetzt werden.[67]

Gleich mit Beginn des Romans lässt Novalis seinen Titelhelden unter der Überschrift „Die Erwartung" einen Traum erleben, dessen Farbigkeit ganz aus und in seinen Abstufungen lebt. Bevor Heinrich einschläft, liegt der „Jüngling" noch „unruhig auf seinem Lager" und lässt die Erinnerung der soeben gehörten „Erzählungen" des „Fremden" nachklingen.[68] Der Eintritt in diesen ersten Traumzustand geschieht allmählich, bis Heinrich „hinübergeschlummert" ist. Der Vollzug dieses Übergangs ist in eine komplexe Figur der verschichteten Wahrnehmung gekleidet: „als hätt' ich vorhin geträumt". So entsteht eine höchst verschränkte Gedankenfigur, in der Gegenwart, Vergangenheit, Optativ und Irrealis verschwistert sind. Diese Gedankenfigur findet sich auch an der Gelenkstelle zahlreicher romantischer Gedichte wie z. B. in Eichendorffs *Mondnacht*, die bekanntlich mit einer vergleichbaren Formulierung einsetzt: „Es war, als hätt' der Himmel".[69]

Noch hält sich Heinrich freilich in einem halbwachen, gedankenschwangeren „wunderlichen Zustande" auf, der übrigens noch völlig farbenfrei abläuft, bis er in seinen ersten Traum hinüberdriftet: „Der Jüngling verlohr sich allmählich in süßen Fantasien und entschlummerte. Da träumte ihm erst von unabsehlichen Fernen".[70] Dieser Traum imaginiert zuerst „ein unendlich buntes Leben", eine Art zeitgerafften Abenteuerroman für den ersten Teil der Nacht, bis der Erzählereinspruch den zweiten Teil beginnen lässt: „Endlich gegen Morgen, wie draußen die Dämmerung

[65] Novalis: Werke, Tagebücher und Briefe Friedrich von Hardenbergs. Hrsg. von Hans-Joachim Mähl und Richard Samuel. München 1978. Band 2, S. 754.

[66] So Gotthilf Heinrich Schubart: Symbolik des Traumes. Bamberg 1814, S. 3.

[67] Vgl. Christiane Leiteritz: Zur poetischen Funktion des Traums bei Coleridge, Novalis und Nodier, in: Peter-André Alt/Christiane Leiteritz (Hrsg.): Traum-Diskurse der Romantik. Berlin/New York 2005 (= spectrum Literaturwissenschaft 4), S. 162-169.

[68] Novalis, Werke, Band 1, S. 240.

[69] Joseph von Eichendorff: Werke in sechs Bänden. Hrsg. von Wolfgang Frühwald, Brigitte Schillbach und Hartwig Schulz. Frankfurt a. M. 1987. Band 1 (= Bibliothek deutscher Klassiker 21), S. 322.

[70] Novalis, Werke, Band 1, S. 241.

einbrach, wurde es stiller in seiner Seele, klarer und bleibender wurden die Bilder."[71] Der nun einsetzende zweite Teil des Traums beginnt mit einem Gang im „dunkeln Walde", der zuerst in einen grünen Raum („das grüne Netz", „über gemosste Steine") und dann durch einen Felsengang führt, in dem kontrastiv „helles Licht" vorherrscht. Die hier zu beobachtende Konstellation inszeniert auf ganz eigenständige Weise die Prismenexperimente Newtons und Goethes, geht darin aber nicht auf:

Wie er hineintrat, ward er einen mächtigen Strahl gewahr, der wie aus einem Springquell bis an die Decke des Gewölbes stieg, und oben in unzählige Funken zerstäubte, die sich unten in einem großen Becken sammelten; der Strahl glänzte wie entzündetes Gold; nicht das mindeste Geräusch war zu hören, eine heilige Stille umgab das herrliche Schauspiel. Er näherte sich dem Becken, das mit unendlichen Farben wogte und zitterte.[72]

Die optische Versuchsanordnung von „Strahl", Lichtbrechung und Bündelung der Farbskala wird in mehrfacher Hinsicht ausgeweitet, zunächst durch die Vermischung der Lichtwelt mit derjenigen des Wassers, ohne dieses als ein solches ausdrücklich zu benennen, sodann durch den noch leeren akustischen Kanal. Der Betrachtende ist außerdem kein stillgestellter analytischer Beobachter, sondern ein teilnehmender Akteur („Wie er eintrat" – „Er näherte sich dem Becken"). Diese Aktivität richtet sich auf die Lichterscheinung der „Wände der Höhle", die mit einer kühlen „Flüssigkeit" überzogen sind, von denen ein „bläuliches Licht" ausgeht. Dieses Blau ist ein höherrangiger Lichtwert und muss nicht unbedingt mit Wasser verbunden werden. Auch der romantische „Äther" ist bekanntlich blau.[73] Heinrichs „unwiderstehliches Verlangen" zum Bad in dem Becken ruft ein sinnliches Erlebnis hervor, das sich vor allem in der Vorstellung abspielt: „Es dünkte ihm, als umflösse ihn eine Wolke des Abendroths". Darin ist die blaue Farbe nicht enthalten, dafür ein ins Erotische aufsteigender Vorgang („mit inniger Wollust"), wenn aus zuerst „Gedanken" sogleich „Bilder" entstehen, die dann „zu sichtbaren Wesen" werden: „Die Flut schien eine Auflösung reizender Mädchen, die an dem Jünglinge sich augenblicklich verkörperten."[74] Die Metaphorik des Fließens setzt eine zweite Sinnstruk-

---

[71] Ebd., S. 241.
[72] Ebd., S. 241.
[73] Vgl. Schanze, Erfindung der Romantik, S. 156; außerdem: Pastoureau, Blau; Jürgen Goldstein. Blau. Eine Wunderkammer seiner Bedeutungen. Berlin 2017.
[74] Novalis, Werke, Band 1, S. 242.

tur neben derjenigen der Farbigkeit; sie ist immer implizit mit dem Weiblichen verbunden.[75]

Heinrichs Schwimmzustand zwischen Traumillusion und Bewusstsein („Berauscht von Entzücken und doch jedes Eindrucks bewußt") ist ein solcher eines doppelten Übergangs. Einerseits schwimmt der Held in einen weiterführenden Raum hinüber, andererseits gerät er auf diesem Weg aus seinem Traumerlebnis schlafwandlerisch in einen dritten Traumzustand: „Eine Art von süßem Schlummer befiehl ihn, in welchem er unbeschreibliche Begebenheiten träumte, und woraus ihn eine andere Erleuchtung weckte."[76] Er findet sich „auf einem weichen Rasen am Rande einer Quelle" in einer eigenartigen Felsenlandschaft wieder: „Dunkelblaue Felsen mit bunten Adern erhoben sich in einiger Entfernung; das Tageslicht das ihn umgab, war heller und milder als das gewöhnliche, der Himmel war schwarzblau und völlig rein."[77] In dieser dunkelblauen Umgebung sieht er dann jene „hohe lichtblaue Blume" in einer bunten Farblandschaft: „um sie her standen unzählige Blumen von allen Farben". Die Konzentration auf die blaue Blume („Er sah nichts als die blaue Blume") setzt diese in Bewegung und in Veränderung: „die Blume neigte sich ihm zu, und die Blüthenblätter zeigten einen blauen ausgebreiteten Kragen, in welchem ein zartes Gesicht schwebte". So steht die blaue Blume am Endpunkt dreier ineinander verschichteter Träume, an entscheidenden Stelle vor der Aufklärung abgebrochen durch das Erstaunen ob dieser „sonderbaren Verwandlung" und die „Störung" des Erwachens. Der scheinbar abrupte Übergang von Schlaf in Wachsein ist jedoch kein solcher; denn das „Entzücken" über die Traumvision wird in den morgendlichen Wachzustand mitgenommen: „Er war zu entzückt, um unwillig über diese Störung zu seyn".[78]

*

Novalis hat niemals wieder in dieser Intensität des Farbenerlebens geschwelgt. So sehen seine Farben anders aus, wenn er sie ins eigentlich Lyrische überführt. In *Heinrich von Ofterdingen* singt Klingsohr, von dem ja der Urimpuls zur Vision der blauen Blume ausgegangen war, ein *Weinlied*.

---

[75] Vgl. Antje Roeben: „Geheimnisse des Flüssigen". Die Bildlichkeit des Fließens in Novalis' *Heinrich von Ofterdingen*, in: Walter Pape (Hrsg.): Romantische Metaphorik des Fließens: Körper, Seele, Poesie. Tübingen 2007 (= Schriften der Internationalen Arnim-Gesellschaft 6), S. 143-153.
[76] Novalis, Werke, Band 1, S. 242.
[77] Ebd., S. 242.
[78] Ebd., S. 242.

Novalis hatte es 1801 unter dem Titel *Lob des Weins* im *Musenalmanach für das Jahr 1802* von August Wilhelm Schlegel und Ludwig Tieck drucken lassen. Das Lied setzt in Titel und Thematik zweifellos anakreontische Traditionen fort, geht aber in der Farbverwendung über diese hinaus. Der Dichter Klingsohr singt es mit zahllosen Anspielungen auf die Eucharistie.[79] Die Pointe des Liedes, dass der zum „Gott" erhobene Wein in der allegorischen Gestalt des griechischen Dionysos aus seinen wohltätigen Wirkungen das „Recht" ableitet, „jeden hübschen Mund" zu küssen, nützt der Vortragende als „das Vorrecht der Dichter" natürlich aus.[80] Die Bestätigung des geküssten Mädchens: „Nicht wahr, es ist hübsch, wenn man ein Dichter ist?"[81] drängt das Farbenspiel dieses scheinbar anspruchslosen Liedes ganz in den Hintergrund. Denn der Weingott wird „auf grünen Bergen" geboren und von der Sonne „erkohren", so dass ihm goldene Trauben wie durch eine Zeugung hervorgehen („Springt auch das goldne Kind hervor"). Die Reife im dunklen Fasskeller mag eine Analogie zu den Höhlen- und Bergwerkserfahrungen Heinrichs herstellen; über die dort herrschenden Farben erfahren wir freilich nichts. Denn das Augenmerk des Gedichts richtet sich auf den Wein in Flaschenform. So leuchtet er nämlich als eine Brechungsfigur romantischer Lichtinszenierungen auf, wenn er im „Krystallgewand" erscheint. Allerdings verzichtet das Gedicht auf die Analogie dieses Kristalls zum Prisma von Newtons und Goethes Farbexperimenten, wie man erwarten könnte:

Aus seiner Wiege dunklem Schooße,
Erscheint er in Krystallgewand;
Verschwiegener Eintracht volle Rose
Trägt er bedeutend in der Hand.[82]

Dieses *Weinlied* hat eine andere Stoßrichtung als die Diskussion eines Farbenspektrums. Denn erst in der verwandelten Gestalt nach seiner Kellerreife verbindet sich der Wein in seiner Wirkung mit der Tätigkeit des Dichters. Erst dann darf man das *Weinlied* als ein „Subsystem" des gesamten Romans lesen,[83] weil es jede Verbindung zur Goetheschen Farbenlehre ausdrücklich ausschließt. Eine poetologische Dimension des *Weinlieds* läuft über die die Ankündigung von „goldnen Zeiten", die sich allerdings eher an

---

[79] Heiko Hartmann: Die Poesie als Creator Spiritus. Klingsohrs Weinlied im Kontext des *Heinrich von Ofterdingen*, in: Monatshefte 88 (1996), S. 45.
[80] Novalis, Werke, Band1, S. 321-323.
[81] Ebd., S. 323.
[82] Ebd., S. 322.
[83] Hartmann, Die Poesie als Creator Spiritus, S. 52.

eine von der Anakreontik aufgewärmte Antike als an die Farbendiskussion Goethes anschließt:

Er nahm als Geist der goldnen Zeiten
Von jeher sich des Dichters an,
Der immer seine Lieblichkeiten
In trunknen Liedern aufgethan.[84]

Im Unterschied zum Dichter Klingsohr kann der noch im Werden als Dichter begriffene Heinrich mit der gesellig-erotischen Nutzanwendung, umstandslos alle Mädchen küssen zu dürfen, allerdings wenig anfangen, auch wenn er das darin steckende poetische Privileg durchaus zu schätzen weiß: „Heinrich schämte sich nur vor seiner ernsten Nachbarin, sonst hätte er sich laut über das Vorrecht der Dichter gefreut."[85] Für Farben hat Heinrich in dieser Situation natürlich keinen Blick frei.

✳

Auch in seinen eigenen Gedichten zeigte sich Ludwig Tieck, der Herausgeber von Novalis' fragmentarischem Roman, mehr als nur farbenfreudig.[86] In seinem Gedicht *Flöte* verschichtete er Farb- und Klangeindrücke zu einem synästhetischen Gesamteindruck:

*Flöte*
Unser Geist ist himmelblau.
Führt Dich in die blaue Ferne,
Zarte Klänge locken Dich
Im Gemisch von andern Tönen.
Lieblich sprechen wir hinein,
Wenn die andern munter singen,
Deuten blaue Berge, Wolken,
Lieben Himmel sänftlich an,
Wie der letzte leise Grund
Hinter grünen frischen Bäumen.[87]

---

[84] Novalis, Werke, Band 1, S. 323.
[85] Ebd., S. 323.
[86] Vgl. Walther Steinert: Ludwig Tieck und das Farbenempfinden der deutschen Romantik. Dortmund 1910 (= Schriften der literaturhistorischen Gesellschaft Bonn 7).
[87] Ludwig Tieck's sämmtliche Werke. Zweiter Band. Paris 1841, S. 222.

Das Lied artikuliert die Stimme der Flöte in Tiecks Lustspiel *Prinz Zerbino,* *oder Reise nach dem guten Geschmack* von 1799 und muss auch in diesem Kontext verstanden werden. Aber selbst ohne diesen Zusammenhang führt diese Flötenstimme („Unser Geist ist himmelblau") aus dem „Gemisch von andern Tönen" durch die Blautöne ins Grün der Natur als einem letzten „Grund", der Ursache und Grundlage zugleich ist. Farbtöne und Tonfarben sind nicht mehr zu unterscheiden, es herrscht vollkommene Synästhesie. Blau mag für die „Ferne", Grün für die Lebensnähe stehen; am Ende umrahmen diese beiden Farben ein Konzert aus „Klänge[n]" und „Tönen", wobei sich Sprache („sprechen") und Musik („singen") völlig durchmischen. Darin zeigt sich Tiecks Vorstellung, dass die Sprache der Fülle menschlicher Empfindungen niemals ganz gerecht werden könne; Tieck verficht „das Ideal einer Musikalisierung der Sprache, einer Annäherung der Poesie an die Musik als quasi romantisches Dichtungsprogramm".[88] Die Flöte behält trotzdem die erste Stimme, denn sie ist es, die dieses Farben-Musik-Spektakel sinndeutet.

*

In Clemens Brentanos Gedichten tauchen nur wenige Farben auf; doch sind diese immer auffällige Stimmungsmarkierungen. Im dritten Akt seines Lustspiels *Ponce de Leon* von 1803 legt er ein solches Lied Valeria, die sich „als Negerin maskiert" hat, in den Mund:

Wenn die Sonne weggegangen,
Kömmt die Dunkelheit heran,
Abendrot hat goldne Wangen,
Und die Nacht hat Trauer an.

Seit die Liebe weggegangen,
Bin ich nun ein Mohrenkind,
Und die roten, frohen Wangen
Dunkel und verloren sind.

Dunkelheit muß tief verschweigen,
Alles Wehe, alle Lust,
Aber Mond und Sterne zeigen,
Was ihr wohnet in der Brust.

---

[88] So Gerhard Kluge: Idealisieren – Poetisieren. Anmerkungen zu poetologischen Begriffen und zur Lyriktheorie des jungen Tieck, in: Wulf Segebrecht (Hrsg.): Ludwig Tieck. Darmstadt 1976 (= Wege der Forschung 386), S. 398.

Wenn die Lippen dir verschweigen
Meines Herzens stille Glut,
Müssen Blick und Tränen zeigen,
Wie die Liebe nimmer ruht.[89]

Das Gedicht reiht Verse und Strophen durch wörtliche Wiederaufnahmen oder Wiederholungen aneinander, so dass diese verschränkt und beschwert werden. Durch die abendliche Lichtbrechung wird aus Gold Rot, ohne dass die Ausgangsfarbe ganz verschwindet: „Abendrot hat goldne Wangen". Mit der Einspielung der „Liebe" wird das Rot noch weiter abgedunkelt, so dass ein Paradox entsteht, weil die schwarze Hautfarbe in der Dunkelheit nicht mehr als (Liebes-)Farbsignal erkennbar ist.

Diese durch die „Dunkelheit" nun abgeschatteten Farben teilen dann in Gestalt ihrer Negation mit, was chromatisch nicht mehr zu vermitteln ist: „Dunkelheit muß tief verschweigen". So wie sich die Farben abgedunkelt haben, so verhalten sich auch die Töne. Der synästhetische Schachzug misslingt freilich, denn „Mond und Sterne" beharren darauf, dass das Verschwiegene nicht gesagt, sondern nur gezeigt werden kann: „Aber". Schon in der Mitte des Gedichts, nicht erst mit dem Einsatz der unmittelbaren Empfindung („Meines Herzens stille Glut") sind alle Farben längst verlöscht. Wenn das Rot der Wangen als Liebeszeichen verloschen und die (ebenfalls roten?) Lippen die Herzensglut „verschweigen", bleiben nur optische Zeichen in ihrer reduziertesten Form. „Blick und Tränen" können zwar „zeigen", jedoch farb- und bewegungslos. Mit der Liebe ist auch die Farbe „weggegangen", was zurückbleibt, „ruht" in Farblosigkeit.

✻

Die „Farbbesessenheit"[90] des Romantikers Achim von Arnim führt 1803 zu einem Gedicht, das die Farbe Rot als ein „Rätsel" betrachtet; es bleibt allerdings nicht dabei:

*Das Rätsel*
Rothe Farbe ist in allen Zonen
Aller Völker süsse Wonne,

---

[89] Clemens Brentano: Werke. Hrsg. von Wolfgang Frühwald und Friedhelm Kemp. Band 4. München ²1978, S. 391f.
[90] Renate Moering: Farben in der Lyrik Achim von Arnims, in: Pape, Farben der Romantik, S. 179.

Rother blüht die Rose an der Sonne,
Morgenröthen auf den Wangen thronen.

Tief geheim sind diese Farbenkreise,
Spiegel der Unendlichkeiten,
Geister sich im Blute streiten,
Lieb und Scham im flammenden Geleise.

Als ich ihr mein Lieben offenbahret
Färbten sich mit Roth die Wangen,
Sey's Verlangen oder Bangen,
Daß sie jetzt die Röthe noch bewahret.[91]

Arnim geht vor, als gelte es, ein Kontrastprogramm zum romantischen Blau aufzustellen. Dazu nähert er sich der Farbe Rot gleichsam anthropologisch an, als gelte es, Rot zur Universalfarbe aller „Zonen" und „Völker" zu erheben; Zweifel daran kommen nicht auf. Dann aber, so die zweite Strophe, rastet ein genaueres Wissen um die Magie der Farben ein: „Tief geheim" deutet Farbe auf „Farbenkreise" hin, innerhalb deren Systematik Farbe eben mehr ist als bunte Einfärbung, sondern „Spiegel der Unendlichkeiten". In der dritten Strophe zeigt sich in der gleichsam praktischen, hier persönlichen Anwendung („mein Lieben") beides, nämlich die allgemein verbindliche Auslegung der Farbdeutung Rot und dessen „Spiegel der Unendlichkeiten". Dieses Fallbeispiel führt die vorausgegangene Diskussion freilich ad absurdum, wenn sich an der Röte der Angebeteten eben nicht genau unterscheiden lässt, worum es sich bei dieser Verfärbung handelt: um „Verlangen oder Bangen"? Liebes- wie Farbzeichen sind nur auf den ersten Blick ganz einfach kodiert; bei genauerem Hinsehen löst sich diese Eindeutigkeit in die „Unendlichkeiten" aller möglichen Deutungen auf.

*

Noch komplexer funktionieren Mischfarben, wie es Achim von Arnim in seinem Gedicht *Flieder* von 1806 vorführt:

*Flieder*
Roth und Blau.
Flieder zwischen Roth und Blau
Schwankst du noch und willst nicht traun,

---

[91] Achim von Arnim: Werke in sechs Bänden. Band 5. Frankfurt a. M. 1994, S. 157.

Sieh mein Blau, das ist der Himmel
Roth das Erden Frühlings Lustgetümmel

Flieder
Einzge Qual ist in der Wahl,
Und der Himmel und das Thal
Und das Meer, ein lichter Streifen,
Roth und Blau, je beyde will ich greifen.

Eine Hand, du lichtes Blau
Nimm zum Pfand mich froh zu schaun,
Und du wendest dich mit Thränen
Lüge war dein Hoffen und sein Sehnen

Beyde Hände nimm du Roth,
Das in Blut und Frucht sich bot,
Nimm mich hin, ich bin dir eigen.
Wie du willst verwelkt dich von mir neigen?

Roth und Blau
Liebe bindet ohne Wahl,
Schöne Kränze ohne Zahl,
Doch im Suchen und im Finden
Darf kein Zweifel sich und Klugheit finden.

Flieder
Glaub ich doch an mein Gefühl:
Roth zu warm und Blau zu kühl.
Lila seh ich unten wallen
Will in ihren weißen Busen fallen:

Lila
Kommt das Glück, es kommt im Traum.
Arme breitet aus der Baum
Und vom Rufen aus dem Walde,
Rollen Steinlein klingend von der Halde.

Und das Rufen aus dem Wald
Mich mit süßer Lust umwallt,
Schwindet Blau und Himmelsröthe
Deckt mich Flieder wieder in den Nöthen.

Flieder
Wohl bleibt mir nun keine Wahl,

Zwang ist alles allzumahl
In dem Suchen in dem Finden
In dem zärtlich ewigen Umwinden

Lila
Wohl ist Liebe ohne Wahl,
Einig ist sie überall,
In dem Suchen in dem Finden
Kein Besinnen nur ein himmlisches Verkünden.

Roth und Blau
Wie ein Gießbach stürzt sie schnell
Von dem Felsen sonnen hell,
Mag sie auch schon heftig schäumen
Muß noch fallen, kann sich nicht versäumen

Ja so stürzet ohne Ruh
Liebe unaufhaltsam zu,
Ruhig kann sie nimmer bleiben
Tränkt die Blumen muß die Mühle treiben

Durch das Rauschen, durch den Fall
Hört ihr Grasemücken-Schall
Alles stimmt in Lieb zusammen,
Blau und Roth, warm sind blau und rothe Flammen.

Schweigt die Grasemück und trinkt
Sie noch hell im Ohre klingt,
Aus der Hand, wir überm Bache,
Roth und blaue Flammenring anfachen.

Lasst die Mücken in dem Strom
Gegenstreben ohne Lohn
Diese Grasemück ergeben
Lasst zum Rauschen Lust der Luft erheben.

Wenn der Himmel heut einfiel,
Schlüg er nieder Vögel viel,
Doch mehr Küsse sind beysammen,
Führt der Himmel Lieb und Gegenlieb zusammen.[92]

---

[92] Ebd., S. 323-326.

In der ungewöhnlichen argumentativen Diskursform eines versifizierten Zwiegesprächs zwischen „Roth und Blau", die beide immer im Duett auftreten, und dem Flieder stößt der Leser zuerst auf eine uneindeutige Farbgebung, als sei dies die Absicht der Pflanze selbst („Schwankst du noch und willst nicht traun"). Dadurch wird eine Entscheidung zugunsten einer eindeutigen Grundfarbe „Roth" oder „Blau" verhindert: „Einzge Qual ist in der Wahl". Dem Flieder wird sogar unterstellt, er wende sich trotz des guten Willens des Sprechers von diesem ab („von mir neigen"). In seiner Antwort legt sich der Flieder dann allerdings selbst auf genau diesen Zwischenton fest. „Lila", das nun als diese Zwischenfarbe auftritt, ist aber gar nicht farbeindeutig („weißen Busen"); es erweitert die Konfusion sogar noch durch das Einbringen einer Geräuschkulisse: „Rufen aus dem Walde". Darüber hinaus ist zu bedenken, dass „Lila" gar keine Farbe sein muss, sondern auch der Eigenname einer angeschwärmten Geliebten sein kann, man denke an Tiecks Gedicht *An Lila*. Dadurch werden sogar die bisher eindeutigen Grundfarben emotional verwirrt: „Schwindet Blau und Himmelsröthe". Offenbar geht es um „Liebe", die sich in der Vereinigung von „Roth" und „Blau" vollzieht, die in beiden Erscheinungsformen sowohl als Flieder „(Roth zu warm und Blau zu kühl") wie als Farbe „Lila" („Schwindet Blau") zumindest farblich defizitär aussieht. Diese Liebe ist immer mit den sinntragenden Begriffen „Qual" und „Wahl" verbunden.

Das Gedicht führt diese Unklarheit der Zwischenfarbe als Aktion der Grundfarben gegen- und miteinander zu einer erstaunlichen Lösung. „Roth und Blau" behalten in sechs Schlussstrophen das letzte Wort, „Flieder" und „Lila" tauchen nicht mehr auf. Mit dem Vergleich der Liebe als „Giesbach" wird der Wasserfall aus Goethes *Faust* II zwar aufgerufen, aber ganz anders fortgeführt. Auch dieser Wasserfall ist „sonnen hell" beleuchtet, doch es entsteht kein Regenbogen mit buntem Farbspektrum, der des Lebens „Wechseldauer" versinnbildlichte, sondern ein in sich widersprüchliches Bewegungsmodell, das zwar eine Zusammenführung, aber keine Vereinigung der Farben mit sich bringt: „Alles stimmt in Lieb zusammen / Blau und Roth, warm sind blau und rothe Flammen". Diese Liebe fungiert einerseits als Allegorie mit lebenspraktischem Nutzen („Tränkt die Blumen muß die Mühle treiben"), andererseits wird mit der „Grasemück" und ihrem Gesang ein zusätzliches Element ins Spiel gebracht. Deren „Gegenstreben" sorgt dafür, dass es neben „der Himmel Lieb" immer eine „Gegenlieb" gibt, die zwar zusammengeführt werden können, was für die beiden Grundfarben jedoch nicht gilt: „Roth und blaue Flammenring anfachen".

Der Flieder mag zwar in seiner Farbgebung „zwischen Roth und Blau" angesiedelt sein: Damit aber in seiner Übertragung auf die Liebe „Alles" zusammenstimmt, braucht es mehr, nämlich eine Kraft, auf die sich eine Gegenkraft bezieht: „Lieb und Gegenlieb". Denn Zusammenstimmen („Alles stimmt in Lieb zusammen") und Zusammenführen („Führt der Himmel Lieb und Gegenlieb zusammen") sind nicht deckungsgleich. Damit es wirklich zu einer Verbindung beider Welten kommen kann, braucht es den Eingriff durch einen „Himmel". Arnims Liebesgedicht heftet sich an die beiden wichtigsten Grundfarben an, kann sie aber nicht umstandslos mit einander verbinden, gleichsam zu Lila mischen. Dazu bedarf es eines immensen Aufwands, und selbst dann gibt es keine Vereinigung der Farben, sondern eine Einheit in Zweiheit: „beysammen" und „zusammen" reimen die beiden Schlussverse.

*

Joseph von Eichendorff hat 1808 zwei Sonette als Teil eines geplanten Marienzyklus veröffentlicht, eines davon unter dem Titel *Frühlingsandacht*, In seine Gedichtsammlung von 1837 hat er es als *Jugendandacht* aufgenommen, so dass sich der Marienbezug ganz in die Farbe Blau verlagert hat:

*Jugendandacht*
Was wollen mir vertraun die blauen Weiten,
Des Landes Glanz, die Wirrung süßer Lieder?
Mir ist so wohl, so bang'! – Seid ihr es wieder,
Der frommen Kindheit stille Blumenzeiten? –

Wohl weiß ich's – dieser Farben heimlich Spreiten
Deckt einer Jungfrau strahlend reine Glieder;
Es wogt der große Schleier auf und nieder,
Sie schlummert drunten fort seit Ewigkeiten.

Mir ist in solchen linden blauen Tagen,
Als müßten alle Farben auferstehen,
Aus blauer Fern' Sie endlich zu mir gehen.

So wart' ich still, schau' in den Frühling milde,
Das ganze Herz weint nach dem süßen Bilde,
Vor Freud'? Vor Schmerz? – Ich weiß es nicht zu sagen.[93]

[93] Joseph von Eichendorff: Werke in sechs Bänden. Hrsg. von Wolfgang Frühwald, Brigitte Schillbach und Hartwig Schultz. Band 1. Frankfurt a. M. 1987 (= Bibliothek deutscher Klassiker 21), S. 26.

Die Ausgangssituation des Ich-Sprechers ob der „blauen Weiten" scheint am Anfang ganz eindeutig zu sein („Mir ist so wohl, so bang'!"), steht am Ende aber dann in Frage: „Vor Freud'? Vor Schmerz?". Die Farbe Blau des katholischen Marienkults ruft die Glaubensgewissheit der „frommen Kindheit", die „seit Ewigkeiten" gilt, auf. Diese nur zur Schau getragene Sicherheit des Ich-Sprechers („Wohl weiß ich's") wackelt allerdings schon in der Formulierung dieser Selbstversicherung: das aufgegriffene „wohl" der ersten Strophe wird vom Adjektiv zum Adverb. Denn mit „dieser Farben heimlich Spreiten" gebraucht Eichendorff eine merkwürdig getragene, altertümlich klingende Formulierung mit einem Verb, das er ansonsten immer für numinose Vorgänge verwendet. Für ein Andachtsgedicht und seine Mariendarstellung mag dies angehen. Doch in den beiden folgenden Terzetten tritt das Ich („Mir ist") in eine Farbdiskussion ein, die mit der Farbe Blau geradezu jongliert – der weit ausgreifende Reim über sechs Verse umfasst diese Reflexion. Die „blauen Weiten" des Eingangsverses werden aufgegriffen, das Blau „in solchen linden blauen Tagen" verfließt mit der Hoffnung auf eine Marienerscheinung aus „blauer Fern'" in der Weise, dass die Erwartung zugleich als Wunschvorstellung gesetzt ist – der bekannte Eichendorffsche Vergleichsoptativ kündet davon: „Mir ist [...] Als müssten". Dabei trägt nicht allein das Blau eine Signalfunktion; „alle Farben" zehren von einer solchen Auferstehungshoffnung. Denn *was* genau diese Erscheinung dann mit sich bringt, entzieht sich dem Sprecher ganz: „Ich weiß es nicht zu sagen". Die Marienfarbe Blau hat zweideutigen Signalcharakter. Wenn man sie genauer betrachtet, verschwimmt sie in „blauer Fern'"; sie bleibt zwar weiterhin Marienfarbe, ihre Ausdeutung als „Freud'" oder als „Schmerz" verschwindet aber im Unsagbaren.

Im Gedichttitel *Jugendandacht* mag man eine Art Rückblick Eichendorffs spüren, der die Mariensymbolfarbe Blau aufruft, geradezu beschwört. Dieses Marienblau bleibt trotz aller Beschwörung allerdings ganz der Sehnsucht verhaftet; die Bildvision kippt unvermutet, davon kündet der Gedankenstrich im letzten Vers. Am Ende steht ein Ich, das nichts anderes als seine Sprachlosigkeit artikulieren kann.

\*

Auch Wilhelm Müller, der Griechenmüller, hat in zwei aufeinander folgenden und aufeinander bezüglichen Gedichten seines Zyklus *Die schöne Müllerin* von 1821 die Farbe thematisiert, auch wenn – oder weil? – es sich fast durchgängig nur um Grün handelt:

*Die liebe Farbe.*
In Grün will ich mich kleiden,
In grüne Thränenweiden:
Mein Schatz hat's Grün so gern.
Will suchen einen Zypressenhain,
Eine Haide von grünem Rosmarein:
Mein Schatz hat's Grün so gern.

Wohlauf zum fröhlichen Jagen!
Wohlauf durch Haid' und Hagen!
Mein Schatz hat's Grün so gern.
Das Wild, das ich jage, das ist der Tod;
Die Haide, die heiß' ich die Liebesnoth,
Mein Schatz hat's Jagen so gern.

Grabt mir ein Grab im Wasen,
Deckt mich mit grünem Rasen:
Mein Schatz hat's Grün so gern.
Kein Kreuzlein schwarz, kein Blümlein bunt,
Grün, alles grün so rings und rund!
Mein Schatz hat's Grün so gern.[94]

Müller arbeitet mit Kontrasten, allerdings nicht mit Kontrasten unterschiedlicher Farben, sondern bleibt innerhalb des Spektrums der Farbe Grün. Dieses Grün wirkt geradezu erdrückend; der in jeder Strophe gleich zweifach auftretende Refrain macht das Gedicht nicht nur zum Lied, sondern intensiviert diese Eingrünung noch weiter. Andere Farben, etwa Schwarz in der dritten Strophe, kommen in dieser Grün-Monotonie („alles grün so rings und rund") nur als negierte Farben vor. Dieses Grün ist, wie es anfangs scheint („Wohlauf zum fröhlichen Jagen!"), gar nicht anheimelnd, sondern führt in seiner Intensivierung schon in der zweiten Strophe bedrohlich auf den „Tod" hin. Die im Refrain wiederholte Neigung des „Schatz" zur Farbe Grün wird auf den Sprecher abgeleitet, der sich erst grün kleidet, dann zum Jäger wird und sich schließlich durch sein grünes Grab in die Farbvorliebe seines „Schatz" einschmeicheln möchte. So entsteht eine geradezu masochistische anmutende Einverleibung des Grüns durch den Sprecher, wobei erst bei genauem Hinsehen sichtbar wird, dass sich der Sprecher wohl verkalkuliert hat und nicht zu seinem erhofften Ziel kommt: seine Liebe erscheint nämlich als eine Eigenschaft der Farbe Grün,

---

[94] Gedichte von Wilhelm Müller. Hrsg. und mit einer Biographie Müller's begleitet von Gustav Schwab. Erstes Bändchen. Leipzig 1837, S. 40f.

wie das Adjektiv des Titels belegt. Sein „Schatz" hingegen hat diese Farbe
nur „gern".

Das zweite Lied antwortet auf das erste, zunächst in der Hervorhe-
bung des aktiven „Ich", das „möchte", sodann in der Variation der Farbe
„Grün" zum Farbadjektiv „grün", das damit endgültig zu einer Schreckens-
farbe wird:

*Die böse Farbe.*
Ich möchte ziehn in die Welt hinaus,
Hinaus in die weite Welt;
Wenn's nur so grün, so grün nicht wär'
Da draußen in Wald und Feld!

Ich möchte die grünen Blätter all
Pflücken von jedem Zweig,
Ich möchte die grünen Gräser all
Weinen ganz todtenbleich.

Ach Grün, du böse Farbe du,
Was siehst mich immer an,
So stolz, so keck, so schadenfroh,
Mich armen weißen Mann?

Ich möchte liegen vor ihrer Thür,
Im Sturm und Regen und Schnee
Und singen ganz leise bei Tag und Nacht
Das eine Wörtchen Ade!

Horch, wenn im Wald ein Jagdhorn ruft,
Da klingt ihr Fensterlein,
Und schaut sie auch nach mir nicht aus,
Darf ich doch schauen hinein,

O binde von der Stirn dir ab
Das grüne, grüne Band;
Ade, Ade! und reiche mir
Zum Abschied deine Hand![95]

Dabei wird der Reiz der volksliedhaften Wiederholungen durch die Verto-
nung Franz Schuberts sogar noch verstärkt. Obwohl das erste Lied mit dem
gewünschten, freilich nur vorgestellten Tod des Sprechers endet, weil nur

---

[95] Ebd., S. 42f.

so eine Annäherung an die geliebte Grünfanatikerin möglich wird, erscheint das Grün doch als „eine liebe Farbe" in einem grünen Grab. Das zweite Gedicht macht das Grün zu einer „bösen Farbe", weil es ganz zum Sinnbild für Abschied wird. Diesmal steht ein Ich-Sprecher im Mittelpunkt, der im ersten Gedicht nur als Reaktionsinstanz vorhanden war. Jetzt liefert diese Figur einen „armen weißen Mann" als Gegenpart zur grünen Verehrerin. Der Abschied gerät deshalb so schrecklich, weil der Sprecher seine Grünerinnerung „in die weite Welt" mitnimmt, ja mitnehmen muss, an der sie sich dauernd reibt, weil auch dort alles „so grün, so grün" ist. Dieses „Grün" ist längst zum Abstraktum, geradezu zur Hassgestalt personifiziert, das den Leidenden „immer" ansieht, während die Verehrte ganz gegenteilig reagiert: „Und schaut sie auch nach mir nicht aus". Die Einseitigkeit dieser Blickbeziehung könnte in einen versöhnlichen Abschied mit Händereichen münden, wenn die Verehrte sich freiwillig von ihrer Grünfixierung lösen würde, was sie jedoch nicht tut. Ihrem doppelten Grün („Das grüne, grüne Band") antwortet der doppelte Abschiedsruf: „Ade, Ade!" So werden beide Gedichte zu ganz unterschiedlichen, doch auf sich bezogenen Farbdeutungen ein und derselben Geschichte. Sollte Grün im allgemeinen Verständnis als die Farbe der Hoffnung gelten, so spotten Müllers Gedichte dieser Zuschreibung ganz und gar.

*

Am Ende der romantischen Farbigkeit steht Heinrich Heine. Bei ihm geht man davon aus, dass er die Farben ganz konventionell einsetzt.[96] So heißt es etwa im 30. Gedicht des *Lyrischen Intermezzo* aus seinem *Buch der Lieder*:

Die blauen Veilchen der Äugelein,
Die roten Rosen der Wängelein,
Die weißen Liljen der Händchen klein,
Die blühen und blühen noch immerfort,
Und nur das Herzchen ist verdorrt.[97]

---

[96] Vgl. Ulla Hofstaetter: „Ein Meer von blauen Gedanken". Bemerkungen zur Farbverwendung bei Heinrich Heine unter besonderer Berücksichtigung seines Frühwerks, in: Heine-Jahrbuch 1995, S. 1-24.
[97] Heinrich Heine: Sämtliche Schriften in zwölf Bänden. Hrsg. von Klaus Briegleb. München 1976. Band 1, S. 87.

Diese scheinbar ganz erwartbare Farbensinnbildlichkeit wird jedoch nur aufgegriffen, um in ihrem Vollzug gebrochen zu werden. Die vier Diminutive der Körperteile, die mit der farbigen Blumenpracht und mit volksliedhaften Reimen verbunden werden, kippen spätestens im letzten Vers um. Denn dort zeigt sich, dass diese natürliche Ordnung längst auseinandergefallen ist. Zwar funktioniert die pflanzliche Ordnung weiterhin („blühen und blühen noch immerfort"), hat aber ihren eindeutigen Zeichencharakter verloren: das „Herzchen ist verdorrt". Die stereotype Analogie von Farb- und Liebessignalen funktioniert allerdings nicht mehr, denn der für die Liebe wichtigste Körperteil ist im Unterschied zu den anderen nicht nur ganz farblos, er hat mit seiner Farbigkeit auch seine Lebendigkeit verloren.

So sieht es auch das 31. Lied aus dem Abschnitt *Die Heimkehr* in diesem *Buch der Lieder*:

Deine weißen Liljenfinger,
Könnt ich sie noch einmal küssen,
Und sie drücken an mein Herz,
Und vergehn in stillem Weinen!

Deine klaren Veilchenaugen
Schweben vor mir Tag und Nacht,
Und mich quält es: was bedeuten
Diese süßen, blauen Rätsel?[98]

Die Doppelung der Strophen und ihre Reimlosigkeit werden zum Programm. Die „weißen Lilienfinger" sind auch ohne Farbzuschreibung zu lesen und ganz haptisch anzufassen – eine Variante hatte statt der „weißen Liljenfinger" die „weichen Liljenfinger".[99] Farblich interessant und daher deutbar („was bedeuten") sind allein die blauen „Veilchenaugen". Sie verlangen eine tiefergehende Auseinandersetzung mit diesem „Rätsel". Das „Herz", wiederum farblos, ist übrigens im Unterschied zum vorigen Gedicht vom Ende in die erste Strophe gerückt, die Reihenfolge der Farbzuschreibungen umgekehrt, das Rot der Wangen sogar gelöscht. Der Viererschritt der letzten vier Verse arbeitet sich an der Wahrnehmung des unglücklich Liebenden ab, dass gerade die völlig eindeutige Wahrnehmung in ihrer dauerhaften Erinnerung („Tag und Nacht") zu keiner genaueren Erkenntnis führt, sondern in der Eindeutigkeit immer weiter abnimmt: Klarheit – Vorschweben – „bedeuten" – „Rätsel". Insofern ist diese zweite Strophe eine verschärfte Fortschreibung der ersten, die noch eine ganz

---

[98] Ebd., S. 124.
[99] Vgl. ebd., Band 2, S. 724.

eindeutige, freilich ins Negative gleitende Zielführung benannt hatte: „Liljenfinger" – „küssen" – „Herz" – „Weinen". Jetzt dominieren die „Veilchenaugen" über die Wunschvorstellung der „weißen" händischen Berührung.

Liebessignale mögen sich mit dem Mitteln der konventionellen Farbsymbolik eindeutig benennen lassen, in der Liebeswirklichkeit erklären sie jedoch nichts. Bei näherer Betrachtung erweisen sie sich als ein farbiges „Rätsel", das „quält", weil seine Zeichenhaftigkeit trügt.

# Die Farben der Wirklichkeit

## 1. Realistische Farben

In seiner Schrift *Ueber das Sehn und die Farben* von 1816, die aus gemeinsamen Untersuchungen mit Goethe zu dessen Farbenstudien hervorgegangen war, hatte sich der junge Philosoph Arthur Schopenhauer mit seinem Weimarer Förderer gegen Newton verbündet, dessen optische Schlussfolgerungen er wie Goethe für falsch hielt. Zugleich bestand Schopenhauer aber darauf, dass sich Goethe in dieser seiner Feindschaft verrannt hatte und nur er selbst, Schopenhauer, die gemeinsamen Versuche bis zu einer wirklichen Theorie weitergetrieben hatte.[1] Schopenhauer löste sich ganz von den mit Goethe beobachteten optischen Phänomenen und verkündete, „daß Helle, Finsterniß und Farbe" nur „Zustände, Modifikationen des Auges sind"; daraus ergebe sich: „Die Farbe ist die qualitativ geteilte Thätigkeit des Auges."[2] Diese Aussage war zwar nicht weit von Goethes Zentralstellung des Auges angesiedelt, setzte jedoch eigene Akzente, die über das Optische hinausgingen. Eine solche Position konnte so lange standhalten, bis Hermann von Helmholtz 1852 entdeckte, dass alle Farben im menschlichen Auge von nur drei Typen von Rezeptoren aufgefangen werden, wodurch dann im Gehirn die Wahrnehmung aller möglichen Farben erzeugt werde.[3] Spätestens jetzt war das Farbensehen kein optischer Vorgang mehr, sondern ein neurologischer. Diese Stoßrichtung wurde durch Charles Féré bestärkt, der in seiner Schrift *Sensation et mouvement* von 1887 belegen konnte, dass Muskeln unter der Einwirkung verschiedenfarbigen Lichts unterschiedliche Muskelkontraktionen zeigen.

Dass Farben keine Attribute von Objekten darstellen, sondern durch das Auge des Betrachters in einen komplexen Wahrnehmungsprozess überführt wurden, hatte die Forschung nun endgültig nachgewiesen. Die Maler hatten dies freilich immer schon gewusst oder zumindest intuitiv so gehandhabt. Statt sich mit Farbtheorien oder Farbspektren zu befassen, die meist um ihre eigene Systematik kreisen, gingen die Künstler ganz

---

[1] Vgl. Theda Rehbock: Hat Schopenhauer Goethes Farbenlehre verstanden?, in: Daniel Schubbe/Søren R. Fauth (Hrsg.): Schopenhauer und Goethe. Biographische und philosophische Perspektiven. Hamburg 2016, S. 371-403.

[2] Arthur Schopenhauer: Ueber das Sehn und die Farben. Eine Abhandlung. Leipzig 1816, S. 40.

[3] Vgl. z. B. Hermann von Helmholtz: Über das Sehen von Menschen (1855), in: ders.: Vorträge und Reden. Band 1. Braunschweig 1903, S. 85-118; vgl. auch ders.: Goethes Vorahnungen kommender naturwissenschaftlicher Ideen, in: Deutsche Rundschau 18 (1892), S. 115-132.

pragmatisch von den Notwendigkeiten ihrer täglichen Arbeit aus. Auf ihren Paletten schufen sie täglich eigene Farbspektren, auf denen sich Farbwerte und -abstufungen in gebrauchstüchtiger Abfolge abbildeten, angefangen bei der „wohltemperierten Palette", wie sie das Lehrbuch für angehende Maler vorgab,[4] bis hin zu den Paletten der Meister, die selbst wie farbenfrohe Gemälde betrachtet werden konnten.[5]

Gottfried Keller, der sich zunächst als Maler verstand, bis er seine diesbezüglichen Grenzen erkannte, legte seine halb-autobiografische Lebensgeschichte *Der grüne Heinrich* (1. Fassung 1854/55), die auch Bildungsroman und Roman eines gescheiterten Künstlers war, ganz unter der Leitfarbe Grün an.[6] Seinen farblich so ausgezeichneten Titelhelden Heinrich Lee lässt Keller an entscheidender Stelle seines Romans ein ganzes Traumkapitel durchleben. Heinrich Lees Traum zeigt, wie sehr Heinrich von Ofterdingens romantische Vorstellung von der blauen Blume mittlerweile in eine auch farblich veränderte Welt übergeführt war. Im Traum des grünen Heinrich herrscht zwar die Farbe Grün vor, doch leuchten auf deren Hintergrund die anderen Farben umso sinnfälliger. Heinrichs Traumvision ist kein erlebendes Eintauchen in eine Farbwelt wie bei Novalis, sondern trotz und in der Traumsituation eine distanzierte Betrachtung von oben herab. Der Beobachter befindet sich „auf einem wunderlichen schmalen Brettersteg, welcher sich hoch durch die Äste und Baumkronen wand, eine Art endlosen hängenden Brückenbaues, indessen der bequeme Boden unten unbenutzt blieb."[7] Im Unterschied zu Heinrich von Ofterdingen, der sich in der Welt der blauen Blume tummelt, betont Heinrich Lees Traum diese Beobachterdistanz immer wieder explizit: „Aber es war schön hinabzuschauen". Die Traumvision des grünen Heinrich stellt geradezu eine Kontrafaktur zu Heinrich von Ofterdingens Vision von der blauen Blume dar:

Auf dem Moose wuchsen Tausende von einzelnen sternförmigen Blumen auf schwankem Stengel, die sich immer dem oben gehenden Betrachter zuwandten; im Schatten jeder Blume stand ein kleines Bergmännchen, welches mittelst eines in einem goldenen Laternchen eingefaßten Karfunkels die nächste Blume beleuchtete, daß sie aus der Tiefe glänzte wie ein blauer oder roter Stern, und indem sich die Blumengestirne langsamer oder schneller drehten, gingen die Männchen mit ihren

---

[4] Gage, Kulturgeschichte der Farbe, S. 180

[5] Ebd., S. 187; vgl. auch Loske, Die Geschichte der Farben, S. 124-129: „Paletten als Spiegel: Künstler und ihre Farben".

[6] Grimm, Entwurf einer Poetik der Farben, S. 532-536.

[7] Gottfried Keller: Sämtliche Werke in fünf Bänden. Hrsg. von Thomas Böning und Gerhard Kaiser. Band 2. Frankfurt a. M. 1985 (= Bibliothek deutscher Klassiker 3), S. 766.

Laternchen um so herum und lenkten sorgfältig den Lichtstrahl auf den Kelch. Jede Blume hatte ihr eigenes Männchen, und das kreisende Leuchten in der dunkeln Tiefe sah sich von dem hohen Bretterwege wie ein unterirdischer Sternenhimmel an, nur daß er grün war und die Sterne in allen Farben strahlten.[8]

Der distanzierte Blick von oben nimmt beim Durchwandern dieser Farblandschaft keine vereinzelte Blume wahr, sondern „Tausende", die auch nicht aus sich selbst heraus Farbe zeigen, sondern in bewegter und sich bewegender Lichtregie angeleuchtet werden. So entsteht eine Vereinzelung der Objekte trotz ihrer Vielfältigkeit, so dass daraus eine Art auf den Kopf gestellter Himmelsblick wird. Die Verkleinerungsformeln heben dabei die Künstlichkeit des Arrangements besonders hervor.

Heinrich sieht mit panoramatischem Blick aus seiner Höhe „ein endlos Meer von grünen Baumwipfeln, so weit das Auge reichte" und eine bunte Vogelwelt. Trotz dieses Rundblicks verfügt er gleichzeitig über einen scharfgestellten Nahblick: „das Wunderbare war nur, daß man auch die allerfernsten Vögel deutlich erkannte, und ihre glänzenden Farben unterscheiden konnte".[9] Beim wiederholten Schauen „in die Tiefe" stößt Heinrich dann auf einen traumhaft angereicherten *locus amoenus*:

Auf dem Grunde war eine Wiese an einem klaren Bache; mitten auf der Wiese saß auf ihrem kleinen Strohsessel Heinrichs Mutter in einem braunen Einsiedlerkleide und mit eisgrauen Haaren. Sie war uralt und gebeugt, und Heinrich konnte ungeachtet der fernen Tiefe jeden ihrer Züge genau erkennen. Sie hütete mit einer grünenden Rute eine kleine Herde großer Silberfasanen, und wenn einer sich aus ihrem Umkreise entfernen wollte, schlug sie leise auf seine Flügel, worauf einige glänzende Federn emporschwebten und in der Sonne spielten.[10]

Hier hat man es mit einem ganz anderen traumatischen Erlebnis zu tun als bei Heinrich von Ofterdingens blauer Blume. Dies gilt erst für die anderen Farben als Blau. Trotz der Scharfstellung des Blicks dominiert hier die Distanz der Beobachtung, so dass kein teilnehmender Blick wie bei Heinrich von Ofterdingen entsteht, sondern eine Thematisierung des Sehens. Dass der grüne Heinrich in dieser Traumvision seine eigene Kindheit in verdichteter Form imaginiert, steht auf einem anderen Blatt. Es ist derselbe Keller, der in einem Aufsatz *Das goldene Grün bei Goethe und Schiller*, 1855 in den *Blättern für literarische Unterhaltung* erschienen, die poetische Freiheit im Umgang mit Farben gegen den platten Vorwurf verteidigt hatte, ein

---

[8] Ebd., S. 766.
[9] Ebd., S. 767.
[10] Ebd., S. 767.

Gegenstand könne nicht gleichzeitig golden und grün sein; es dürfe einem Dichter aus wirklichkeitsverpflichteter Perspektive nicht gestattet sein, „nicht Zusammengehöriges in Einem Bilde zusammenzustellen".[11]

Eine solche Farbpoetik Kellers gilt auch für den Traum Heinrich Lees im *Grünen Heinrich*. Hier wie dort ist entscheidend, dass es sich immer um eine distanzierte Wahrnehmung handelt, die gebrochen ist; sie wirkt nicht mehr durch sich selbst, sondern im Anschluss an einen Bewegungsvorgang und eine Betrachterperspektive. Die Farben des Realismus enthalten immer das Subjekt, in dem und auf das sie wirken.

## 2. Farbige Zeichen

Annette von Droste-Hülshoff nähert sich mit ihrem 1841/42 entstandenen Gedicht *Poesie*, 1844 im *Morgenblatt für gebildete Stände* abgedruckt, über einen Umweg ihrem Ziel, die Wirkung der „Poesie" zu erklären. Sie tut dies auch in der Form eines fingierten Dialogs zweier gleichwertiger Gesprächspartner:

*Poesie*
Fragst du mich im Rätselspiele,
Wer die zarte, lichte Fei,
Die sich drei Kleinoden gleiche
Und ein Strahl doch selber sei?
Ob ichs rate? ob ich fehle?
Liebchen, pfiffig war ich nie,
Doch in meiner tiefsten Seele
Hallt es: das ist Poesie!

Jener Strahl der, Licht und Flamme,
Keiner Farbe zugetan,
Und doch, über Alles gleitend
Tausend Farben zündet an,
Jedes Recht und Keines Eigen. –
Die Kleinode nenn' ich dir:
Den Türkis, den Amethysten,
Und der Perle edle Zier.

Poesie gleicht dem Türkise,
Dessen frommes Auge bricht,

---

[11] Ebd., Band 7, S. 125.- Dazu Jutta Müller-Tamm: Das goldene Grün. Kellers Poetik der Farbe, in: Jakob Steinbrenner/Christoph Wagner/Oliver Jehle (Hrsg.): Farben in Kunst und Geisteswissenschaften. Regensburg 2011, S. 173-182.

Wenn verborgner Säure Brodem
Nahte seinem reinen Licht;
Dessen Ursprung Keiner kündet,
Der wie Himmelsgabe kam,
Und des Himmels Bläue
Sich zum milden Zeichen nahm.

Und sie gleicht dem Amethysten,
Der sein veilchenblau Gewand
Läßt zu schnödem Grau erblassen
An des Ungetreuen Hand;
Der, Gemeinen Götzen frönend,
Sinkt zu niedren Steines Art,
Und nur Einer Flamme dienend
Seinen edlen Glanz bewahrt;

Gleicht der Perle auch, der zarten,
Am Gesunden tauig klar,
Aber saugend, was da Krankes
In geheimsten Adern war;
Sahst du niemals ihre Schimmer
Grünlich, wie ein modernd Tuch?
Eine Perle bleibt es immer,
Aber die ein Siecher trug.

Und du lächelst meiner Lösung,
Flüsterst wie ein Widerhall:
Poesie gleicht dem Pokale
Aus venedischem Kristall;
Gift hinein – und schwirrend singt er
Schwanenliedes Melodie,
Dann in tausend Trümmer klirrend,
Und hin ist die Poesie![12]

Die Poesie „gleicht" immer nur den farbigen Edelsteinen. Bei Heine war die Farbe selbst ein (freilich nicht zu deutendes) „Rätsel" gewesen. In Droste-Hülshoffs Gedicht liegt die Auflösung noch in weiter Ferne, weil ihre „Poesie" den Farberscheinungen sowohl gleicht als auch „ein Strahl doch selber" ist. An diesem Widerspruch, dass von einem solchen Lichtstrahl, der selber „Keiner Farbe zugetan", doch „Tausend Farben" ausgehen können, arbeitet sich die zweite Strophe ab.

---

[12] Annette von Droste-Hülshoff: Sämtliche Werke in zwei Bänden. Hrsg. von Bodo Plachta und Winfried Woesler. Frankfurt a. M. ²2003. Band 1, S. 126f.

Was also ist Farbe, wenn sie sich in „Kleinoden" verkörpert und zum Vergleichspart für die „Poesie" wird? Die folgenden Strophen verwenden weiterhin das Gleichheitszeichen („gleicht"), lösen es jedoch immer mehr auf. Denn die einzeln durchgegangenen Edelsteine lassen sich eben keiner Farbe genau zuordnen: der Türkis, der als „Zeichen" für „Himmels Bläue" gelten soll, verändert seine Farbe durch den Einfluss von „Säure"; der eigentlich veilchenblaue Amethyst soll seine Farbe (vermutlich volkskundlich-sprichwörtlich) „zu schnödem Grau" verändern, wenn er von einer „Ungetreuen" getragen wird. Die Argumentation über die Farbveränderungen fällt spätestens dann in sich zusammen, wenn als letztes und stärkstes Beispiel die „Perle" herangezogen wird, die erstens gar kein Edelstein ist und zweitens keiner Farbe eindeutig zugeordnet werden kann. Die Perle verändert bekanntlich ihren „Schimmer" in so gut wie alle Farbrichtungen je nach Lichteinfall, bleibt aber in ihrem Wesen farbunabhängig stabil: „Eine Perle bleibt sie immer".

Nach diesem sich festgelaufenen Argumentationsgang sieht die Sprecherstimme selbst ein, wie sie ihrem Dialogpartner gestehen muss, dass der „Poesie" auf dem Wege der Farbenanalogie nicht beizukommen ist: „du lächelst meiner Lösung". Diese Stimme gibt jedoch ihr Denkmuster nicht etwa auf, weil es gescheitert ist, sondern probiert es mit einem neuen Vergleichsobjekt: „Poesie gleicht dem Pokale". Das neue Vergleichsobjekt Pokal wird nun, im Unterschied zu den Edelsteinen, nur mehr indirekt durch Farbe definiert. Doch die Farbe steckt noch immer darin, einmal in dem alle Farben widerspiegelnden und brechenden Material „Kristall", sodann in seiner Zersplitterung „in tausend Trümmer", in der die „Tausend Farben" der Ausgangsdefinition aufscheinen. Hier scheint ein letztes Mal Newtons prismatische Farbzerlegung aus dem Untergrund hervor, allerdings in sprechender Verschiebung: der „Kristall" ist selbst schon farbiges Glas und bricht keinen Farbstrahl, sondern zerbirst ganz materiell „in tausend Trümmer". Diese ganz andere Bildebene setzt jeder Analogie zu Goethes Farbenlehre endgültig aus.

Droste-Hülshoff legt ein scheinbar naives Farbenverständnis („pfiffig war ich nie") an den Tag, das sich in der Auswahl eigentlich ungeeigneter Beweisobjekte kundgibt; es stützt sich weder auf reine Farben noch auf die Farbigkeit selbst. Diese Uneindeutigkeit schlägt auch auf das Vergleichsobjekt „Poesie" durch, das ja genau dadurch definiert werden sollte. Diese „Poesie" erscheint deshalb unfassbar wie die Farben. Im schädlichen Umgang mit beidem („Gift") enden beide; sie verlassen dabei ganz die optische Welt und treten in eine akustische ein: nicht Widerschein, sondern „Widerhall". Der „Kristall" zerspringt nicht etwa in (tausendfarbige) Splitter, sondern in „tausend Trümmer". Noch (und erst) in seiner Zerstörung „singt er" und geht „klirrend" unter.

*

Eduard Mörikes 1843 begonnenes und 1846 vollendetes Gedicht *Früh im Wagen* mag man in einem engen Sinn als ein Erlebnisgedicht auffassen; man darf es jedoch auch als ein Gedicht lesen, das eine als einmalig empfundene Situation gleichsam objektivieren möchte.[13] Die eher spärlich eingesetzten Farben tragen nicht wenig dazu bei:

*Früh im Wagen*
Es graut vom Morgenreif
In Dämmerung das Feld,
Da schon ein blasser Streif
Den fernen Ost erhellt;

Man sieht im Lichte bald
Den Morgenstern vergehn,
Und doch am Fichtenwald
Den vollen Mond noch stehn:

So ist mein scheuer Blick,
Den schon die Ferne drängt,
Noch in das Schmerzensglück
Der Abschiedsnacht versenkt.

Dein blaues Auge steht,
Ein dunkler See, vor mir,
Dein Kuß, dein Hauch umweht,
Dein Flüstern mich noch hier.

An deinem Hals begräbt
Sich weinend mein Gesicht,
Und Purpurschwärze webt
Mir vor dem Auge dicht.

Die Sonne kommt; – sie scheucht
Den Traum hinweg im Nu,

---

[13] Vgl. Renate von Heydebrand: Eduard Mörikes Gedichtwerk. Beschreibung und Deutung der Formenvielfalt und ihrer Entwicklung. Stuttgart 1982, S. 174f.

Und von den Bergen streicht
Ein Schauer auf mich zu.[14]

Die Lichtregie der beiden ersten Strophen lässt nur gedämpfte Farben zu.
Sie erzeugt das Empfinden einer Zwischenzeit, eingespannt zwischen dem
„schon" und dem „noch". Analog zur dieser tageszeitlichen Uneindeutig-
keit rastet in der dritten Strophe die Erinnerung ein („So"); „schon" und
„noch" treten in einer Strophe zusammen. Die „Abschiedsnacht", die bis
jetzt geradezu farbkarg war, dunkelt die jetzt auftauchenden Farben immer
mehr ab („blaues Auge" – „dunkler See" – „Purpurschwärze"). Nicht nur
die tageszeitliche Ausgangssituation, auch die Erinnerung ist ganz auf das
Sehen konzentriert, beginnend mit einem farblich diffusen Morgengrauen
über die allmählich aufgehende Sonne bei beibehaltenem „vollen Mond",
bis hin zum markanten „Auge" („blaues Auge", „vor dem Auge dicht") und
dem weinenden „Gesicht".

Mit dem Aufgehen der Sonne verschwinden alle Farben und mit ihnen
der Traum „im Nu". Die stillgestellte Zeit am Kipppunkt des tageszeitli-
chen Wendepunkts gerät in Bewegung: die Verben der Objektwelt werden
aktiv („kommt" – „scheucht" – „streicht"). Hatte das Oxymoron „Schmer-
zensglück" diese tageszeitliche Zwischenstellung als emotionale Unent-
schiedenheit abgebildet, so übernimmt dies jetzt der „Schauer", eine Er-
schütterung, die sich weder aussprechen noch einfärben lässt. Mit ihm er-
hält, schon in der Assonanz, das Grauen des Morgens seine zweite Bedeu-
tung jenseits der Graufärbung. Denn alle Farben, die das Gedicht (und die
Psyche des sich erinnernden Subjekts) durchwandert haben, sind nun ganz
gelöscht. Als ein „Gebilde der Grenze"[15] zeigt sich *Früh im Wagen* auch als
ein Sehgedicht, das vom Schwinden des Sehens spricht: „Es graut" – „man
sieht" – „Man sieht im Lichte bald" – „schon" – „noch" – „Purpur-
schwärze". Es mündet in der letzten Strophe in ein optisches Paradox, dass
mit zunehmendem Tageslicht („Die Sonne kommt") Licht und Farben ver-
schwinden.

Aus einer solchen Erlebnisschwelle macht Eduard Mörikes 1827 ent-
standenes Gedicht *Septembermorgen* dann eine Epochenschwelle:

*Septembermorgen*
Im Nebel ruht noch die Welt,
Noch träumen Wald und Wiesen:

---

[14] Eduard Mörike: Werke. Hrsg. von Hannsludwig Geiger. Darmstadt 1963, S. 81.
[15] So Albrecht Goes: Eduard Mörike: *Früh im Wagen*, in: Klaus Garber (Hrsg.): „Sei mir,
Dichter, willkommen!" Studien zur deutschen Literatur von Lessing bis Jünger. Kenzo
Miyashita gewidmet. Köln/Weimar/Wien 1995 (= Europäische Kulturstudien 4), S. 94.

Bald siehst du, wenn der Schleier fällt,
Den blauen Himmel unverstellt,
Herbstkräftig die gedämpfte Welt
In warmem Golde fließen.[16]

In seiner Darstellung eines ausbalancierten Schwebezustands von Jahres-
wie Tageswende[17] liefert *Septembermorgen* aber kein „reines Naturge-
dicht",[18] sondern setzt in seinen Zeitbenennungen das lyrische Ich als eine
Art Überschreitungsfigur ins Bild. Denn unter literaturgeschichtlicher Per-
spektive führt das Gedicht „von der Romantik weg"[19] und redet einer „An-
tizipation des Künftigen" das Wort. In der interpretationsrelevanten Ge-
lenkstelle der Du-Anrede scheint in mehrfacher Hinsicht ein „Grenzfall"[20]
vorzuliegen, dem man mit dem Abklopfen zentraler Begriffe nicht bei-
kommt.[21]

Im Kontext einer Veränderung des Sehens wird Mörikes Gedicht auch
zum Paradigma für die Wahrnehmungsleistung literarischer Kunstwerke.[22]
Es entwirft in sechs kurzen Versen über den Tageszeiten- und Jahreszei-
tenwechsel eine Zwei-Welten-Theorie. Die ersten beiden Verse reduzieren
die romantische Landschafts- und Stimmungskunst auf Stereotype am
Rande der Parodie, als seien Wald und Wiesen alles, was diese „Welt" aus-
mache. Das doppelte „noch", im ersten Vers, im zweiten dann in die Un-
betontheit versteckt, und das altertümliche „ruhet" stellen eine Landschaft
ruhig, deren Ähnlichkeit mit dem Fundus romantischer Sprachlandschaf-
ten auf der Hand liegt. Farbigkeit gibt es hier ausdrücklich nicht. Im Span-
nungsbogen des doppelten „noch" zum „bald" des dritten Verses verbirgt
sich eine Beobachterfigur, die sich in der indirekten Anrede des „du" noch
halb versteckt. Dieser ins „du" verschobene Appellcharakter eines lyri-
schen Ichs wird gleich mehrfach zentralgestellt, zunächst durch einen den
Blick öffnenden Doppelpunkt am Ende des zweiten Verses, dann durch die

---

[16] Mörike, Werke, S. 84.
[17] Nach der älteren Forschung noch Dagmar Barnow: Entzückte Anschauung. Sprache
und Realität in der Lyrik Eduard Mörikes. München 1971, S. 125-127.
[18] So von Heydebrand, Eduard Mörikes Gedichtwerk, S. 37.
[19] Friedrich Sengle: Biedermeierzeit. Deutsche Literatur im Spannungsfeld zwischen
Restauration und Revolution 1815-1848. Band 3. Stuttgart 1980, S. 745.
[20] Heydebrand, S. 38.
[21] Vgl. Gerhard Kaiser: Geschichte der deutschen Lyrik von Goethe bis Heine. Ein
Grundriß in Interpretationen. Erster Teil. Frankfurt 1988. (= suhrkamp taschenbuch
2087), S. 274: „Herbstkräftig ist nicht frühlings- oder sommerkräftig. Es ist eine letzte,
höchste Kraftentfaltung angesichts des nahenden winterlichen Vergehens, ein Ineinan-
der von Daseinsfülle und Vergängnis."
[22] Reiner Wild: Literatur im Prozeß der Zivilisation. Zur theoretischen Grundlegung der
Literaturwissenschaft. Stuttgart 1982, S. 161-167.

von ihm abhängige Satzkonstruktion der folgenden vier Verse. Man beachte dagegen als Kontrast die einfache Beiordnung der ersten beiden Verse. Der daran anschließende Satz („Bald siehst du") steht als einziger Hauptsatz am Ausgangspunkt einer komplexen syntaktischen Aufdehnung. Dem einschränkenden Nebensatz, der sowohl konditional als auch temporal lesbar ist, folgt dann nämlich eine Parenthese, die ebenfalls doppelt anschließbar ist, nämlich nach vorne („wenn der Schleier fällt") wie nach hinten („Nebel"). Vor dem zusammenbindenden Schlussverb des Gedichts sind noch Apposition und verdoppelte Objekte eingeschachtelt, so dass daraus ein verschichtetes Gebilde entsteht, das die zunehmende Farbigkeit in eine Zeitabfolge einbindet.

Das Reimschema macht diese Aufdehnung mit: Gleich dreimal wird der Ausgangsreim eingeschoben, so dass eine Art aufgeschwemmter Kreuzreim entsteht. Überhaupt ließe sich noch ausführlicher zeigen, wie hier der Gegensatz zweier Welten klanglich und metrisch untermauert wird. *Septembermorgen* entwirft keine Dichotomie, sondern eine Welt, die aus der Ruhigstellung in Bewegung übergeht. Dies können die Verben von „ruhen" und „träumen" bis „fließen" ebenso belegen wie die Zunahme der Farbintensität vom weißen Nebel über die grünen Wiesen bis zum „blauen Himmel" ins endliche Gold. Auf diese Weise führt Mörikes Gedicht in sich und durch sich vor, was es postuliert. Der Übergang von der noch träumenden Nebelwelt in die neue Welt eines farbigen Tags ist freilich vertrackt. Mörike hat jedes grammatische Tempussignal getilgt, so dass das durchgehende Präsens jeden Zeitzustand beschreiben kann. Immer bleibt es, wie die gesamte Szene, auf den Beobachter bezogen, der in der Realität des „noch" verharrt, dessen Interesse aber auf „bald" gerichtet ist. Dort erwartet ihn eine noch nicht existierende, aber schon vorgemalte Entschleierungswelt. Die Schleier-Metaphorik hat poetologische Qualität[23] und trifft genau die epochale Diskussion um die realistische Kunst, wie sie etwa Schopenhauer in *Die Welt als Wille und Vorstellung* formuliert hatte:

Jedes Kunstwerk ist demgemäß eigentlich bemüht, uns das Leben und die Dinge so zu zeigen, wie sie in Wahrheit sind, aber, durch den Nebel objektiver und subjektiver Zufälligkeiten hindurch, nicht von jedem unmittelbar erfaßt werden können. Diesen Nebel nimmt die Kunst hinweg.[24]

---

[23] So mit Recht ebd., S. 162.
[24] Arthur Schopenhauers Werke in fünf Bänden. Nach den Ausgaben letzter Hand hrsg. von Ludger Lütkehaus. Zürich 1988. Band 2, S. 472.

Diese Entschleierungsbildlichkeit entspricht genau dem Begriff der „Antizipation", der sich bei mehreren Interpreten findet.[25] Was genau wird antizipiert? Mörikes Gedicht imaginiert das noch nicht Realisierte als ein zu Erwartendes, es deutet und manipuliert die Sicht darauf durch eine Gebrauchsanweisung für die Wahrnehmung des Betrachters. Das futurisch gebrauchte Präsens meint Vergangenheit, Gegenwart und Zukunft gleichzeitig, so dass sich ein Verweilen unmittelbar vor der Schwelle ergibt. Die ins Zukünftige des „bald" angekündigte Schwellenüberschreitung wird zwar angesagt, findet aber noch nicht statt. Mörikes Gedicht bedarf in der Natur- wie in der Zeitwahrnehmung eines Wahrnehmungssubjekts. Dieses dient als Bruchstellenmarkierung zwischen den Epochen. Bei Mörike wird das Ich in der Du-Anrede zur Übersprungfigur als kritische Form. In der Antizipation von Zukunft *im* Subjekt stellt sich die Frage nach der Art der hier gemachten Schwellenerfahrung. Diese hebt, in Antizipation, Subjektivität und Selbstreflexion, die gewohnten Erfahrungen des traditionellen klassisch-romantischen Autonomiepostulats auf. Die allmählich aufscheinenden Farben sind keine wirklichen, sondern Empfindungswerte des Betrachters.

Ein Blick auf übergreifende literaturgeschichtliche Zusammenhänge zeigt, dass Mörikes Einfall der Vergoldung unter blauem Himmel nicht in einem leeren Raum steht. Der Gedanke findet sich nicht nur in Kellers Aufsatz *Das goldene Grün bei Goethe und Schiller* angedeutet, sondern auch in seinem *Abendlied* von 1879. Beide Gedichte benennen in ihren Gelenkstellen eine besondere Form der Wirklichkeitswahrnehmung, die jeweils in einer Spätzeit von Abend oder Herbst stattfindet: „Trinkt, o Augen, was die Wimper hält, / Von dem goldnen Überfluß der Welt!"[26] Darf man diese Vergoldung der Wirklichkeit als farblichen Ausdruck des Verklärungsprinzips des poetischen Realismus lesen? Die großen Lyriker des Realismus wie Mörike oder Keller betonen nicht die Einfärbung, sondern die Aktivitäten eines Wahrnehmungssubjekts. In Mörikes *Septembermorgen* erscheint das lyrische Ich zwar nur einmal, jedoch im zentral gestellten, als Bedingung vorgegebenen Hauptsatz: „Bald siehst du, wenn". Das Gedicht signalisiert, dass die Veränderungen der frühherbstlichen Natur vom farblosen Nebel zu einer „herbstkräftig" eingefärbten Welt nur über dieses Wahrnehmungssubjekt stattfinden können. Farben muss man sehen können, sonst haben sie keine Bedeutung.

---

[25] Z. B. Heydebrand, S. 38; Wild, S. 158 und S. 178.
[26] Keller, Sämtliche Werke, Band 1, S. 407.

### 3. „Das reinste Gold der Lyrik"

Theodor Storm hat sein *Oktoberlied* als ein „unsterbliches Gedicht" bezeichnet[27] und es zu den wenigen Gedichten gerechnet, die „auch bei den besten Poeten zu den Seltenheiten gehören" und die „einen wirklichen Wert haben".[28] In seinen Gedichtausgaben stellte er es immer an die erste Stelle, um diesen außergewöhnlichen Rang zu dokumentieren. *Oktoberlied* ist auch ein thematisches Farbengedicht, obwohl nur wenig Farbe darin vorkommt:

*Oktoberlied*
Der Nebel steigt, es fällt das Laub;
Schenk' ein den Wein, den holden!
Wir wollen uns den grauen Tag
Vergolden, ja vergolden!

Und geht es draußen noch so toll,
Unchristlich oder christlich,
Ist doch die Welt, die schöne Welt,
So gänzlich unverwüstlich!

Und wimmert auch einmal das Herz, –
Stoß an, und laß es klingen!
Wir wissen's doch, ein rechtes Herz
Ist gar nicht umzubringen.

Der Nebel steigt, es fällt das Laub;
Schenk' ein den Wein, den holden!
Wir wollen uns den grauen Tag
Vergolden, ja vergolden!

Wohl ist es Herbst; doch warte nur,
Doch warte nur ein Weilchen!
Der Frühling kommt, der Himmel lacht,
Es steht die Welt in Veilchen.

Die blauen Tage brechen an;
Und ehe sie verfließen,

---

[27] Nach den Aufzeichnungen seiner Tochter Gertrud, zit. nach: Theodor Storm: Sämtliche Werke. Hrsg. von Karl Ernst Laage und Dieter Lohmeier. Band 1: Gedichte, Novellen 1848-1867. Frankfurt a. M. 1987 (= Bibliothek deutscher Klassiker 19), S. 763.
[28] Brief an Alexander Duncker, 30. Mai 1852, in: Theodor Storm: Briefe. Hrsg. von Peter Goldammer. Berlin und Weimar 1972. Band 1, S. 163.

Wir wollen sie, mein wackrer Freund,
Genießen, ja genießen![29]

Das Lied ist wiederholt und kontrovers interpretiert worden, als prägnantes Stimmungsbild des Herbstes, als Trinklied in der Tradition der Anakreontik, als lyrisches Versteckspiel Storms mit seinem indifferenten Christentum, als Programmgedicht des poetischen Realismus, das dessen Verklärungsprinzip („vergolden") huldigt, als Aufruf zum Horazischen „carpe diem" oder zum Hedonismus („genießen, ja genießen"). Gegen die hohe Selbsteinschätzung des Autors haben die meisten Interpreten heftigen Einspruch erhoben. Das Gedicht gehöre „nicht zu Storms besten";[30] es sei eigentlich inhaltsleer und nur als belangloses Trinklied, das „offensichtlich nach Vertonung verlangt", zu retten. Hier habe der Formkünstler Storm, der selbst so oft heftige Kritik an wenig geglückter Lyrik geübt habe, „nicht mit größter Sorgfalt" gearbeitet; einiges sei „reines Füllsel", manches „zu blumig" formuliert und darüber hinaus an einigen Stellen ein „Plagiat" nach Eichendorff oder Mörike[31] – mit einem Wort: „Phrase".[32] Tatsächlich stolpert der unvoreingenommene Leser über scheinbar offenkundige Widersprüche des Gedichts, wenn z. B. in einem *Oktoberlied* recht unmotiviert der Frühling vorkommt. Man liest das *Oktoberlied* allerdings nur dann richtig, wenn man es als dichterische Auseinandersetzung Storms mit der Lyrik Emanuel Geibels, besser: es als Überschreibung eines ganz bestimmten Geibel-Gedichts versteht.[33]

Schon der zweite Vers des *Oktoberlieds* zitiert die Gattung eines Trinklieds an und verschleiert so eine präzise politische Verortung des Gedichts. In der 1. Handschrift hieß *Oktoberlied* noch „Herbstlied" und war auf den „28. Oct. 48", den Jahrestag der Völkerschlacht bei Leipzig, datiert. Noch in der 2. Handschrift, in der es nun „Octoberlied" heißt, trägt es den Untertitel „1848" und ebenfalls eine exakte Datierung.[34] Dazu passt Storms spätere Selbstdeutung, das Gedicht sei „dem Sinne für die Natur und zwar

---

[29] Storm, Sämtliche Werke, Band 1, S. 11.

[30] Walter Silz: Theodor Storm: drei Gedichte, in: Schriften der Theodor-Storm-Gesellschaft 19 (1970), S.28.

[31] Ebd., S. 30.

[32] Ebd., S. 43.

[33] Vgl. meine Untersuchungen, freilich unter anderen Gesichtspunkten: Vergoldeter Herbst. Storms *Oktoberlied*, Emanuel Geibel und der Realismus in der Lyrik, in: Schriften der Theodor-Storm-Gesellschaft 45 (1996), S. 117-126; außerdem: Die Wirklichkeit der Literatur. Literarische Texte und ihre Realität. Würzburg 2016, S. 133-144.

[34] Vgl. Storm, Sämtliche Werke, Band 1, S. 762.- Eine Abb. der 2. Handschrift bei Walter Silz: Theodor Storm: drei Gedichte, S. 29.

in natürlichster Opposition gegen die Politik" entsprungen.[35] Es entstamme der Zeit, in der die Schleswig-Holstein-Erhebung gescheitert war und die Ereignisse um die Frankfurter Paulskirche in eine kritische Phase getreten waren. Sodann gibt es eine von Storms Tochter kolportierte Entstehungslegende, die dafür gesorgt hat, dass das *Oktoberlied* nicht als Kontrafaktur, sondern als eine spontane poetische Schöpfung verstanden wurde:

Am 28./29. Oktober 1848 entstand als ein Protest gegen das Überwuchern der politischen Stimmung sein „Oktoberlied". Als Storm das Gedicht niedergeschrieben hatte, trat sein Freund Brinkmann zu ihm ins Zimmer und fragte ihn: „Was ist dir, Storm, wie leuchten deine Augen?" Dieser erhebt sich, reicht Brinkmann die Hand mit den Worten: „Ich habe eben ein unsterbliches Gedicht gemacht."[36]

Zu diesen beiden Faktoren kam noch die Tatsache hinzu, dass das Gedicht zwei Jahre nach seiner Entstehung 1850 erstmals an entlegener Stelle gedruckt und dann 1851 in Storms *Sommergeschichten und Lieder* als „Prolog" vorangestellt wurde. Alle diese Umstände haben dafür gesorgt, dass das Gedicht aus seiner politischen Lebenswirklichkeit entrückt wurde. Dadurch war aber auch der Gedanke an eine Geibel-Überschreibung unsichtbar geworden. Geibels Gedichtsammlung *Juniuslieder* war kurz zuvor 1848 herausgekommen und bei ihrem Erscheinen[37] sofort ein außerordentlicher Publikumserfolg geworden, der den Ruhm des Dichters endgültig festigte. Dass Storm die *Juniuslieder* genau gekannt hat, ist nachweisbar: der Band befindet sich in seiner Bibliothek.[38] Geibels *Juniuslieder* enthalten nun einen Abschnitt mit dem Titel „Zeitgedichte", die sich auf sehr allgemeine Weise mit den politischen Ereignissen, auch mit der Schleswig-Holstein-Frage, auseinandersetzen. Eines dieser Gedichte mit dem Titel *Hoffnung* lässt aufhorchen, denn es liefert das lyrische Strickmuster für Storms *Oktoberlied*:

*Hoffnung*
Und dräut der Winter noch so sehr
Mit trotzigen Geberden,
Und streut er Eis und Schnee umher,
Es muß *doch* Frühling werden.

---

[35] Brief Storms an Hartmuth Brinkmann, 10. Dezember 1852, in: Storm, Briefe, Band 1, S. 76.
[36] Gertrud Storm: Theodor Storm. Ein Bild seines Lebens. Band 1. Berlin ²1912, S. 191.
[37] Juniuslieder von Emanuel Geibel. Stuttgart und Tübingen: Cotta 1848.
[38] Freundlicher Hinweis von Dr. Gerd Eversberg, Theodor-Storm-Gesellschaft Husum.

Und drängen die Nebel noch so dicht
Sich vor den Blick der Sonne,
Sie wecket doch mit ihrem Licht
Einmal die Welt zur Wonne.

Blast nur ihr Stürme, blast mit Macht,
Mir soll darob nicht bangen,
Auf leisen Sohlen über Nacht
Kommt doch der Lenz gegangen.

Da wacht die Erde grünend auf,
Weiß nicht, wie ihr geschehen,
Und lacht in den sonnigen Himmel hinauf,
Und möchte vor Lust vergehen.

Sie flicht sich blühende Kränze in's Haar,
Und schmückt sich mit Rosen und Ähren,
Und läßt die Brünnlein rieseln klar,
Als wären es Freudenzähren.

Drum still! Und wie es frieren mag,
O Herz, gib dich zufrieden;
Es ist ein großer Maientag
Der ganzen Welt beschieden.

Und wenn dir oft auch bangt und graut,
Als sei die Höll' auf Erden,
Nur unverzagt auf Gott vertraut!
Es muß *doch* Frühling werden.[39]

Auf den ersten Blick haben die gegensätzlichen Situationen, hier Frühlings-
hoffnung, dort Herbstbild, nichts miteinander zu tun. Doch steckt in bei-
den Gedichten derselbe Abwehrgestus. Die bei beiden gehäuft auftauchen-
den Adversative („doch") und emphatische Satzpartikel sind genau dieje-
nigen Stilmittel, die den Storm-Interpreten als überstrapazierte Kunstmit-
tel so sauer aufstoßen waren.[40] Dazu kommt eine identische Argumentati-
ons- und Klangstruktur von Geibels erster und Storms zweiter Strophe, das
gleiche Metrum, verwandte Bildfelder (Nebel, Himmel, Herz), und zuletzt
dieselbe Rundform des Gedichts, bei der die letzte Strophe jeweils in die
erste mündet. Auch Geibels Gedicht will als ein politisches gelten, was

---

[39] Geibel, Juniuslieder, S. 136f.
[40] Vgl. Harro Müller: Theodor Storms Lyrik. Bonn 1975, S. 36.

wohl heißen soll, dass die augenblicklich missliche Situation Schleswig-Holsteins, als patriotischer „Winter" deklariert, nicht ewig dauern kann. Es gilt abzuwarten, was das lyrische Ich als politischen Frühling voraussieht: „ein großer Maientag".

Geibels trotzig vorgebrachte Hoffnung ist jedoch in Wahrheit nur scheinliberal, kulturkonservativ und abwiegelnd. Statt konkreter Maßnahmen empfiehlt er, die Hände in den Schoß legen und still zu halten: „Nur unverzagt auf Gott vertraut!"[41] Seine Begriffe sind offensichtlich recht wolkig. Mit seinen spätromantischen Versatzstücken produziert er überzogene Jahreszeiten-Gegensätze. Als epigonale Poesie jongliert das Gedicht mit geborgten Frühlingsmetaphern: wer länger sucht, wird außer den *Frühlingsliedern* Ludwig Uhlands („Die linden Lüfte sind erwacht") und Eduard Mörikes *Er ist's* noch weitere Vorlagen finden können. Geibels Gedicht ist selbst schon papierne Dichtung aus zweiter Hand statt des proklamierten wirklichen Erlebens. Bei systematischer Betrachtung haben wir es also mit einem Prätext zu Storms *Oktoberlied* zu tun, zu dem es selbst schon mehrere Prätexte gibt. Der gegen Storm erhobene Vorwurf des Plagiats spätromantischer Stereotype fällt dadurch in sich zusammen; er bedeutet unter der intertextuellen Perspektive keine Disqualifizierung, sondern weist Funktionsmechanismen im Spannungsfeld von Text- und Wirklichkeitsreferenz nach. Auffällig ist Geibels Übersetzung der politischen Problematik in simpel gezeichnete Jahreszeitenbilder mit den entsprechenden Empfindungswerten für das menschliche Herz: „bangen" oder „Lust". Seine Lehre ist eindeutig und banal; sie reduziert die politische Frustration auf eine lösbare Alltagserfahrung, der trotz beibehaltener Gefährdung („Höll' auf Erden") alles Bedrohliche genommen ist. Storms *Oktoberlied* greift diesen zweimaligen Gestus in Geibels ersten beiden Strophen so unmittelbar auf, dass man Storms zweite Strophe als gelungene Minimalparodie betrachten kann, die sich nahtlos in Geibels Gedicht einfügen ließe. Spätestens hier wird deutlich, dass es keinen Sinn macht, *Oktoberlied* als unmittelbaren Ausdruck originärer Empfindungen zu lesen[42] oder als ‚reine' Lyrik zu lesen. Storm geht in seiner intertextuellen Auseinandersetzung mit Geibel aber noch weiter, wodurch sich die meisten der von der literaturwissenschaftlichen Kritik nicht verstandenen Formulierungen aufklären. Denn aus dem unmittelbaren Prätext des Geibel-Gedichts gewinnen sie einen

---

[41] Vgl. Herbert Kaiser: Die ästhetische Einheit der Lyrik Geibels, in: Wirkendes Wort 27 (1977), S. 248; noch immer gültig Walter Hinck: Epigonendichtung und Nationalidee. Zur Lyrik Emanuel Geibels, in: Zeitschrift für deutsche Philologie 85 (1966), S. 267-284.
[42] Für Storms Lyrik jetzt Hartmut Pätzold: „Ein Stück andere Welt". Von der Unbrauchbarkeit des Paradigmas der „Erlebnislyrik" für die Gedichte Theodor Storms, in: Schriften der Theodor-Storm-Gesellschaft 43 (1994), S. 43-63.

präzisen Sinn: Geibels universaler Ausgriff auf die „ganze Welt" macht Storm zu einer Welt, die eine „schöne" und „gänzlich[!] unverwüstlich" ist; Geibels frierendes Herz „wimmert" bei Storm; der „Nebel", der sich bei Geibel störend vor die Sonne drängt, steigt bei Storm; Geibels lachende Erde trifft auf Storms lachenden Himmel. Vor allem Storms provokant-gleichgültige Alternative „Unchristlich oder christlich" darf man, ja muss man geradezu als ausdrückliche Zurückweisung von Geibels biederem Gottvertrauen als Schlusslösung lesen.

An dieser Stelle kommen Storms Farben ins Spiel, denn Geibels Frühlingshymnus ist gänzlich farblos, außer dass die Erde „grünend" erwacht und „blühende Kränze" flicht. Selbst zur Erklärung der „blauen Tage", mit denen die Storm-Interpreten ihre Schwierigkeiten haben, weil sie nicht in den Zusammenhang passen wollen und daher als Plagiat aus Eichendorff oder Mörike entschuldigt werden,[43] sind jetzt keine Verrenkungen mehr nötig. In Geibels *Juniusliedern* gibt es eine Abteilung mit dem Titel *Herbstlieder*, in denen ausgerechnet dem Herbst die Farbe Blau zugemessen wird. Das zweite dieser *Herbstlieder* beginnt sogar mit dem refrainartig wiederholten Vers: „Ach in diesen blauen Tagen".[44]

Storms *Oktoberlied* liefert eindeutige Markierungen, ein Gegengedicht zu Geibels *Hoffnung* zu sein und damit eine explizite, d. h. auch politische Botschaft gegen Geibels einseitige Frühlingsbegeisterung darzustellen. Storm feiert den Herbst gerade wegen seiner Unwirtlichkeit und fordert zum Verweilen auf (vorletzte Strophe) – trotz des zu erwartenden Frühlings! In diesem Sinn ist der zweite Vers doppelsinnig zu lesen. Es gilt, „den grauen Tag" zu „vergolden", diese Jetzt-Zeit, „die blauen Tage" zu „genießen". Diese „blauen Tage" sind nämlich nicht in den zu erwartenden Frühling verschoben, sondern entstehen durch eine Phantasieoperation des lyrischen Ich schon jetzt, da es Herbst „ist". Für einen solchen Phantasiemenschen braucht es den Frühling mit dem (blauen) lachenden Himmel nicht, damit die „blauen Tage" beginnen können.

Diese Position sollte man nicht auf ein Idyllisieren der herbstlichen Jahreszeit beim gemütlichen Zimmerumtrunk reduzieren und damit banalisieren, sondern als präzise Gegenposition Storms zu Geibel begreifen. In seinem Gegengedicht blendet Storm die persönlichen Animositäten gegen Geibel ganz aus; insofern ist seine literarische Position fortgeschrittener als seine private, wie sie in seinen boshaften Briefen zum Ausdruck kommt. Hier konzentriert sich Storm zuerst auf die politische, dann auf die

---

[43] Wobei noch niemand die Stellen gefunden hat, die Storm plagiiert haben soll; Walter Silz, Theodor Storm: drei Gedichte, S. 30 und Harro Müller, Theodor Storms Lyrik, S. 37f nennen nur *ähnliche* Stellen.
[44] Geibel, Juniuslieder, S. 25.

poetologische Seite des Konflikts. Geibel kann der grauen Zeit der politischen Gegenwart, die er ins Bild des Winters fasst, nichts abgewinnen, Storm hingegen sehr wohl.

Storm nimmt die Auseinandersetzung mit seiner Ist-Welt und seiner Jetzt-Zeit an, er hält sie aus und kostet sie (in ganz wörtlichem Sinn) sogar aus. Die unverwüstliche Schönheit der Welt darf man als realistische Antwort auf spätromantische Winterwüsten lesen. Auch eine solche Winterwelt kann durchaus von ästhetischem Wert sein, gerade weil sie nicht mehr religiös legitimiert wird: „Unchristlich oder christlich". Storm verficht das „Genießen" jedoch erst nach dem „Vergolden", auch dies ein zentraler Prozess, der eher den gebrochenen Glanz als die Beschönigung sucht. Geibels eindeutiges „Licht" durchbricht den Nebel, die Erde „lacht in den sonnigen Himmel". Storm bevorzugt die gebrochene Beleuchtung: selbst der vergoldete Tag gehört zu den „grauen", aber es „graut" nicht wie bei Geibel.

Für Geibels sentimentale Lyrik hat Storm eine andere Form des Goldes parat. In sein Notizbuch hat Storm beim Tod Geibels 1884 ein Gedicht geschrieben, das er fast manisch wiederholt hat, es einmal *Geibel*, ein andermal *Versemacherei und Lyrik* nennt,[45] und das die goldene Leerform Geibelscher Lyrik charakterisieren soll:

Die Form war dir ein goldner Kelch,
In den man goldnen Inhalt gießt,
Die Form ist nichts, als der Kontur,
Der einen schönen Leib beschließt.[46]

Vor diesen unterschiedlichen Formen vergoldeter Wirklichkeit lässt sich Storms *Oktoberlied* noch weiter spezifizieren. Bei ihm dominieren die exklamatorischen Aufforderungen („Schenk ein", „Stoß an und laß es klingen", „warte nur"), die selbst in pluraler Verwendung noch äußerste, fast penetrante Aktivität ausstrahlen („Wir wollen *uns*", „Wir wissen's *doch*"). Diese Haltung erklärt übrigens auch, warum der angeredete Freund ein „wackrer" ist: Diese Form, das Leben zu „genießen", kann nur als aktive Auseinandersetzung mit der Welt gelingen, nicht als ein Auf-Sich-Wirkenlassen wie bei Geibel. Hier zeigt sich, dass Storm geradezu programmatisch mit Geibels weinerlicher, beifallsheischender und letztlich privater

---

[45] Es handelt sich dabei um die Versifizierung eines Gedankens, der aus Storms Rezension der Rodenberg-Gedichte von 1854 stammt: „Wie schon oft gesagt, die ‚schöne Form' ist ein Gefäß, wo möglich ein goldenes, bereit, den mannigfachsten beliebigen Inhalt zu empfangen; die poetische Form in unserm Sinne sind nur die Konturen, welche den Körper vom leeren Raume scheiden." (Theodor Storm: Sämtliche Werke. Band 1, S. 336).
[46] Storms Tagebuch vom 12. April 1884, in: ebd., S. 538.

Gefühlsduselei abrechnet. Er benutzt dessen Leerformeln, um ihnen in verschärfter Umkehrung eine positive Seite abzugewinnen. Der Flucht Geibels in die banale Frühlingshoffnung stellt Storm die Einnistung in die Gegenwart gegenüber, in der ein wahrer Dichter durch Vergoldung aus grauen Tagen einfach blaue Tage machen kann. Insofern ist es kein Zufall, dass Storm diesen Mechanismus des poetischen Vergoldens zum allgemeinen Maßstab dichterischer Qualität erhob. So hatte Storm für Gottfried Kellers *Abendlied* als höchstes Lob die Formulierung übrig, es handle sich dabei um „das reinste Gold der Lyrik".[47]

In einem ebenfalls frühen Gedicht (Erstdruck 1852), das zu einem seiner bekanntesten werden sollte, hat Theodor Storm alle Farben auf Grau herabgedämpft und gerade dadurch eine besondere Farbintensität erzielt:

*Die Stadt*
Am grauen Strand, am grauen Meer
Und seitab liegt die Stadt;
Der Nebel drückt die Dächer schwer,
Und durch die Stille braust das Meer
Eintönig um die Stadt.

Es rauscht kein Wald, es schlägt im Mai
Kein Vogel ohn' Unterlaß;
Die Wandergans mit hartem Schrei
Nur fliegt in Herbstesnacht vorbei,
Am Strande weht das Gras.

Doch hängt mein ganzes Herz an dir,
Du graue Stadt am Meer;
Der Jugend Zauber für und für
Ruht lächelnd doch auf dir, auf dir,
Du graue Stadt am Meer.[48]

Die gleich im Anfang doppelte Grauheit wird durch „Nebel", „Stille", Bedrücktheit und Eintönigkeit scheinbar ganz ins Abseits („seitab") gestellt. Doch hinter dieser grauen Fassade herrscht tatsächlich reges Leben, denn das Meer „braust", der Gänsezug ist überdeutlich zu hören („mit hartem Schrei"), die Erinnerungen an die „Jugend" leben dadurch auf. Dieser Kontrast von angeblich grauer Stille und tatsächlichem inneren Leben bestimmt den Dreischritt des Gedichts. Die Zustandsbeschreibung der ersten Strophe kippt mit dem Beginn der zweiten Strophe in die Negation des

---

[47] Strom am Keller vom 20. September 1879, in: Storm, Briefe, Band 3.1, S. 441.
[48] Storm, Sämtliche Werke, Band 1, S. 14.

eigentlich idyllisch Gemeinten ab, um sich genau dort zu brechen. Hier markiert der rhythmische Stolperer des zweiten Verses den Umschwung, der auch durch das (scheinbar korrigierende) Elisionszeichen nicht zu heilen ist, denn der Reim von „Unterlaß" auf „Gras" bleibt unrein. Die hier entstehende neue Idylle ist keine romantische mehr, kein Waldesrauschen, kein Vogelschlag im Mai, sondern eine ganz andere („Nur"): kein Rauschen mehr, sondern ein „Schrei", kein Mai, sondern nur „Herbstesnacht", kein „Wald", sondern bloßes „Gras".

Genau an dieser Wendung („Doch") gibt sich die Stimme des lyrischen Sprechers erstmals zu erkennen, verdreifacht emphatisch („mein" – „dir" – „Du") auf die titelgebende „Stadt" bezogen. Erst hier und genau dadurch wird diese Stadt ebenfalls grau eingefärbt: „Du graue Stadt am Meer"; am Anfang waren nur „Strand" und „Meer" grau gewesen. Diese Einfärbung ist allerdings keine farbliche Aufbesserung, man denke an Storms *Oktoberlied* zurück, sondern das Annehmen des Gegebenen. Die gleich zweimal so bezeichnete „graue Stadt" erhält ihre Aufladung durch das „Herz", das nun ganz verschwinden kann, so dass alle diese Empfindungswerte auf die „graue Stadt" in deiktischen Zuschreibungen übergehen: „auf dir, auf dir, / Du". „Eintönig" mag es anfangs ausgesehen haben, am Ende kehrt „lächelnd" eine Ruhe ein, in der der „Jugend Zauber" aufbewahrt ist. Lässt man das Gedicht hören, so folgt man akustischen Mischfarben, so wie das Grau eine optische Mischfarbe ist: Dem „grauen Strand, am grauen Meer", wo das Meer „braust" und der Wald nicht „rauscht", antwortet ein anfangs ganz versteckter ä-Laut: „Dächer" – „schlägt" – „hängt" – „lächelnd". So entsteht in der letzten Strophe ein Amalgam aus diesen beiden Lauten, in denen die Lauttiefe („graue Stadt" – „Jugend Zauber" – „Ruht" – „Du") durch Emphase („an dir" – „für und für" – „auf dir, auf dir") aufgehellt wird. Mag man sogar im „Meer" des letzten Verses diesen ä-Laut mithören, der am Anfang zwar schon enthalten („am grauen Meer" – „schwer"), aber so deutlich noch nicht hörbar war?[49] Das dunkle Grau der ersten Strophe (zweimal „Und") wird im letzten Vers der letzten Strophe Schritt für Schritt aufgehellt: „Du graue Stadt am Meer". So entsteht mit der geheimnisvollen Aufladung der Farbe Grau nicht nur eine Huldigung Storms an die Stadt Husum, sondern zugleich auch „ein künstlerisch unverbrauchter Ort" für eine ganz eigenständige poetische Position Storms.[50]

---

[49] Zum Klanginventar vgl. Müller, Theodor Storms Lyrik, S. 75f.

[50] Irmgard Roebling: *Die Stadt* und *Meeresstrand*, in: Christian Demandt/Philipp Theisohn (Hrsg.): Storm-Handbuch. Leben – Werk – Wirkung. Stuttgart 2017, S. 68.

*

Können die Farben der Natur mehr sein als diese, nämlich Zeichen? Conrad Ferdinand Meyer hat in seinem seit 1881 wiederholt überarbeiteten Gedicht *Schwarzschattende Kastanie* eine solche Behauptung aufgestellt:

*Schwarzschattende Kastanie*
Schwarzschattende Kastanie,
Mein windgeregtes Sommerzelt,
Du senkst zur Flut dein weit Geäst,
Dein Laub, es durstet und es trinkt,
Schwarzschattende Kastanie!
Im Porte badet junge Brut
Mit Hader oder Lustgeschrei,
Und Kinder schwimmend leuchtend weiß
Im Gitter deines Blätterwerks,
Schwarzschattende Kastanie!
Und dämmern See und Ufer ein
Und rauscht vorbei das Abendboot,
So zuckt aus roter Schiffslatern
Ein Blitz und wandert auf dem Schwung
Der Flut, gebrochnen Lettern gleich,
Bis unter deinem Laub erlischt
Die rätselhafte Flammenschrift,
Schwarzschattende Kastanie![51]

Schon die Betitelung des Gedichts lädt die Farbe Schwarz mit einem Schattenwurf auf, der mehr ist als ein solcher. Die Du-Anrede enthält eine Beobachterposition, die sich in der vierfachen (mit dem Titel: fünffachen) Anrede als dominant ausgibt. Die Baumanrede geht in eine abendliche Badesituation am See über, bei der plötzlich andere Farben auftauchen.[52] Der Kommentar der kritischen Ausgabe belehrt uns, dass das Gedicht ursprünglich unter dem Titel *Feuerschrift/Das magische Wort* angelegt war und in zwei voranstellten – übrigens ganz farblosen – Strophen den „Furchen" des vorbeifahrenden nächtlichen Dampfers „ein flammend

---

[51] Conrad Ferdinand Meyer: Sämtliche Werke. Historisch-kritische Ausgabe. Hrsg. von Hans Zeller und Alfred Zech. Band 1. Bern 1963, Nr. 6, S. 25.
[52] Vgl. Helmut Koopmann: Grün oder blau? Zu C. F. Meyers poetischen Farben, in: Gunter Martens/Winfried Woesler (Hrsg.): Edition als Wissenschaft. Festschrift für Hans Zeller. Tübingen 1991 (= Beihefte zu Editio 2), S. 150-158.

Rätselwort" ablauschen wollte: „Wüßt' ich dieses Wort zu sprechen / Dieser Zeichen magisch Band!"[53] In ihrer *Erinnerung* berichtet Meyers Schwester Betsy von zwei mächtigen Kastanienbäumen, unter denen ihr Bruder seinen sommerlichen Arbeitsplatz eingerichtet hatte, eine Art „Arbeitszelt", unter dessen dicht belaubten Ästen es schnell dunkelte, so dass man gut beobachten konnte, wie auf dem Zürichsee

das spätere Abendboot mit seinen Lichtern den Landungssteg in Meilen verließ und an uns vorüber seeaufwärts dampfte. Es lag ein verborgener Zauber in diesem raschen Vorgang, der sich niemals ganz gleichmässig wiederholte. Die farbigen Lichter des Verdecks und die Fenster der hell erleuchteten Kabine warfen einen vollen Lichtschein auf die von den Rädern des Dampfers durchfurchte Seefläche. Helle, ungeteilte Strahlensäulen spiegelten sich zunächst im Wasser. Dann lösten sie sich, uferwärts gleitend, in Sterne auf und dann, rascher und rascher fahrend, in feurige, eilig geschriebene, geheimnisvolle Lettern. „Wer die Schrift lesen könnte! Wer die Zeichen verstünde?" sagten wir zueinander. Ein Moment nur – und sie erloschen. Wie wenn der Feuerstift einer Kinderhand entglitte, zeichneten sich die erblassenden Flammenbänder nur noch schwankend und maßlos in weit geschlungenen, fliegenden Zügen auf den heranwallenden Wogen.[54]

Man erkennt in dieser nachempfindenden, dennoch in den Einzelheiten sehr präzisen Schilderung des Ereignisses die Verdichtungsarbeit Meyers in *Schwarzschattende Kastanie*. Das Zeichenrätsel des Gedichtentwurfs ist ganz an den Schluss gerückt; ebenso ist der Fokus auf den Raddampfer, wie ihn die Erinnerung der Schwester konserviert hat, verschoben. Das endgültige Gedicht wartet hingegen mit einer Dreigliederung auf, die vom Dichterarbeitsplatz unter dem schattenspendenden Baum über das Kinderschwimmen bis zum Auftauchen des Spätboots reicht. Erst hier rastet der aus dem Entwurf und aus den Schilderungen der Schwester bekannte Entschlüsselungsversuch ein. Meyers Umformulierung vom „Rätselwort" und vom „Zeichen" zur „Flammenschrift" weitet die Erinnerung der Schwester in eine alttestamentarische Erinnerung aus, nämlich zu Daniel 5, 1-30. Das dortige Menetekel, das dem König Nebukadnezar erscheint, die nur der Prophet Daniel richtig deuten kann und den baldigen Tod des gotteslästerlichen Königs voraussagt, ist ja eine tatsächlich an der Wand erscheinende „Flammenschrift", kein „Rätselwort", wie noch Meyers Entwurf behauptete und erst recht kein „Zeichen" aus geheimnisvollen „Lettern", wie Schwester Betsy sich erinnert.

---

[53] Meyer, Sämtliche Werke, Band 2, Bern 1964, S. 136.
[54] Zit. nach ebd., S. 138f.

Dadurch verdüstert sich aber der Schluss des schattenspendenden Kastanienbaums, der auf das sommerliche Idyll des Anfangs abfärbt. Im Unterschied zum biblischen Ereignis, wo die Schriftzeichen schwarz auf weiß an der Wand erscheinen und dort permanent bleiben, taucht bei Meyer die „Flammenschrift" „unter" dem schattenspendenden Laub ab und „erlischt" bald. Die „Lettern", diese „Flammenschrift" bleiben rätselhaft und entziehen sich ihrer Deutung gleich auf doppelte Weise: einmal, indem diese Schrift „erlischt", zum anderen, indem sie mit der letzten Baumanrede gleichsam abgedeckt und nicht weiter thematisiert wird.

## 4. Poetischer Impressionismus

Am Ende des 19. Jahrhunderts erobert sich die Sonne als Urheberin aller Farberscheinungen ihre Vorrangstellung zurück. Gerhart Hauptmann bezeichnet seine Erzählung *Bahnwärter Thiel* von 1888 im Untertitel als „Novellistische Studie aus dem märkischen Kiefernforst" und verortet sie damit in einem Grenzbereich des Erzählens zwischen Malerei und Psychoanalyse. Daher erlebt die Titelfigur die Farbenwelt des märkischen Forsts nicht als eher eintönige Kulturlandschaft, sondern als elementare, geradezu bedrohliche Szenerie „inmitten des tiefrauschenden Kiefernforstes, dessen Nadelmassen einem schwarzgrünen, wellenwerfenden Meere glichen".[55] Berühmt geworden ist die Passage, als der Bahnwärter, „an der schwarzweißen Sperrstange" lehnend, den heranrasenden Schnellzug erwartet:

Die Strecke schnitt rechts und links gradlinig in den unabsehbaren grünen Forst hinein; in ihren beiden Seiten stauten sich die Nadelmassen gleichsam zurück, zwischen sich eine Gasse frei lassend, die der rötlichbraune, kiesbestreute Bahndamm ausfüllte. Die schwarzen, parallellaufenden Geleise darauf glichen in ihrer Gesamtheit einer ungeheuren eisernen Netzmasche, deren schmale Strähne sich im äußersten Süden und Norden in einem Punkte des Horizontes zusammenzogen.
Der Wind hatte sich erhoben und trieb leise Wellen den Waldrand hinunter und in die Ferne hinein. An den Telegraphenstangen, die die Strecke begleiteten, tönten summende Akkorde. Auf den Drähten, die sich wie das Gewebe einer Riesenspinne von Stange zu Stange fortrankten, klebten in dichten Reihen Scharen zwitschernder Vögel. Ein Specht flog lachend über Thiels Kopf weg, ohne daß er eines Blickes gewürdigt wurde.
Die Sonne, welche soeben unter dem Rande mächtiger Wolken herabhing, um in das schwarzgrüne Wipfelmeer zu versinken, goß Ströme von Purpur über den

---

[55] Gerhart Hauptmann: Sämtliche Werke. Hrsg. von Hans-Egon Hass. Berlin 1996. Band 4, S. 44.

Forst. Die Säulenarkaden der Kiefernstämme jenseit des Dammes entzündeten sich gleichsam von innen heraus und glühten wie Eisen.[56]

Die markante Dreiteilung des Abschnitts lebt von einer merkwürdigen Erzählhaltung, die einerseits die Autorität objektiver Beschreibung für sich beansprucht, andererseits aber ganz aus der Tiefe von Thiels Psyche zu sprechen scheint: der Specht lacht nicht, es kommt dem Bahnwärter nur so vor. Zu dieser Intensität des Erzählens trägt auch die Strategie bei, Landschaftseindrücke in allen Formen des Vergleichens mit „wie", („glichen") oder „gleichsam" zu präsentieren. Die dabei eingesetzten Farben unterstützen diese Wirkung. Im ersten Abschnitt scheinen sie ganz konventionell die im Grunde dürftige Chromatik dieser Schienenstrangwelt abzubilden: den „grünen Forst", der „rötlichbraune" Bahndamm, die „schwarzen" Geleise". Im zweiten Abschnitt, der mit dem Wind auch eine Geräuschkulisse in die Landschaft einträgt, fallen die Farben ganz aus. Ihr Fehlen verschärft sogar noch die Bedrohlichkeit, die auf Thiel wirkt, wenn die eigentlich ja „parallellaufenden Geleise" mit einer „ungeheuren eisernen Netzmasche" verglichen werden. Was zuerst wie ein schief geratener Vergleich wirkt, ist es aber nicht, sondern die sprachliche Umsetzung einer angespannten Psyche, wenn dann sogar die Telegraphendrähte als „Gewebe einer Riesenspinne" wahrgenommen werden. Die auf den Drähten sitzenden Vogelscharen beleben dieses Bild keineswegs heiter, sondern eher bedrohlich, denn die Vögel „klebten" darauf. Am Schluss glüht dieses eiserne Netz dann „gleichsam von innen heraus".

Der dritte Abschnitt intensiviert dann die Lichtregie und mit ihr auch die Farbgebung, so dass diese selbst in Bewegung gerät, wie die gleich zweifach mit Verben der Bewegung ausgestattete „Sonne". Die Landschaftswahrnehmung Thiels wird dabei verdichtet: der Wald als Meer, jetzt gleichsam vom Schwarz der Schienen mit eingefärbt, die Baumstämme dort als „die rostbraunen Säulen", hier als „Säulenarkaden", Bäume und Schienen, die sich „gleichsam von innen heraus" entzünden und zu glühen beginnen. So steigt eine Art „Glut langsam vom Erdboden in die Höhe", die die Baumkronen „in kaltem Verwesungslichte" und „mit einem rötlichen Schimmer" zurücklässt. Die Erzählinstanz bewertet diese Szenerie eindeutig und rätselhaft zugleich: „Lautlos und feierlich vollzog sich das erhabene Schauspiel." Gegen eine solche Bewertung als landschaftliche Inszenierung wehrt sich Thiels eigene Wahrnehmung. Was für den Erzähler „ein herrlicher Sommermorgen" sein mag, wird vom Bahnwärter völlig anders empfunden:

---

[56] Ebd., S. 48f.

Die Sonne goß, im Aufgehen gleich einem ungeheuren blutroten Edelstein funkelnd, wahre Lichtmassen über den Forst.

In scharfen Linien schossen die Strahlenbündel durch das Gewirr der Stämme, hier eine Insel zarter Farrenkräuter, deren Wedel feingeklöppelten Spitzen glichen, mit Glut behauchend, dort die silbergrauen Flechten des Waldgrundes zu roten Korallen umwandelnd.

Von Wipfeln, Stämmen und Gräsern floß der Feuertau. Eine Sintflut von Licht schien über die Erde ausgegossen.[57]

Die bis ins Unheimliche intensivierten Farben enthalten schon eine Vorahnung auf die blutige Aktion des Bahnwärters. Nach der Wahnsinnstat zeigt sich auch der Tatort in grausiger Beleuchtung:

Wie eine riesige purpurglühende Kugel lag der Mond zwischen den Kiefernschäften am Waldesgrund. Je höher er rückte, um so kleiner schien er zu werden, um so mehr verblaßte er. Endlich hing er, einer Ampel vergleichbar, über dem Forst, durch alle Spalten und Lücken der Kronen einen matten Lichtdunst drängend, welcher die Gesichter der Dahinschreitenden leichenhaft anmalte.[58]

Spätestens hier geht Hauptmanns Erzählduktus in poetisches Sprechen über, spätestens hier zeigt sich aber auch eine „Affektrepräsentanz" der Farben, wie sie dann Sigmund Freud für seine Traumdeutung als seine eigene Farbenlehre entwickeln wird.[59]

*

Im Bereich der rein lyrischen Form treibt Arno Holz mit seinem *Phantasus* von 1898/99 die poetisch gebundene Rede an ihre Grenze. Dies hatte er schon in seiner für den Naturalismus programmatisch gemeinten Sentenz getan, als er postulierte, die Kunst habe die Tendenz, wieder die Natur zu sein. Eine so gegen die Ästhetik der eigenen Zeit formulierte Position ließ sich sogar auf die noch griffigere quasi-mathematische Formel bringen: Kunst = Natur – x. In seinen Gedichten, die eine derartig eingeschränkte Poesie vorführen sollten, verzichtete Holz ganz auf die auffälligsten lyrischen Mittel wie Reim und Versmaß. An ihre Stelle führte er mit der zentrierenden Mittelachse ein neues formales, jetzt sogar optisch bzw.

---

[57] Ebd., S. 54.
[58] Ebd., S. 65.
[59] Vgl. Joachim F. Danckwardt: Farben im Traum. Ein Beitrag zur Traumdeutung Sigmund Freuds, in: Forum der Psychoanalyse 22 (2006), S. 167.

druckgraphisch wirkendes Ordnungsmuster für Gedichte ein. Was bedeutete eine solche Neuorientierung des lyrischen Sprechens für die Farbverwendung? Beispielhaft hierfür kann das Gedicht wie *Mählich durchbrechende Sonne* stehen. Hier treten die Farben zwar nicht gehäuft, aber immerhin an beschwerter Stelle hervor:

*Mählich durchbrechende Sonne*
Schönes,
grünes weiches
Gras.

Drin
liege ich.

Inmitten goldgelber
Butterblumen!

Über mir ... warm ... der Himmel:
Ein
weites, schütteres,
lichtwühlig, lichtblendig, lichtwogig
zitterndes
Weiß,
das mir die Augen
langsam ... ganz ... langsam
schließt.

Wehende ... Luft ... kaum merklich
Ein Duft, ein
zartes ... Summen.

Nun
bin ich fern
von jeder Welt,
ein sanftes Rot erfüllt mich ganz,
und
deutlich ... spüre ich ... wie die
Sonne
mir durchs Blut
rinnt.

Minutenlang.

Versunken

alles... Nur noch
ich.

Selig![60]

Das Gedicht spielt anfangs mit Farbstereotypen („grünes, weiches Gras"),
kippt aber dann ab, denn der Himmel ist eben nicht blau, sondern erfüllt
vom „Weiß" der die Wolken durchbrechenden Sonne. Es kommt zu einem
Aufgehen des Ich und sein Versinken in dieser mit allen Sinnen um und um
erspürten Welt („Versunken alles").[61] Die langsame Bewegung und ein be-
hutsames haptisches Empfinden treffen zueinander: das Gras ist weich,
Augen schließen sich „langsam, ganz langsam", sogar das Rot erscheint als
ein „sanftes". Das markant gesetzte Ich kommt sich durch dieses Naturer-
lebnis gerade dann „fern / von jeder Welt" vor, als es genau mittendrin ist.
Dabei muss man sich hüten, Holz' Gedichtsammlung nur als lyrische Um-
setzung von Ernst Haeckels fast zeitgleich entstandenem *Welträtsel* zu ver-
stehen. Eher ist davon auszugehen, dass hier verwandte oder zeitgleich ent-
standene Denkformen nebeneinanderher laufen, auch wenn in *Mählich
durchbrechende Sonne* dieselben Ganzheitsaussagen wie bei Haeckel über
die Natur angestrebt werden.[62] Auch Holz' Gedicht strebt danach, die
Grenzen zwischen dieser Welt und dem Ich aufzuheben, etwa wenn „die
Sonne mir durchs Blut rinnt". Offensichtlich verficht Holz in seinem Ge-
dicht eine als programmatisch verstandene Moderne,[63] die die eigene Le-
benswirklichkeit als ‚natürlich' versteht und mit einer neuen poetischen
Formensprache reagiert. Dies gilt auch für Licht und Farbe. So verzichtet
das Gedicht bei der Schilderung der „Sensationen des Sonnenlichts" ganz
auf traditionelle Metaphorik und bedient sich statt ihrer der Formen meto-
nymischen synekdochischen Empfindens.[64] Heutige Kritik, die darin nur
„das forcierte Streben nach Totalität" und eine „inhaltliche Leere und

---

[60] Es gibt mehrere, von einander abweichende Fassungen, daher hier zit. nach: Arno
Holz: Werke. Band I. Hrsg. von Wilhelm Emrich und Anita Holz. Neuwied 1961, S.
262f.
[61] Vgl. Burkhard Meyer-Sieckendieck: Lyrisches Gespür. Vom geheimen Sensorium mo-
derner Poesie. München 2012, S. 187.
[62] Vgl. Carola von Edlinger: Kosmogonische und mythische Weltentwürfe aus interdis-
kursiver Sicht. Untersuchungen zu *Phantasus* (Arno Holz), *Das Nordlicht* (Theodor
Däubler) und *Die Kugel* (Otto zur Linde). Frankfurt a. M. u. a. 2002 (= Studien zur
deutschen und europäischen Literatur des 19. und 20. Jahrhunderts 46), S. 68.
[63] Vgl. Helmut Scheuer: Arno Holz im literarischen Leben des ausgehenden 19. Jahr-
hunderts (1883-1896). Eine biographische Studie. München 1971.
[64] Benjamin Specht: „Wurzel allen Denkens und Redens". Die Metapher in Wissenschaft,
Weltanschauung, Politik und Lyrik um 1900. Heidelberg 2017 (= Probleme der Dich-
tung 52), S. 505.

Verschwommenheit" sieht, verkennt wohl die spezifische Eigenheit dieser Moderne vor der eigentlichen Moderne.[65]

Die Zeilenbrüche folgen nicht immer den Satzabschnitten in Sinn- oder Syntaxgliederung, sondern ranken sich um die Befindlichkeiten des Ich, die dadurch hervorgehoben werden. Auslassungspunkte übernehmen die Funktion von Satzzeichen, unklare assoziative Zuordnungen treten an die Stelle eindeutiger syntaktischer Bezüge, ein einzelnes sinntragendes Wort kann die Stelle eines Verses oder sogar einer ganzen Strophe einnehmen. So erzeugt das Einströmen der farbigen Objektwelt auf das Ich einen neuen Erfahrungsraum: Während die Welt um es herum zu versinken scheint, sie tut es natürlich nicht wirklich, es kommt dem Ich nur so vor, stabilisiert sich dieses Ich, indem es sich gleichzeitig vereinzelt: „Nur noch ich". Im Schlusswort „Selig" wird diese Einbettung in die Natur („Mitten zwischen Butterblumen!" „Über mir / warm / der Himmel" „ein sanftes Rot erfüllt mich ganz" „die Sonne mir durchs Blut rinnt") in einem Vorgang, der „minutenlang" gedauert hat, aufgehoben. „Selig" enthält nicht nur, norddeutsch ausgesprochen, den Reflex des Ich; es klingt auch an die altertümlich wirkende Formulierung des Titels („Mählich") an.

---

[65] So Ulrich Kittstein: Deutsche Naturlyrik. Ihre Geschichte in Einzelanalysen. Darmstadt 2009, S. 196: „über weite Strecken von seitenlangen Wortkaskaden, von gewagten Neologismen und oft auch von der Sprengung der syntaktischen Ordnung geprägt".

# Das Farbempfinden der Moderne

## 1. Die Krise der Farbe

Wie in keiner Epoche zuvor rangen die Maler der Moderne darum, die Ausdruckskraft der von ihnen verwendeten Farben in Worte zu fassen. So bekannte Henri Matisse in seinen *Notes d'un peintre*, Farben seien für ihn keine bloßen Einfärbungen von Objekten, sondern immer auch Zeichen: „Wenn ich auf ein weißes Blatt einen schwarzen Punkt zeichne, so wird der Punkt sichtbar bleiben, wie weit ich auch das Blatt von mir weghalte – es ist ein klares Zeichen." Denn die Kunst des Malers bestehe ja darin, „Ordnung" in die eigenen Vorstellungen zu bringen, denn:

Ob ich nun ein Grün danebensetze, ob ich das Parkett durch ein Gelb wiedergebe, so werden zwischen diesem Grün oder diesem Gelb auf dem Weiß der Leinwand immer noch Beziehungen bestehen, die mich befriedigen. Aber diese verschiedenen Töne schwächen einander gegenseitig ab. Die verschiedenen Zeichen, die ich benütze, müssen so ausgewogen sein, daß nicht eines das andere zerstört. Dazu muß ich Ordnung in meine Vorstellungen bringen: Die Beziehung zwischen den Farbtönen muß sich in einer Weise einspielen, daß sie die Farben hervorhebt, anstatt sie zu zerstören. Eine neue Kombination von Farben wird der ersten folgen und meine Vorstellung als Ganzes wiedergeben. Ich bin gezwungen zu transponieren,[1]

Spätestens dieser Vorgang des Transponierens war als eine Aufkündigung der bislang zweifellos geltenden malerischen Mimesis-Tradition zu lesen: „Es ist mir unmöglich, die Natur sklavisch nachzuahmen, ich muß sie interpretieren und der Bildidee unterwerfen."[2]

Franz Marc, der Mitbegründer des „Blauen Reiters", entfaltete gegenüber seinem Malerkollegen August Macke ein noch ausgefeilteres Konzept für den Umgang mit Farben. Marc setzte die Farben mit Prinzipien gleich, die durch Kontrastierung oder Mischung untereinander nicht bloß Stimmungswerte, sondern sogar Grundmuster des Menschlichen hervorbringen könnten:

*Blau* ist das *männliche* Prinzip, herb und geistig.
*Gelb* das *weibliche* Prinzip, sanft, heiter und sinnlich.
*Rot* die *Materie*, brutal und schwer und stets die Farbe, die von den anderen beiden bekämpft und überwunden werden muß!

---

[1] Henri Matisse: Über Kunst. Zürich 1982, S. 72f.
[2] Ebd., S. 73.

Mischst Du z. B. das ernste, geistige Blau mit Rot, dann steigerst Du das Blau bis zur unerträglichen Trauer, und das versöhnende Gelb, die Komplementärfarbe zu Violett, wird unerlässlich. (Das Weib als Trösterin, nicht als Liebende!)
Mischst Du Rot und Gelb zu Orange, so gibst Du dem passiven und weiblichen Gelb eine ,megärenhafte', sinnliche Gewalt, dass das kühle, geistige Blau wiederum unerlässlich wird, der Mann, und zwar stellt sich das Blau sofort und automatisch neben Orange, die Farben lieben sich. Blau und Orange, ein durchaus festlicher Klang.[3]

Die emphatischen Satzalleinstellungen, die Hervorhebungen und die expressiv elliptischen Formulierungen machen diesen Brieftext selbst zu einer Art lyrischen Erguss. Marc war sich völlig bewusst, dass diese seine Farbvorstellungen – „die Farben lieben sich" – allen naturwissenschaftlichen Erkenntnissen entgegenstanden und daher auch eine eigene Sprache zu ihrer Darstellung verlangten, die durchaus „literarisch" zu verstehen sei:

Und noch etwas: (es wird etwas lächerlich literarisch klingen, aber ich weiss es nicht besser auszudrücken:) Blau und Gelb sind wiederum nicht gleich weit von Rot entfernt. Ich werde trotz aller Spektralanalysen den Malerglauben nicht los, dass Gelb (das Weib!) der Erde Rot näher steht, als Blau, das männliche Prinzip.[4]

Noch weiter ging Wassily Kandinsky, der 1912 in seiner Schrift *Das Geistige in der Kunst* einer Farbe wie dem Blau eine „Neigung zur Vertiefung", eine Art Vergeistigung zuschrieb. In der synästhetischen Wahrnehmung mit Musikalischem erhielten die Farben eine Qualität jenseits der Gegenständlichkeit: „Musikalisch dargestellt ist helles Blau einer Flöte ähnlich, das dunkle dem Cello, immer tiefer gehend den wunderbaren Klängen der Baßgeige; in tiefer, feierlicher Form ist der Klang des Blau dem der tiefen Orgel vergleichbar."[5] Die Dichter des Expressionismus konnten ohne große Verrenkungen an solche Vorstellungen anknüpfen.[6]

Einer solchen Aufladung hatten die Naturwissenschaften an der Schwelle vom 19. zum 20. Jahrhundert vorgearbeitet, indem sie die Farben mit einer neuen Aufmerksamkeit bedachten. Schon 1886 hatte der Physiker Ernst Mach in seiner Untersuchung *Die Analyse der Empfindungen und das Verhältnis des Physischen zum Psychischen* die Grenzen seines Faches zur Sinnesphysiologie ausgeweitet und erkannt, dass weder die Physik noch

---

[3] Brief Franz Marcs an August Macke vom 12. Dezember 1910, zit. nach: Franz Marc/August Macke: Briefwechsel. Köln 1964, S. 27f.
[4] Ebd., S. 29.
[5] Wassily Kandinsky: Über das Geistige in der Kunst. Bern 1952, S. 93.
[6] Vgl. Walter Hess: Das Problem der Farbe in den Selbstzeugnissen der Maler von Cézanne bis Mondrian. Mittenwald 1981.

die Biologie allein ausreichten, das menschliche Farbensehen hinreichend zu erklären:

Die Entdeckung des Sehpurpurs, die Erfahrungen der Photographie und Photochemie lassen auch die Sehvorgänge als chemische Vorgänge auffassen. Die Rolle, welche die Farbe in der analytischen Chemie, bei der Spektralanalyse, in der Krystallphysik spielt, ist bekannt. Sie legt den Gedanken nahe, die sogenannten Lichtschwingungen nicht als *mechanische*, sondern als *chemische* Schwingungen aufzufassen, als eine wechselnde Verbindung und Trennung, als einen oszillatorischen Prozeß von der Art, wie er bei photochemischen Vorgängen nur in *einer* Richtung eingeleitet wird. – Diese Anschauung, welche durch die neueren Untersuchungen über anormale Dispersion wesentlich unterstützt wird, kommt der elektromagnetischen Lichttheorie entgegen. Auch von dem elektrischen Strom gibt ja die Chemie die faßbarste Vorstellung im Falle der Elektrolyse, wenn sie beide Bestandteile der Elektrolyten als im entgegensetzten Sinne durcheinander hindurchwandernd ansieht. So dürften also in einer künftigen Farbenlehre viele biologisch-psychologische und chemisch-physikalische Fäden zusammenlaufen.
Die Anpassung an die chemischen Lebensbedingungen, welche sich durch die *Farbe* kundgeben, erfordert *Lokomotion* in viel ausgiebigerem Maße als die Anpassung an jene, die durch Geschmack und Geruch sich äußern. Wenigstens beim Menschen, über den allein wir ein direktes und sicheres Urteil haben, und um den es sich hier handelt, ist es so. Die enge Verknüpfung (eines mechanischen Momentes) der *Raumempfindung* mit (einem chemischen Moment) der *Farbenempfindung* wird hierdurch verständlich.[7]

1900, genau zur Jahrhundertwende, hatte Max Planck seine Unschärferelation in die Welt gesetzt, nach der das Licht nicht kontinuierlich strahlt, sondern in unterschiedlich dichten Lichtimpulspaketen auf den Weg geschickt wird; das Licht quantiert, indem es in eben dieser Quantenform auf die zu beleuchteten Gegenstände trifft und dort auf gleiche Weise, eben quantiert, absorbiert wird. Noch dazu hatten diese Quantenpakete die Tendenz, im Laufe der Zeit zu zerfallen und sich dadurch einer eindeutigen Messung zu entziehen. Aus einer solchen Sicht wirkte Newtons Optik wie ein doch recht mechanistischer Lichtbrechungsvorgang, den die Quantentheorie aushebelte, indem sie ihn von den einfachen Ursache-Wirkung-Verhältnissen ablöste und physikalisch verkomplizierte. Fünf Jahre später ging Albert Einstein noch einen Schritt weiter, indem er nachwies, dass auch die Lichtwellen aus Teilchen bestehen. Licht besitzt offenbar eine Doppelnatur, weil es sowohl Welleneigenschaften als auch Teilcheneigen-

---

[7] Ernst Mach: Die Analyse der Empfindungen und das Verhältnis des Physischen zum Psychischen. Jena ⁹1922, S. 86.

schaften besitzt.[8] Einstein fand heraus, dass die Energie ausgesandter Elektronen von der Farbe, also von der Frequenz und der Wellenlänge des Lichts, nicht seiner Intensität abhängt.[9] Was also war dann genau Farbe? Noch verwirrender wurde das Bild, als mit Heisenbergs „Unschärferelation" nachgewiesen werden konnte, dass sich die Auftreffpunkte von Lichtteilchen gar nicht exakt berechnen lassen; man kann vielmehr nur eine gewisse Bandbreite der Aufenthaltswahrscheinlichkeiten dieser Teilchen angeben.

*

Wo beginnt, wo endet das Wissen der Literatur? Wo findet es Anschluss an die zeitgleiche Wissenschaft?[10] An einer solchen Grenze von Naturwissenschaft und Kunst hielt sich Rudolf Steiner auf, der Goethes Praxis der Naturbeobachtung in die Moderne als genuine naturwissenschaftliche Methode hinüberretten wollte. Steiner hatte im Rahmen der Weimarer Sophienausgabe die Bände zur Morphologie, zur Mineralogie und Geologie sowie zur allgemeinen Naturlehre (WA II, 6-12) bearbeitet,[11] war dabei aber nicht stehen geblieben. In seiner weiteren Auseinandersetzung mit Goethes *Farbenlehre* entwickelte Steiner dann eine eigenständige Farbentheologie, die sich ganz auf Goethes Wirkungsästhetik der Farben bezog. In zahlreichen gutbesuchten öffentlichen Vorträgen versuchte er die „Grundidee der Goetheschen Farbenlehre darzustellen: Die Entstehung der Farben aus dem Zusammenwirken von Licht und Finsternis" durch Eurythmie, also gleichsam tänzerisch.[12] In der Vorbereitung zu solchen Veranschaulichungen stellte Steiner auch einige „Meditationssprüche zum Farbenerleben" zusammen, die man wegen ihrer Präsentationsform in gebundener Rede durchaus als Gedichte lesen kann, etwa den ersten dieser Meditationssprüche aus Steiners Notizbuch von 1904:

[8] Vgl. Gernot Münster: Quantentheorie. Berlin/New York 2006, S. 1f.
[9] Werner Heisenberg: Die Geschichte der Quantentheorie, in: ders.: Quantentheorie und Philosophie. Stuttgart 1979 (= Reclams Universal-Bibliothek 9948), S. 6.
[10] Dazu Elisabeth Emter: Literatur und Quantentheorie. Die Rezeption der modernen Physik in Schriften zur Literatur und Philosophie deutschsprachiger Autoren (1925-1970). Berlin/New York 1995 (= Quellen und Forschungen zur Literatur- und Kulturgeschichte 236).
[11] Vgl. Wolfhard Raub: Steiners Edition der *Naturwissenschaftlichen Schriften* in der Weimarer Ausgabe der Werke Goethes, in: Goethe-Jahrbuch 1965, S. 152-174.
[12] Rudolf Steiner: Farbenerkenntnis. Dornach 1990, S. 372; vgl. auch ders.: Das Wesen der Farben. Dornach [4]1991.

Ich opfere die Empfindung – grün
Ich opfere die Luft – indigo
Ich opfere mich – gelb
Ich will den Gedanken – rot
Ich will die Liebe – orange
Ich will das Sein – violett[13]

In sechs syntaktisch gleichgeordneten Schritten bringt sich ein dominantes Ich in Positur und zwar so, dass eine „Empfindung" oder ein Seinszustand mit einer Farbe in direkte Korrelation gesetzt wird. Wie genau diese Korrelation allerdings aussieht, bleibt durch die Setzung von Gedankenstrichen in der logischen Verknüpfung offen. Auf drei ‚Opferungen' antworten drei Willenskundgebungen. Liest man die Reihenfolge des Gedichts als steigernde Abfolge, was der Weg von „Empfindung" zu „Sein" nahelegt, dann bemerkt man eine eigenwillige Rangfolge der Farben, die dem herkömmlichen Farbenspektrum nicht entspricht. Blau kommt dabei, lässt man es nicht im „indigo" widerscheinen, nicht vor, ebensowenig Schwarz und Weiß. Außerdem sind die Mischfarben gegenüber den Grundfarben in der Überzahl. Das Gelb-Rot-Spektrum dominiert; es beherrscht die Mitte des Gedichts und greift auch auf die Farbmischung der anderen Farben über. Andererseits gipfelt das Gedicht an seinem Ende in „violett", so dass dieser Farbmischung eine besondere Verdichtung, gleichsam die Zusammenführung aller Farben zukommt. Das entspräche ganz der Goetheschen Hochschätzung des Purpurs als einer Art Summe aller möglichen Farben. In der Aufdröselung der Einzelfarben wäre dann Rudolf Steiners Vorstellung von „Sein" zu rekonstruieren, das als ein „Farbenerleben" vor sich geht.

Die kritische Philosophie ging diesen Weg nicht mit; so gibt es von Nietzsche „so gut wie nichts" über Farben.[14] Walter Benjamin hat sich hingegen 1914/15 an einer – freilich nie vollendeten Farbentheorie – als Teil seiner „Präsenzästhetik" unter dem Titel *Die Reflexion in der Kunst und in der Farbe* versucht.[15] Er dekretierte: „Die Farbe ist daher ursprünglich für sich, das heißt: sie bezieht sich nicht auf Dinge"; das heiße wiederum: „Die Farben sehen sich". Umgekehrt gelte dann: „Die malerische Farbe kann nicht für sich gesehen werden, sie hat Beziehung, ist substantiell als Oberfläche oder Grund, irgendwie im Schattierten auf Licht und Dunkel

---

[13] Steiner, Farbenerkenntnis, S. 205.

[14] Vgl. Andreas Roser: Nietzsches Bemerkungen über Farben. Ein hermeneutisches Abenteuer, in: Zeitschrift für Ästhetik und allgemeine Kunstwissenschaft 36 (1991), S. 35.

[15] Walter Benjamin: Aura und Reflexion. Schriften zur Kunsttheorie und Ästhetik. Ausgewählt und mit einem Nachwort von Hartmut Böhme und Yvonne Ehrenspeck. Frankfurt a. M. 2007 (= suhrkamp taschenbuch wissenschaft 1843), S. 11.

bezogen".[16] Dies bedeute dann für das eigentlich nicht Fassliche der Farbe: „Damit gehört sie der Natur an, aber als unempirisches, formloses rein Rezipiertes."[17]

*

Ein Gedicht wie Hugo von Hofmannsthals *Erlebnis*, geschrieben im Juli 1892 und erschienen in den *Blättern für die Kunst*, scheint sich ganz an ein solches „Farbenerleben" anzuschließen. Das Gedicht gehört zu den frühen Gedichten Hofmannsthals; im Entwurf trug es noch den Titel *Tagebuchblatt*. Es handelt von einem „Erlebnis", bei dem ein lyrisches Ich den „Tod" als „Musik" erfährt. Das Gedicht bleibt dabei aber nicht stehen:

*Erlebnis*
Mit silbergrauem Dufte was das Tal
Der Dämmerung erfüllt, wie wenn der Mond
Durch Wolken sickert. Doch es war nicht Nacht.
Mit silbergrauem Duft des dunklen Tales
Verschwammen meine dämmernden Gedanken,
Und still versank ich in dem webenden,
Durchsichtgen Meere und verließ das Leben.
Wie wunderbare Blumen waren da
Mit Kelchen dunkelglühend! Pflanzendickicht,
Durch das ein gelbrot Licht wie von Topasen
In warmen Strömen drang und glomm. Das Ganze
War angefüllt mit einem tiefen Schwellen
Schwermütiger Musik. Und dieses wußt ich,
Obgleich ichs nicht begreife, doch ich wußt es:
Das ist der Tod. Der ist Musik geworden,
Gewaltig sehnend, süß und dunkelglühend,
Verwandt der tiefsten Schwermut.
Aber seltsam!
Ein namenloses Heimweh weinte lautlos
In meiner Seele nach dem Leben, weinte,
Wie einer weint, wenn er auf großem Seeschiff
Mit gelben Riesensegeln gegen Abend
Auf dunkelblauem Wasser an der Stadt,
der Vaterstadt, vorüberfährt. Da sieht er
Die Gassen, hört die Brunnen rauschen, riecht

---

[16] Ebd., S. 11.
[17] Ebd., S. 12.

Den Duft der Fliederbüsche, sieht sich selber,
Ein Kind, am Ufer stehn, mit Kindesaugen,
Die ängstlich sind und weinen wollen, sieht
Durchs offne Fenster Licht in seinem Zimmer –
Das große Seeschiff aber trägt ihn weiter
Auf dunkelblauem Wasser lautlos gleitend
Mit gelben fremdgeformten Riesensegeln.[18]

Der Entwurfstitel ruft ein stimmungsverdichtetes „Erlebnis" auf, das mehr
als ein Alltagsereignis, eine bloß ins Lyrische übersetzte Kindheitserinne-
rung sein will. Der erste Satz der Druckfassung entwirft eine romantische
Stimmung, die aber schon jenseits des Romantischen liegt, wenn z. B. der
Mond durch die Wolken „sickert". Mit derselben Farbe Silbergrau und der
Nachtbeleuchtung – der vierte Vers weicht nur gering vom ersten ab – drif-
tet das Gedicht in eine Traumwelt ab und verlässt „das Leben". Nach dem
zweimaligen Auftakt in „silbergrauem" Duft erscheint die Schilderung der
Szenerie geradezu farbverweigernd, indem „dunkelglühend", gleich zwei-
mal, stellvertretend einmal für die Farb-, dann für die Musikcharakterisie-
rung herangezogen wird. Wir haben es mit synästhetischen Wahrnehmun-
gen zu tun, sei es die dunkle Farbgebung („In warmen Strömen") oder das
Ertönen von Musik („Schwermütiger Musik"). Der Erzählbericht dieses
Traums, obwohl dieser Begriff selbst nicht fällt, ist im Präteritum gehalten,
springt aber am Punkt der angezweifelten Erkenntnis („Obgleich ichs nicht
begreife") in die Gegenwartsform hinüber, wenn feststeht: „Das ist der
Tod. Der ist Musik geworden." Auf diese Weise entwirft der Erzählbericht
eine in sich widersprüchliche Figur.[19] Genau in der Mitte des darauf folgen-
den Beweinungsvorgangs, markiert durch einen Zeilensprung, verwandelt
sich dieser Ich-Sprecher durch einen Vergleich („weinte, / wie einer weint")
in eine Er-Figur. Die Begriffe für einen solchen Vorgang sind leicht gefun-
den: handelt es sich um eine Depersonalisation, eine Ich-Spaltung oder um
eine „Ich-Verdoppelung", wie sie auch in anderen frühen Texten Hof-
mannsthals nachgewiesen ist?[20] Daraus ergibt sich die Verlockung, das Ge-
dicht und seine dunklen Stellen „psychoanalytisch zu deuten",[21] zumal mit

---

[18] Hugo von Hofmannsthal: Gesammelte Werke in zehn Einzelbänden. Hrsg. von Bernd
Schoeller. Frankfurt a. M. 1979. Band 1: Gedichte, Dramen I, S. 19.
[19] Benjamin Specht: „Wurzel allen Denkens und Redens". Die Metapher in Wissenschaft,
Weltanschauung, Politik und Lyrik um 1900. Heidelberg 2017 (= Probleme der Dich-
tung 52), S. 382.
[20] Lorna Martens: Ich-Verdoppelung und Allmachtsphantasien in Texten des frühen
Hofmannsthal. *Erlebnis, Das Bergwerk zu Falun, Reitergeschichte*, in: Sprachkunst 33
(2002), S. 215-238.
[21] Ebd., S. 216.

dem Auftauchen eines Kindes Kindheitserinnerungen in den Gedichtvorgang einwandern. Im Grunde handelt es sich sogar um drei ineinander erinnerungsbedingt verschachtelte Figuren, nämlich das lyrische Ich, das sich nach der Mitte in ein „er" wandelt, das nun „sich selber" als „Kind" sieht.

Seinen Knickpunkt liefert das Gedicht genau in der Mitte durch einen Ausruf, der erst in der Druckfassung mit einem Ausrufezeichen versehen ist. So entsteht ein auffällig markierter Versbruch, der an die aus der Dramatik bekannten Stichomythie erinnert, als ginge es hier um Rede und Gegenrede: „Aber seltsam!" So entsteht eine Art der Figurenkonstellation, die auch die Versform des der Dramatik entstammenden Blankverses abbildet.[22] Deshalb enthält das Gedicht auch zwei Sprechweisen, die die „Duplizität" des Erlebens betonen.[23]

Von nun an ist das Erlebnis der ersten Hälfte, das mit Farben, Gerüchen und Musik „erfüllt" war, abgelöst durch das genaue Sehen. Das in der ersten Hälfte vorherrschende zweimalige „wußt", das noch an ein Nicht-Begreifen gebunden war („ Und dieses wußt ich, / Obgleich ichs nicht begreife, doch ich wußt es"), wird nun durch ein dreifaches „sieht" abgelöst, das genau der dreifachen Perspektive der drei Erlebensfiguren entspricht: das lyrische Ich, das erst zum „er" („Da sieht er"), dann zum Kind geworden ist („sieht sich selber, / Ein Kind"), erscheint schließlich als Kind, das „mit Kindesaugen" „sieht / Durchs offne Fenster". Durch das ganze Gedicht hält Hofmannsthal sein polares Vorgehen durch, eine Aussage zugleich mit ihrer Negation zu konfrontieren („wie wenn der Mond / Durch Wolken sickert" – „Doch es war nicht Nacht"). Seine Einsätze leben von Verdoppelungen mit nur geringfügiger Variierung; dies gilt vor allem für die Farbbezeichnungen: „Mit silbergrauem Dufte" – „Mit silbergrauen Duft"; „Mit Kelchen dunkelglühend" – „süß und dunkelglühend"; „Mit gelben Riesensegeln" – „Mit gelben fremdgeformten Riesensegeln". Für das gesamte Gedicht kann man von einer Struktur sprechen, die wechselseitige Komplementarität bei gleichzeitiger Verschiedenheit durchhält.

Die gelben Riesensegel entleihen ihr Farbpotential von dem „gelb-rot Licht wie von Topasen" und dem „dunkelglühend" der Blumenkelche im durchsichtigen Meer, so dass zum Gelb dieser Segel das Dunkelblau des Meeres gleichsam als sein Komplementär hinzukommt.[24] Wie sehr das Gelb

---

[22] Vgl. Mario Zanucchi: Erlebnis, in: Mathias Mayer/Julian Werlitz (Hrsg.): Hofmannsthal-Handbuch. Leben, Werk, Wirkung. Stuttgart 2016, S. 139f.
[23] Jost Schneider: Alte und neue Sprechweisen. Untersuchungen zur Sprachthematik in den Gedichten Hugo von Hofmannsthals. Frankfurt a. M. u. a. 1990 (= Bochumer Schriften zur deutschen Literatur 18), S. 100.
[24] Zum Farbvorkommen in Hofmannsthals Lyrik vgl. Steiner, Farben in der Lyrik, S. 230.

der Segel auf eine ikonografische Tradition des Ausgestoßenseins und das Dunkelblau des Wassers auf Unendlichkeit hindeuten,[25] bliebe genauer zu untersuchen. Auch die imaginierte Segelschifffahrt an der Vaterstadt vorbei ist keine eigentliche Schiffspassage, obwohl es sich ausdrücklich um ein „Seeschiff" handelt, sondern eher ein Durchwandern der Stadt mit rauschenden Brunnen und Fliederbüschen. Es erscheint zugleich als ein Amalgam aus Vergangenheit und Gegenwart, wenn die „er"-Figur „sich selber" als „Kind" wahrnimmt, das sich selbst „mit Kinderaugen" sieht, so dass die Zeitunterschiede wie ausgelöscht wirken. Der Blick des im Traum Träumenden fällt von außen uns eigene Zimmer hinein – der Gedankenstrich bricht diesen Erinnerungsspaziergang ab.

Die drei Schlussverse setzen dann „lautlos gleitend" das „Erlebnis" des Gedichts in ein Bild um, das aus seinen Komplementärfarben Dunkelblau und Gelb genauso lebt wie von einem Ich, dass in der Spannung des Zugleichs gefangen ist.[26] Dieses Bild ist nur dann ganz aufzulösen, wenn man die letzten Verse des *Tagebuchblatt* hinzunimmt, die Hofmannsthal in der endgültigen Fassung dann gestrichen hat:

Und das Ganze
Ist angefüllt mit einem (tiefen) heissen Schwellen
Schwermütiger Musik. Und diese (Worte) weiss ich
Obwohl ich's nicht begreife, doch ich weiss
Dass ist der Tod der ist Musik geworden.[27]

Man sieht, dass und wie diese selbstdeutenden Verse in die Mitte der Endfassung gewandert sind, freilich aus der präsentischen Erklärungssituation in die traumhafte Wahrnehmung eingemeindet. Der Schluss der Endfassung liefert dagegen ein chiffriertes Farbbild, das nicht mehr „ist", sondern „weiter" wandert; die Farbe ist schon jenseits der Sprache angesiedelt. Die Musik scheint ganz gelöscht („lautlos"), im Vorgang des Gleitens und in der gelben Farbe der „fremdgeformten" Segel aber aufbewahrt. In seiner Selbstinterpretation des Lyrischen in *Das Gespräch über Gedichte* hat sich

---

[25] So Andreas Thomasberger: Verwandlungen in Hofmannsthals Lyrik. Zur sprachlichen Bedeutung von Genese und Gestalt. Tübingen 1994 (= Untersuchungen zur deutschen Literaturgeschichte 70), S. 128.
[26] Vgl. Wolfram Mauser: Sensitive Lust und Skepsis. Zur frühen Lyrik Hofmanns-thals, in: Wolfgang Paulsen (Hrsg.): Das Nachleben der Romantik in der modernen deutschen Literatur. Die Vorträge des Zweiten Kolloquiums in Amherst/Massachusetts. Heidelberg 1969 (= Poesie und Wissenschaft 14), S. 125: „Die bildhafte Entsprechung des Zugleichs von Sinnenglück und Lebensentzug, des Zugleichs von Faszinosum und Fatalität".
[27] Zit. nach: Thomasberger, Verwandlungen in Hofmannsthals Lyrik, S. 147.

Hofmannsthal darauf zurückgezogen, dass sich das „wirkliche Erlebnis der Seele"[28] nur in „Chiffren" fasse, „welche aufzulösen die Sprache ohnmächtig ist".[29] Mit Blick auf die mit Hofmannsthals Namen verbundene Sprachkrise der Jahrhundertwende darf man vielleicht *Erlebnis* als exemplarisches Gedicht betrachten, in dem sich hier die Farbe wie dort die Chiffre „zu einem eigenständigen Medium" verändert,[30] um damit aus der Krise verwandelt hervorzugehen.

*

Ganz anders geht Stefan George mit den poetischen Farben um. In seinem einleitendem Gedicht *Komm in den totgesagten Park* zu *Das Jahr der Seele* von 1897 thematisiert er sie:

*Komm in den totgesagten Park*
Komm in den totgesagten park und schau:
Der schimmer ferner lächelnder gestade ·
Der reinen wolken unverhofftes blau
Erhellt die weiher und die bunten pfade.

Dort nimm das tiefe gelb · das weiche grau
Von birken und von buchs · der wind ist lau·
Die späten rosen welkten noch nicht ganz ·
Erlese küsse sie und flicht den kranz.

Vergiss auch diese lezten astern nicht ·
Den purpur und die ranken wilder reben ·
Und auch was übrig blieb von grünem leben
Verwinde leicht im herbstlichen gesicht.[31]

Nur in „grünem leben" haben Georges Farben einen adjektiven Charakter, ansonsten tragen sie ihren Eigenwert in sich (und werden sogar selbst mit erklärenden Adjektiven ausgestattet).[32] Die Parkbegehung an der Hand eines kundig-erklärenden Führers verlässt das Feld der Beschreibung zugunsten wiederholter Tätigkeitsaufforderungen. Gleich die erste Auf-

---

[28] Hofmannstal, Sämtliche Werke, Band 7, S. 508.
[29] Ebd., S. 501.
[30] Vgl. jetzt Linda Puccioni: Farbensprachen. Chromatik und Synästhesie bei Hugo von Hofmannsthal. Würzburg 2019 (= Epistemata Reihe Literaturwissenschaft 903), S. 159.
[31] Stefan George: Werke. Ausgabe in zwei Bänden. Düsseldorf und München ²1968. Band 1, S. 121.
[32] Zum Farbgebrauch in Georges Lyrik vgl. Steiner, Farben in der Lyrik, S. 230.

forderung markiert dies durch die Spannung zwischen metrischer und satz-rhythmischer Betonung „mit einer schweren Betonung auf der ersten Silbe";[33] so entsteht ein „wohlkalkulierter Regelverstoß, der das Gewicht der Anrede unterstreicht".[34]

Obwohl es sich um einen „totgesagten park" handelt, enthält dieser Park noch genug „von grünem leben", um mit dem vorhandenen Natur-Material ein künstlerisch-künstliches Produkt („kranz") hervorzubringen. Genauso ist diese Natur zugleich „park", also künstlich und kunstvoll imitierte, in ihrer Wirkung aber umso eindrucksvoller harmonisierende Landschaft. Deren herbstliche Situation wird zuerst mit der Nennung der Farben angestimmt, bevor weitere Erklärungen sie als endzeitlich und vergehend bezeichnen („totgesagten park" – „späten rosen" – „diese lezten astern" – „was übrig blieb"); ganz zuletzt werden sie auch so benannt: „im herbstlichen gesicht" – als keine „schöne Leiche, voll konserviert",[35] sondern höchstens auf dem Weg zu einer solchen.

Die wiederholten Aufforderungen an den Leser zum Handeln mag man als einen „verschlüsselten Wink" betrachten, der biografisch auflösbar zu sein scheint.[36] Wie dem auch sei – alle Hinweise welcher Art auch immer entpuppen sich spätestens mit dem Schlusswort als eine Selbstpositionierung des Dichters, so dass sich *Komm in den totgesagten Park* als ein poetologisches Gedicht zu erkennen gibt.[37] Das abgebrauchte, eigentlich schon überständige Material soll elitär auserwählt („Erlese"), dabei zugleich – man beachte das fehlende Satzzeichen zwischen den beiden Verben – mit einem Empfindungswert aufgeladen („küsse") und zu einem Kunstprodukt („flicht") umgestaltet werden. Dieser „kranz" enthielte dann, wenn er sich aller Blumenangebote bediente („Vergiss [...] nicht") und kunstgerecht elegant hergestellt würde („Verwinde leicht"), den „herbstlichen" Park in gleichsam verdichteter Form. Das letzte Wort des Gedichts ist dabei mehr als Programm. Es enthält in seinem Produkt „gesicht" die Aufforderung des ersten Verses („schau") genauso wie den Herstellungsprozess: „flicht den kranz". Als (ungesagtes, aber) assonierendes Reimwort zu „Gedicht", das an dieser Stelle auch stehen könnte, weist es auf den Lyriker selbst zurück, der in seinem Gedicht vorführt, wie aus dem Material eines schon

---

[33] Gerd Michels: Textanalyse und Textverstehen. Heidelberg 1981 (= UTB 1044), S. 45.
[34] Ulrich Kittstein: Deutsche Naturlyrik. Ihre Geschichte in Einzelanalysen. Darmstadt 2009, S. 200.
[35] So Michels, Textanalyse und Textverstehen, S. 50.
[36] So Eberhart Lämmert: Komm in den totgesagten Park und schau ... Stefan George in veränderter Sicht, in: Castrum peregrini 37 (1988), S. 63.
[37] Martina Lauster: Die Objektivität des Innenraums. Studien zur Lyrik Georges, Hofmannsthals und Rilkes. Stuttgart 1982 (= Stuttgarter Arbeiten zur Germanistik 113), S. 66.

„totgesagten" Landschaftsparks eine Textwelt erschaffen werden kann, die weiterhin spricht. Noch stärker verkürzen und damit falsch vereindeutigen sollte man diesen Vorgang aber nicht.[38]

## 2. Rilkes Farbengedichte

*Blaue Hortensie*
So wie das letzte Grün in Farbentiegeln
sind diese Blätter, trocken, stumpf und rauh,
hinter den Blütendolden, die ein Blau
nicht auf sich tragen, nur von ferne spiegeln.

Sie spiegeln es verweint und ungenau,
als wollten sie es wiederum verlieren,
und wie in alten blauen Briefpapieren
ist Gelb in ihnen, Violett und Grau;

Verwaschnes wie an einer Kinderschürze,
Nichtmehrgetragnes, dem nichts mehr geschieht:
wie fühlt man eines kleinen Lebens Kürze.

Doch plötzlich scheint das Blau sich zu verneuen
in einer von den Dolden, und man sieht
ein rührend Blaues sich vor Grünem freuen.[39]

Das Gedicht Rainer Maria Rilkes von 1906 unterwirft sich zwar den strengen Regeln eines Sonetts und damit einem konstruktiven Bauprinzip, erlaubt sich allerdings auch charakteristische Abweichungen. So verzichtet es auf die obligaten Zäsuren so gut wie ganz, lässt hingegen Zeilen- und sogar Strophensprünge zu. Viermal setzt das Gedicht an, einem Farbphänomen auf die Spur zu kommen, das farblich so stark changiert, sich „ungenau" spiegelt und verwischt aufscheint. Alles andere, etwa die Form der Pflanze, bleibt ohne Beachtung. Am Ende des ersten Terzetts zieht das Gedicht eine vorläufige Schlussfolgerung aus seinen Farbbeobachtungen, die an die Barocktradition des beschwerten Schlusses erinnert, aber nicht ganz wiederholt: „eines kleinen Lebens Kürze". Doch dann nimmt das zweite Terzett

---

[38] So Rainer Grünther: Herbst des Gefühls, in: Marcel Reich-Ranicki (Hrsg.): 100 deutsche Gedichte und ihre Interpretationen. Band 5: Von Arno Holz bis Rainer Maria Rilke. Frankfurt a. M. 1994, S. 118: „Der Park bedeutet Dichter und Dichtung zugleich."
[39] Rainer Maria Rilke: Werke in sechs Bänden. Hrsg. von Ernst Zinn. Band I, 2: Gedicht-Zyklen. Insel Verlag Frankfurt a. M. ²1982, S. 275.

eine unerwartete Wendung („Doch plötzlich") und sprengt damit das Argumentationsschema eines herkömmlichen Sonetts. Die Darstellung eines ganz durch und aus sich selbst sprechenden Gegenstandes erinnert an die Bildgattung des Stilllebens; so bezeichnet es auch der Titel. Aber handelt es sich hier wirklich um „ein literarisches Stilleben. Das Stilleben des Blaus"?[40] Ein als „man" verstecktes lyrisches Ich in den Versen 11 und 13 nährt diese Illusion einer ‚objektiven' Wahrnehmung, die nichts anderes sein will als eine solche. Mit einer bloßen „Blumenbeschreibung" begnügt sich das Gedicht aber nicht.[41]

Vielmehr liefert *Blaue Hortensie* ein Beispiel für Rilkes sog. Dinggedichte. *Blaue Hortensie* arbeitet sich daran ab, die Farbe Blau in all ihren Erscheinungsformen auf den Begriff zu bringen. Das Gedicht tut dies mit ebenfalls allen zur Verfügung stehenden sprachlichen Mitteln der präzisierenden Annäherung: mit unterschiedlichen Formen des Vergleichs („so wie", „wie", „als wollten"); mit Eigenschaftshäufungen wie in Vers 2; mit dem wiederholten Ansetzen zu einer begrifflichen Einkreisung wie in den Versen 5, 9 und 10; mit überbordenden rhetorischen Figuren wie Anapher und Parallelismus usw.; mit Farbreihungen in Vers 8; mit Bildern, die die Welt der Pflanzen verlassen (Vers 7 und 9); mit langen Zusammensetzungen wie in Vers 10; schließlich sogar mit einem ganz neu gebildeten Verb: „verneuen". Diese Farbzuschreibungen sind genauso schwer zu fassen wie ihr grammatischer Aggregatszustand als Adjektiv, Substantiv oder substantiviertes Adjektiv. Auch dass und wie die Farben sich „spiegeln", stellt keine eindeutige Spiegelbildlichkeit her. Denn in ihren adverbialen Ergänzungen veruneindeutigen sich die Farbeindrücke, die schon durch die Vergleiche nur in vagen Analogien fassbar waren, noch mehr: „nur von ferne" – „verweint und ungenau". Es kommt sogar zu weiteren Einschränkungen dieses Spiegelns, so in Vers 4 („nicht auf sich tragen") oder in Vers 5 („als wollten sie es wiederum verlieren"), so dass sich die Uneindeutigkeiten noch verstärken.

Dieser Spiegelmetaphorik ist zudem eine Zeitdimension eingeschrieben, die in ihrer Intensität allmählich zunimmt. Es beginnt mit Andeutungen schon im ersten Vers („das letzte Grün") und dann in Vers 4, weil man das „von ferne" nicht nur örtlich, sondern auch als Erinnerungseindruck zeitlich lesen kann. Diese Tendenz setzt sich im zweiten Quartett mit „wiederum" (und in den „alten" Briefpapieren) fort und findet ihren Höhepunkt im ersten Terzett, das fast nur noch aus Zeitangaben des Nichtmehr

---

[40] Rainer Grünther: Eine Biographie des Blaus, in: Reich-Ranicki, 100 deutsche Gedichte, S. 289.
[41] So die „Modellanalyse" von Wolfgang G. Müller in: Manfred Engel (Hrsg.): Rilke-Handbuch. Leben – Werk – Wirkung. Stuttgart/Weimar 2004, S. 299.

besteht. Das zweite Terzett bringt „plötzlich" die unerwartete Gegenwart als Wortneubildung ins Spiel: schließlich heißt es nicht *er*neuern, sondern „verneuen".

Rilkes Gedicht um- und erfasst mit „blau" mehr als nur die angeblich eindeutige Farbeigenschaft eines Gegenstandes, wie sie der Titel setzt. Man kann hier der Versuchung nachgeben, den weiten Weg der Aura der blauen Farbe abzuschreiten.[42] Man kann auch auf eine neuromantische Blaubesessenheit hinweisen, die sich um 1900 in fast allen Lebensbereichen bemerkbar gemacht hat.[43] Man kann aber auch der Struktur des Gedichts folgen, die genau dieses Schillernde, Uneindeutige und Oszillierende als „die eigentliche Schlusspointe des Sonetts" begreift.[44] Intensiviert man seinen Blick weiter auf *Baue Hortensie*, dann stellt sich heraus, dass die Blume alles andere fast mehr ist als blau, nämlich grün, gelb, violett, oder grau. Das Faszinosum der Farbe Blau liegt offenbar in einer Aura der Uneindeutigkeit, in die viele Möglichkeiten der Wirklichkeitswahrnehmung eingeflossen sind: Bild und Spiegelbildlichkeit, Kindheitserinnerung und unerwartete Gegenwartserfahrung. Vielleicht hat Ludwig Wittgenstein deshalb auch an Rilkes *Blaue Hortensie* gedacht, als er in seinen *Bemerkungen über die Farben* damit gerungen hat, dieses Phänomen der Uneindeutigkeit der Farbzuschreibungen sprachphilosophisch in den Griff zu kriegen:

Wenn man Grün eine Zwischenfarbe von Blau und Gelb nennt, dann muß man z. B. auch sagen können, was ein nur leicht bläuliches Gelb heißt, oder ein nur etwas gelbliches Blau. Und diese Ausdrücke sagen mir gar nichts. Aber könnten sie nicht einem Andern etwas sagen?[45]

Wittgensteins ‚Lösung' ist bekannt: „Nein, – hier entscheiden Sprachspiele".[46] Eine solche Lösung ist freilich nicht diejenige Rilkes. Denn Rilke zieht sich nicht auf das Unvermögen der Sprache zurück, sondern versucht mit genau diesen sprachlichen Mitteln dem Phänomen auf die Spur zu kommen, dass ausgerechnet bei Farbbezeichnungen die Sprache zu versagen scheint.

---

[42] Alexander Theroux: Blau. Anleitungen eine Farbe zu lesen. Hamburg 1998; Pastoureau, Blau.

[43] Vgl. Raphaël Bouvier (Hrsg.): Picasso. Blaue und Rosa Periode. Katalog der Ausstellung in der Fondation Beyeler Riehen vom 3. Februar bis 26. Mai 2019. Berlin 2019, S. 285.

[44] So Sabine Schneider: Kaumblau. Rilkes prekäre Bildontologie in den *Neuen Gedichten*, in: Ralf Simon (Hrsg.): Das lyrische Bild. München 2010 (= eikones), S. 290.

[45] Ludwig Wittgenstein: Bemerkungen über die Farben. Hrsg. von G. E. M. Anscombe. Oxford 1977, S. 20.

[46] Ebd., S. 3.

Insofern liegt ein Vergleich mit dem malerischen Impressionismus ebenso auf der Hand wie auch der Seitenblick auf die Forschungen des späten 19. Jahrhunderts, man denke an Helmholtz' Entdeckungen der Farbrezeptoren. Doch *Blaue Hortensie* lässt sich an beides nur bedingt anschließen: Vielmehr verlangt die neue Denkfigur auch neue Sprachfiguren, wie es stellvertretend Rilkes Neologismus „verneuen" bezeugt. Im Unterschied zum Abbildungsnaturalismus sucht Rilke nicht nach rationalen Begründungen für die Erscheinungen der Realität, sondern stellt die daran ausgerichtete, bisher gewohnte subjektive Wahrnehmung in Frage. Das Gedicht wimmelt geradezu von Formulierungen, die die gewohnten Abbildungsverhältnisse aushebeln: Vergleiche mit „wie" oder als ob; „spiegeln", aber verzerrt oder verwischt; „nur von ferne" oder „verweint und ungenau". Die Uneindeutigkeit der blauen Farbe wird dadurch nicht etwa aufgehoben, sondern in mehrfachen Anläufen eingekreist: „ein Blau" – „blauen" – „das Blau" – „ein rührend Blaues". In der unerwarteten Wendung des zweiten Terzetts („Doch plötzlich") wird dieses Blau nicht bloß selbst aktiv, sondern anthropomorph belebt, wenn es „sich" verneut und am Ende gar freut. Am Schluss des zweiten Quartetts wird dieses in Frage gestellte Blau dann völlig aufgelöst: Was dieses Blau eigentlich „ist", gerät fast zum Paradox, denn die anderen Farben hatten eigentlich viel genauer beschrieben, was „Blau" ist.

Diese Infragestellung des bisher gültigen Wissens hat das Gedicht in seiner Gestalt inkorporiert. Es bedient sich sogar der ‚klassischen' Sonettform, aber nur, um dessen rationalistische Struktur aufzubrechen. Schon die einfache Widerspiegelung von Sein und Schein funktioniert nicht mehr; die traditionelle Spiegelmetaphorik hat ausgedient, sie bildet nur noch höchst „ungenau" ab. An ihre Stelle treten gleichzeitige, wechselnde, in einander übergehende und sich widersprechende, jedenfalls verschichtete Formen der Wahrnehmung, so dass sogar in einem Blumenstock eine historische Dimension der Erinnerung zum Tragen kommen kann.

Diesem Dynamisierungsvorgang ist jedoch zugleich ein gegenläufiger Prozess zugeordnet. Auch dieser Prozess setzt mit den Terzetten ein und beginnt im dreimaligen Vergleichswort „wie", das am Umspringpunkt (letzter Vers des ersten Terzetts) zwar wieder auftaucht, dort aber eben kein Vergleichspartikel mehr ist. Mit den Terzetten findet dann die Einführung einer Beobachterinstanz des „man" statt, die die Deutungshoheit des Farbspektakels übernimmt. Hier scheint Orientierung zu winken, denn dieses „man" übernimmt die Initiative: „fühlt man" – „man sieht". Doch auch dieser Eindruck täuscht und verschwimmt. Denn wer dieses „man" ist, ein verkapptes lyrisches Ich, eine indirekte Leseranrede oder eine von außen als Zuschauer auftretende Allgemeinheit, bleibt völlig offen.

So liefert das Gedicht eine ebenso komplexe wie offene Schlussfigur der Wahrnehmung. Zunächst wird diese Wahrnehmung in einen uneindeutigen Anschluss an den Vorgang des ‚Verneuens‘ hineingezogen, dann durch das „man" perspektiviert. Der letzte Vers erzeugt ein bislang unbekanntes „rührend Blau". Bisher hatte das Gedicht in der ersten Strophe „ein Blau", dann in der zweiten nur das Adjektiv und schließlich im letzten Terzett „das Blau" gekannt. Jetzt gibt es ein substantiviertes Adjektiv, eine nominalisierte Eigenschaft also, deren unklarer grammatikalischer Zustand seinem uneindeutigen Farbcharakter entspricht, noch dazu erweitert durch ein noch mehr verunklärendes „rührend". Diese Partizip Präsens, angesiedelt zwischen seiner Herkunft aus dem Verb und seiner Verwendung als Eigenschaftszuschreibung, wird zudem in attributiver Verwendung eingesetzt. Dabei war schon das Ausgangsverb mehr als zweideutig gewesen – Rühren kann man als Tätigkeit oder in passiver Formulierung als Gerührtsein auffassen. Was ist das für ein „Blaues", das sich „vor Grünem" freut? Auch hier lässt der letzte Vers die lokale (die blauen Blüten stehen *vor* den grünen Blättern) wie die temporale Lesart (erst freut sich das Blau, dann das Grün) nicht nur zu, er verlangt beide zugleich. Denn Rilkes *Blaue Hortensie* bedient sich der Pflanze und seiner uneindeutigen Einfärbung, um eine Art farblichen Auferstehungsprozess triumphal zu feiern. Es handelt sich also um keine „Unfruchtbarkeit", weil die *Blaue Hortensie* des Gedichts keine Früchte trägt.[47]

Das zum Vergleich heranzuziehende Gedicht *Rosa Hortensie* aus *Der neuen Gedichte anderer Teil* liefert, schon durch seine Titelgebung, das farbliche Gegenstück. Damit enden jedoch auch die Parallelen.[48] Im Schritt von den *Neuen Gedichten* (1906) zu *Der neuen Gedichte anderer Teil* (1907/08) präsentiert Rilke keine zweite, nun eben andersfarbige Pflanzenbeschreibung. Denn *Rosa Hortensie* ist weder ein Sonett noch ein Dinggedicht, sondern eine ganz andere Auseinandersetzung mit dem Phänomen Farbe. Schon aus dieser Veröffentlichungssituation muss es vor dem Horizont der *Blauen Hortensie* gelesen werden:

*Rosa Hortensie*
Wer nahm das Rosa an? Wer wußte auch,
daß es sich sammelte in diesen Dolden?
Wie Dinge unter Gold, die sich entgolden,
enttröten sie sich sanft, wie im Gebrauch.

---

[47] So Rainer Grünther, Eine Biographie des Blaus, S. 290: „Die Unfruchtbarkeit ist der Preis ihrer zarten und kostbaren Schönheit, ihrer festlichen Unscheinbarkeit."
[48] Vgl. dazu mein anders ausgerichteter Vergleich in: Literarische Geschwister. Praktiken des Textvergleichs. Würzburg 2018, S. 73-75.

Daß sie für solches Rosa nichts verlangen.
Bleibt es für sie und lächelt aus der Luft?
Sind Engel da, es zärtlich zu empfangen,
wenn es vergeht, großmütig wie ein Duft?

Oder vielleicht auch geben sie es preis,
damit es nie erführe vom Verblühn.
Doch unter diesem Rosa hat ein Grün
gehorcht, das jetzt verwelkt und alles weiß.[49]

Auch hier vollzieht sich, wie in *Blaue Hortensie*, an der Farbbezeichnung
eine Veränderung: „das Rosa" – „solches Rosa" – „unter diesem Rosa".
Doch im Unterschied zu dort wird die Farbgenauigkeit hier nie angezwei-
felt, auch wenn das Gedicht scheinbar und auf den ersten Blick von nichts
anderem als von einer Abnahme der Farb- wie der Lebensintensität spricht:
„entgolden" – „enttröten" – „vergeht" – „Verblühn" – „verwelkt". Vielmehr
wandert dieses Rosa in Form eines (sechsmal auftauchenden) Stellvertre-
ter-„es" durch das gesamte Gedicht und bleibt bis zum Schluss erhalten.
Denn in *Rosa Hortensie* ergreift eine Sprecherstimme von Anfang an das
Wort: Anders als in *Blaue Hortensie* lässt das Gedicht kein Bild sehen, son-
dern eine Stimme hören, die in rhetorischen Fragen über die Farbe spricht.
Welche Instanz fragt hier, wer erklärt? In *Blaue Hortensie* hatte das erst
spät auftauchende „man" eine nur annähernd vergleichbare Funktion inne,
in *Rosa Hortensie* gibt es dieses „man" nicht. Vielmehr trägt hier eine
Stimme Ansprüche und Erklärungen an dieses Rosa heran und lässt diese
Ansprüche gleichzeitig durch die unbeantwortete Frageform in der
Schwebe. Waren in *Blaue Hortensie* die „wie"-Vergleiche dazu da, die Farb-
werte des Blau genauer zu veranschaulichen, so leitet dieselbe Vergleichs-
form in *Rosa Hortensie* ganz von der Farbgebung weg: „Wie Dinge unter
Gold" – „wie im Gebrauch" – „wie ein Duft". Die Stimme tut alles, ja sie
bemüht sogar „Engel", um dem Rosa zu unterstellen, dass es „vergeht".
    Auch hier bringt die letzte Strophe eine entscheidende Wendung. In
*Blaue Hortensie* geschah dies durch eine abrupte Kehre („Doch plötzlich"),
in *Rosa Hortensie* vollzieht sich eine Abwendung in eine Alternative. Der
erste Vers der letzten Strophe stolpert zunächst durch den Widerspruch
von Versmaß und natürlichem Satzrhythmus; mit ihm enden auch die rhe-
torischen Fragen der Rede. Dann häufen sich die Hinweise gleich dreifach,
dass das zuvor Gesagte auch ganz anders sein könnte: „Oder vielleicht
auch". Eine extreme Inversion des Satzes rückt das Preisgeben, auch das

---

[49] Rilke, Werke, I,2, S. 389f.

des bisher Behaupteten, ganz an ihr Ende. Dabei stellt sich heraus, dass das „Verblühn" ganz und immer an der Farbe Rosa vorbeigegangen war. Der negierte Irrealis („es nie erführe") verstärkt noch dieses Gedankenkonstrukt. Am Ende von *Blaue Hortensie* ‚verneute' sich das Blau als eine eindeutige optische Erscheinung: „man sieht / ein rührend Blaues sich vor Grünem freuen". In *Rosa Hortensie* ergibt sich ein Doppelbild: das Rosa bleibt unberührt von allem „Verblühn", von dem es nicht einmal etwas weiß. Das erst hier auftauchende adversative „Doch" betrifft es nicht, sondern „ein Grün" „unter" dem Bild – in *Blaue Hortensie* freute sich das Blau „vor Grünem". Jetzt gerät dieses Grün in volle Aktion. Es hat „gehorcht", wobei die Formulierung wieder doppeldeutig zu lesen ist, da es offenlässt, ob es der Sprecherstimme der ersten beiden Strophen gehorsam gefolgt ist oder ihr bloß zugehört hat. Dieses Grün, nicht das Rosa tut jetzt, was die Stimme dem Rosa unterstellt hatte: es „verwelkt". Dieses Verwelken geschieht in vollem Bewusstsein des Gesprochenen – die Stimme sagte schon eingangs „Wer wußte auch" – und in erneuter Doppeldeutigkeit: Denn „alles weiß" kann man als Flexionsform dieses Wissens wie auch als Farbbezeichnung verstehen. In „alles" ist zudem noch das Rosa in seiner Durchwanderungsgestalt als „es" enthalten.

Insofern beziehen sich *Blaue Hortensie* und *Rosa Hortensie* nicht nur als zwei Ausprägungen derselben Pflanze in unterschiedlicher Färbung aufeinander. Hatte Rilke in *Blaue Hortensie* das kaum sichtbare, zu fast „nichts mehr" reduzierte Blau zu einer fröhlichen Farbauferstehung geführt, so bricht dieser Bild-Farbeindruck in *Rosa Hortensie* auseinander. An ihr wird kein Bildeindruck, sondern ein Sprechen über Farbe vorgeführt, die angeblich „vergeht". Dem ist als Alternative entgegengestellt („Oder vielleicht auch"), dass ein solcher Verfallsvorgang auch „unter diesem Rosa" und ohne dessen Beteiligung stattfinden könnte. So wird zwar der Aufforderung der Sprecherstimme „gehorcht" und „jetzt verwelkt"; das nicht-wissende Rosa („nie erführe") ist davon nicht berührt, das Wissen um das „Verblühn" bleibt aber in diesem Vorgang erhalten. Wäre das ein Ausweg aus der Sprachkrise der Moderne: Farbe nicht mehr als Einfärbungsmittel, sondern als ein Medium zu verstehen?

### 3. Expressionistische Farbenspiele

Einen Vorklang auf die exzessiven Farbenspiele der expressionistischen Lyriker liefert ein Gedicht wie Max Dauthendeys *Regenduft*, erstmals 1893 in seinem Gedichtband *Ultra Violett* erschienen. Schon der Titel der Sammlung mit einem Spatium zwischen den beiden Farbbegriffen deutet auf eine tiefere, man mag auch sagen: programmatische Betroffenheit des Dichters durch die Farben hin. Dauthendeys Vater war ein nicht unbekannter ‚Lichtbildner‘ in Würzburg, also Fotograf, der noch mit Daguerreotypien arbeitete. Der Sohn betonte im Rückblick, dass nicht zufällig zeitgleich mit seiner Arbeit an *Ultra Violett* Wilhelm Conrad Röntgen an der dortigen Universität die nach ihm benannten Strahlen entdeckt hatte:

Nur hier kommt geheimes Licht den Menschen so nah wie selten wieder auf einem Punkt der Erde. Das Würzburger Licht, das an den sonnigen Tagen von den Bergen wie eine blaue Elektrizität rund um die Stadt in den Himmel scheint, kommt mir immer vor, wie aus einem Jubel geboren.[50]

Dauthendeys Farbversessenheit folgt solchen Spuren zum Aufbau einer „impressionistischen Lichtpoetik":[51]

*Regenduft*
Schreie. Ein Pfau.
Gelb schwankt das Rohr.
Glimmendes Schweigen von faulem Holz.

Flüstergrün der Mimosen.
Schlummerndes Gold nackter Rosen
Auf braunem Moor.

Weiße Dämmerung rauscht in den Muscheln.
Granit blank, eisengrau.
Matt im Silberflug Kranichheere
Über die Schaumsaat stahlkühler Meere.[52]

Farben und Klänge sind miteinander verschwistert und erhöhen sich dadurch gegenseitig („Flüstergrün"). Das gesamte Gedicht enthält nur zwei Verben; ansonsten herrscht ein elliptischer Sprechduktus vor. So entstehen Augenblicksbilder mit geringer, gedämpfter oder gar keiner Bewegung. Jede der drei Strophen setzt mit einem Geräuschsignal ein, erst dann erscheinen die Farben. In der letzten Strophe, um einen Vers aufgeweitet, gerät diese ruhiggestellte Welt in Bewegung, freilich auch hier wieder ohne ein Verb, das eine solche Bewegung tragen könnte. Stattdessen ist der

---

[50] Max Dauthendey: Der Geist meines Vaters. Aufzeichnungen aus einem begrabenen Jahrhundert. München 1912, S. 259.
[51] Rüdiger Görner: Sprachlichtarbeit. Zu einer poetologischen Figur in Max Dauthendeys ästhetischer Selbstpositionierung, in: Schiller-Jahrbuch 60 (2016), S. 399.
[52] Max Dauthendey: Ultra Violett. Einsame Poesien. Berlin o. J. (nach der Erstausgabe Berlin 1893), S. 42.

Kranichflug zum Bildeindruck festgestellt. Darin mag man eine Identifika-
tionsfigur der Welt-Anschauung des Dichters entdecken, die den Flug als
Flucht wieder an den überflogenen Untergrund bindet. Auch andere Lyri-
ker der Epoche sahen das genauso, wenn sie wie Georg Heym im Septem-
ber 1910 konstatierten: „Ich habe jetzt für Farben einen geradezu wahnsin-
nigen Sinn."[53]

*

Albert Ehrensteins Gedicht *Friede*, das letzte Gedicht des 1917 in Berlin
erschienen Sammelbands *Die rote Zeit*, war auch unter dem Titel *Dorf* am
28. August 1917 in der *Neuen Rundschau* abgedruckt worden.[54] Es erinnert
in Strophenform und Metrum, vor allem aber im Duktus an Jakob van Ho-
ddis' *Weltende*, das von den Zeitgenossen als *das* Initialgedicht des Expres-
sionismus erlebt wurde.

*Friede*
Die Bäume lauschen dem Regenbogen.
Tauquelle grünt in der jungen Stille,
Drei Lämmer weiden ihre Weiße,
Sanftbach schlürft Mädchen in sein Bad.

Rotsonne rollt sich abendnieder,
Flaumwolken ihr Traumfeuer sterben.
Dunkel über Flut und Flur.

Frosch-Wanderer springt großen Auges,
die graue Wiese hüpft leis mit.
Im tiefen Brunnen klingen meine Sterne.
Der Heimwehwind weht gute Nacht.[55]

Im Unterschied zu Hoddis' Programmgedicht belässt es Ehrenstein nicht
bei einer zusammenhanglosen Aufzählung von Ereignissen, sondern ver-
setzt die Naturbilder mit Farbeindrücken, die in jeweils ganz unterschied-

---

[53] Zit. nach: Kurt Mautz: Die Farbensprache der expressionistischen Lyrik, in: Deutsche
Vierteljahrsschrift für Literaturwissenschaft und Geistesgeschichte 31 (1957), S. 201.
[54] Vgl. Uwe Laugwitz: Albert Ehrenstein. Studien zu Leben, Werk und Wirkung eines
deutsch-jüdischen Schriftstellers. Frankfurt a. M. u. a. 1987 (= Hamburger Beiträge zur
Germanistik 5), S. 326.
[55] Zit. nach: Kurt Pinthus (Hrsg.): Menschheitsdämmerung. Ein Dokument des Expres-
sionismus. Reinbek 1959, S. 172.

licher grammatikalischer Gestalt gegeben werden, nämlich entweder als Verb („grünt"), als Abstraktum („ihre Weiße"), als Kompositum „Rotsonne" oder als Adjektiv (die graue Wiese"). Die Farben verstärken den ungeheuren Bewegungsreichtum des Gedichts, wenn sogar die Wiese mit dem springenden Frosch mithüpft. Mit der Zunahme dieser Bewegungen nehmen die drei Strophen ihrem Umfang nach ab, wenn man die letzte Strophe nach zwei Versen enden lässt. Denn die beiden nachfolgenden Schlussverse sind nicht nur ganz farblos; sie beenden auch die Bewegung des Gedichts fast ganz – nur noch der „Heimwehwind weht" – und führen die Stimme eines Ich-Sprechers ein („meine Sterne"). Der gemäß dem Titel erreichte „Friede" des zuende gehenden Abends mündet in eine „gute Nacht". Der tröstliche Ausgang der Titelvorgabe ist farblos; er nimmt die reiche Farbaufladung des Mittelteils ganz zurück.[56]

✳

War Jakob van Hoddis' Gedicht *Weltende*, am 11. Januar 1911 in *Der Demokrat* gedruckt, noch ohne jede Farbkodierung ausgekommen, so steht ein Gedicht wie *Der Träumende*, das am 20. Februar 1911 in der ersten Ausgabe der *Aktion* zu lesen war, schon durch die farbthematische Widmung in einem anderen Kontext. Jakob van Hoddis hat es dem Maler Kay Heinrich Nebel, dem Verlobten seiner Schwester Anna gewidmet, der für ihn selbst eine wichtige Bezugs- und Vorbildperson war:[57]

*Der Träumende*
An Kay Heinrich Nebel

Blaugrüne Nacht, die stummen Farben glimmen.
Ist er bedroht vom roten Strahl der Speere
Und rohen Panzern? Ziehn hier Satans Heere?
Die gelben Flecke, die im Schatten schwimmen,
Sind Augen wesenloser großer Pferde.
Sein Leib ist nackt und bleich und ohne Wehre.
Ein fades Rosa eitert aus der Erde.[58]

---

[56] Vgl. dazu Armin A. Wallas: Albert Ehrenstein. Mythenzerstörer und Mythenschöpfer. München 1994.
[57] Vgl. Irene Stratenwerth (Hrsg): all meine pfade rangen mit der Nacht: jakob van hoddis/hans davidsohn (1887-1941). Frankfurt a. M./Basel 2001, S. 18: „Familienbande".
[58] Jakob van Hoddis: Gedichte. Hrsg. von Regina Nörtemann. Frankfurt a. M. 1990 (= Sammlung Luchterhand 917), S. 25.

Das kurze Gedicht ist nicht nur farbenreich; diese Farben werden als „die stummen Farben" in einer neuen, eigenen Farbqualität geradezu thematisiert. Ein sichtbarer Hinweis auf die im Titel und Widmung angesprochene Person scheint nur dann auf, wenn man das „er" auf diese bezieht und nicht auf eine abgebildete Gestalt, die im Gedicht beschrieben wird. Ein komplexes Reimschema verbindet zuerst die ersten vier Verse miteinander und verschränkt sie dann mit den folgenden so, dass eine Strophe entsteht, die man nicht nur vom Umfang her als ein halbes Sonett lesen kann. Schon der erste Takt, eine schwebende Betonung, führt eine Mischfarbe als eine der „stummen Farben" ein. Diese Farben erhalten keine eindeutige Zuordnung untereinander; im Blickgang durch das Bild verlieren sie vollends ihre Eindeutigkeit: sind diese Farben Eigenschaften der Dinge oder deren metaphorische Aufladungen? Zweifellos tragen diese Farben einen „negativen Ausdruckscharakter" mit der „Bedeutung von Abstoßendem und Peinigendem".[59] Der letzte Vers betätigt diese Relation zugunsten einer ekligen Farbaktivität, wenn ein „fades Rosa" aus der Erde „eitert".

✳

Den Gipfelpunkt expressionistischer Farbverfügung bilden jedoch die Gedichte Georg Trakls. Ein Gedicht wie *Farbiger Herbst* aus der nicht veröffentlichten Gedichtsammlung von 1909 trägt den Untertitel „Musik im Mirabell".[60] Dazu gibt es eine Doppelfassung mit geringen Abweichungen, auf die später einzugehen ist.[61] In seinen gedruckten Band *Gedichte* von 1913 hat Trakl nur zwei seiner früheren Gedichte aufgenommen, darunter *Farbiger Herbst*, jedoch diesmal unter dem Titel *Musik im Mirabell*.[62] Hier steht eine völlig andere letzte Strophe; darauf ist ebenfalls später zurückzukommen. Folgt man *Farbiger Herbst* nach der ersten Fassung, dann trifft man auf vier Strophen, die einen Landschaftseindruck wiedergeben; man mag gemäß dem Untertitel von einem Blick „durchs offne Fenster" in den Salzburger Schlossgarten von Mirabell ausgehen:

*Musik im Mirabell*
Der Brunnen singt, die Wolken stehn
Im klaren Blau, die weißen, zarten;

---

[59] So Mautz, Die Farbensprache der expressionistischen Lyrik, S. 230.
[60] Georg Trakl: Werke, Entwürfe, Briefe. Hrsg. von Hans-Georg Kemper/Frank Rainer Max. Stuttgart 1984 (= Universal-Bibliothek 8251), S. 125f.
[61] Ebd., S. 171.
[62] Ebd., S. 12.

Bedächtig, stille Menschen gehen
Da drunten im abendblauen Garten.

Der Ahnen Marmor ist ergraut
Ein Vogelflug streift in die Weiten
Ein Faun mit toten Augen schaut
Nach Schatten, die ins Dunkel gleiten.

Das Laub fällt rot vom alten Baum
Und kreist herein durchs offne Fenster,
In dunklen Feuern glüht der Raum,
Darin die Schatten, wie Gespenster.

Opaliger Dunst schwebt über das Gras,
Eine Wolke von welken, gebleichten Düften,
Im Brunnen leuchtet wie grünes Gras
Die Mondessichel in frierenden Lüften.

Das Idyll eines farbigen Herbstes, den die erste Strophe mit einem blauen
Himmel und „weißen, zarten" Wolken „im abendblauen Garten" vorzuge-
ben scheint, trügt freilich. Schon in der zweiten Strophe tauchen „Schat-
ten" auf, die in der dritten in einem Vergleich stehen, an dessen Ende „Ge-
spenster" erscheinen. In der letzten Strophe ist es dann „in frierenden Lüf-
ten" mit dieser herbstlichen Idylle vorbei. Folgt man dem Gang des Ge-
dichts genauer, so erkennt man, dass die „klaren" Grundfarben Blau und
Weiß, die sogar noch von einem „abendblauen Garten" unterfangen wer-
den, in der zweiten Strophe völlig gelöscht sind. Hier sind die Marmorsta-
tuen des Parks „ergraut", wobei in dieser Bezeichnung nicht nur eine Farb-
gebung, sondern auch die Nebenbedeutung von Grauen als Schrecken mit-
gelesen werden kann. Vor allem aber ist hier die Stillstellung aus der ersten
Strophe ganz in Bewegung überführt. Dort waren Brunnen und Wolken als
unbeweglich wahrgenommen worden („die Wolken stehn"); sogar die
Parkspaziergänger, die „gehen", tun dies eigentlich kaum: „Bedächtig,
stille". In der zweiten Strophe hingegen ist sogar die Graufärbung keine
Eigenschaft, sondern aus einer Tätigkeit hervorgegangen („ist ergraut").
Der „Vogelflug" wird gleich doppelt in Bewegung gesetzt und trifft sich
hier mit der zur Tätigkeit gebrachten Statue, die nicht nur „mit toten Au-
gen schaut", sondern zielgerichtet „Nach Schatten" ausblickt, die sich sel-
ber wieder in Bewegung setzen („die ins Dunkel gleiten").

Die dritte Strophe trägt diese Veränderung von der ersten in die zweite
Strophe schließlich „durchs offne Fenster" in das Zimmer des (ungenannt
bleibenden) Beobachters hinein. Diese Eintragung geschieht durch die

roten Blätter, die in den Raum nicht hinein-, sondern „herein"-fallen, zudem in einer merkwürdigen Bewegungsform: Darf man, wenn dieses Laub „kreist", neben der trudelnden Bewegung der Blätter auch einen Anklang an einen Geburtsvorgang (kreißen) hören, zumal das Laub ausdrücklich „rot" und nicht gelb oder braun ist? Jedenfalls entsteht in dem „Raum" eine diesem Rot entsprechende glühende Beleuchtungssituation; die „Schatten" der zweiten Strophe tauchen wieder auf, diesmal aber nicht als ins Dunkel weggleitende, sondern als „Gespenster". Die Doppelfassung hatte an dieser Stelle die abweichenden, verdeutlichenden Verse: „Ein Feuerschein glüht auf im Raum / Und malet trübe Angstgespenster."[63] Man erkennt daran die Verdichtung der ersten Fassung, weil diese mit seinen „dunklen Feuern" und den „Schatten" sehr viel präziser die entsprechenden Begriffe der zweiten Strophe aufgreift. Offensichtlich ist hier ein Prozess in Gang gekommen, der aus dem naiven Fensterblick auf die stillgestellte Gartenidylle der ersten Strophe ein Schreckensbild in den Raum hineinlässt. Dieses Bild wird von einer historischen Dimension angeschoben – die in Aktion geratenen Statuen sind „Der Ahnen Marmor", das Laub fällt „vom alten Baum" – und durch die feurige Farbe Rot, die „kreist", ausgelöst.

In der vierten Strophe wendet sich der Blick wieder nach draußen auf eine nun völlig verwandelte Welt. Der veränderte Rhythmus des ersten Verses erzeugt dabei eine auffällige Stolperstelle. Dabei wird die Reihenfolge der drei Bilder der ersten Strophe – Brunnen; Wolken und Himmel; Spaziergänger im Garten – auf den Kopf gestellt und anders eingefärbt. Dem bedächtigen Dahinschreiten der Fußgänger entspricht jetzt ein über den Boden schwebender „Dunst", der in seiner uneindeutigen, changierenden Farbgebung das klare Weiß und Blau des Anfangs aufhebt. Aus den „weißen, zarten" Wolken ist jetzt eine Wolke „von welken, gebleichten Düften" geworden. Die Doppelfassung hatte sich hier weniger eindeutig auf dieselben Wolken bezogen: „Ein Teppich von verwelkten Düften".[64] Der eingangs noch blaue Himmel scheint nun ganz getilgt; er zeigt sich jedoch indirekt in der „Mondessichel", die sich „wie grünes Gras" und „in frierenden Lüften" im Brunnen spiegelt. Der singende Brunnen, der zu Beginn des Gedichts die einzige Bezugnahme auf den Untertitel „Musik im Mirabell" hergestellt hatte, ist jetzt nicht nur verstummt. Er hat auch seinen Subjektcharakter ganz verloren, wenn er nicht etwa die „Mondessichel" spiegelt, sondern selbst zum Medium eines solchen Spiegelvorgangs wird: „Im Brunnen leuchtet". Die auffällig starke Inversion des letzten Satzes bestätigt gemeinsam mit dem Zeilensprung diese Entmächtigung.

---

[63] Vgl. ebd., S. 171.
[64] Ebd., S. 171.

*Farbiger Herbst* hat alles, was Trakls Gedichte so eigenartig macht: die semantische Destruktion, die auf Trakls Irritation über den Wertezerfall hindeutet; die verformte, oft groteske Bildlichkeit, aus der eine disparate Wahrnehmung der Wirklichkeit hervorleuchtet; das Verfahren „variierender Serialisierung", das sich eher am Klanglichen und Lautsymbolischen als am Semantischen orientiert.[65] Die Verlockung liegt daher nah, *Farbiger Herbst* poetologisch und damit als ein Programmgedicht Trakls zu lesen. „Der Brunnen singt": Dichtung in Berufung auf den Singsang der Romantik, in dessen Geist eine in sich gerundete Landschaftsszenerie entsteht, scheint im Ausblick „durchs offne Fenster" noch zu funktionieren: „Da drunten im abendblauen Garten". Doch das Wissen des Beobachtenden, dass Vergangenes („Der Ahnen Marmor", „mit toten Augen") längst „ergraut" ist, bringt nur noch „Schatten" hervor. Es genügt die Kontamination des eigenen Innenraums mit einem solchen Herbsteindruck unter historischem Wissen („Das Laub fällt rot vom alten Baum"), dass solche „Schatten", in einen feurig aufgeheizten „Raum" versetzt, wie Gespenster" aussehen. Die neue poetische Wahrnehmung verwandelt die Elemente der traditionellen Szenerie in eine optische Welt uneindeutiger Farbigkeit („Opaliger Dunst") und abgebrauchter Kunstmittel („von welken, gebleichten Düften"). Die einzige, hierin gültige Farbe nach dem überkommenen Weiß, Blau und Rot hat keine eigene Leuchtkraft mehr.[66] Sie ist als einzige Farbe des Gedichts nur im Vergleich existent („wie grünes Gras") und auch dort nur als Spiegelreflex, so wie es den (romantischen) Brunnen zwar immer noch gibt, der in seiner stimmungsbildenden Aura jedoch außer Kraft gesetzt wird. An die Stelle des blauen Himmels tritt die „Mondessichel in frierenden Lüften". Umarbeitungen und Parallelfassungen zeigen, gerade am Beispiel von *Musik im Mirabell*, wie frei Trakl Farbwörter wie rot, blau, dunkel oder bunt gegeneinander versuchsweise ausgetauscht hat, so dass diese Farben keine Wirklichkeitsrelation mehr haben, sondern ein Farb- und Klanggebilde jenseits der Einfärbung erzeugen.

In seiner zweiten Fassung, jetzt unter dem Titel *Musik in Mirabell*, hat Trakl 1913 diese poetologische Ausrichtung getilgt, indem er die letzte Strophe veränderte:

---

[65] Hans-Georg Kemper: „Und dennoch sagt der viel, der ‚Trakl' sagt". Zur magischen Verwandlung von sprachlichem ‚Un-Sinn' in Traklschen ‚Tief-Sinn', in: Károly Csúri (Hrsg.): Georg Trakl und die literarische Moderne. Tübingen 2009 (= Untersuchungen zur deutschen Literaturgeschichte 136), S. 9.

[66] Zur Statistik des Farbvorkommens bei Trakl vgl. Jacob Steiner: Die Farben in der Lyrik von George bis Trakl, S. 231; auch Eckhard Philipp: Die Funktion des Wortes in den Gedichten Georg Trakls. Linguistische Aspekte ihrer Interpretation, in: Csúri (Hrsg.), Trakl und die literarische Moderne, S. 46ff.

Ein weißer Fremdling tritt ins Haus.
Ein Hund stürzt durch verfallene Gänge.
Die Magd löscht eine Lampe aus,
Das Ohr hört nachts Sonatenklänge.[67]

Hier knüpft die Reihenbildung an die expressionistischen Montage von disparaten Bildeindrücken an und führt das Gedicht in seinem letzten Vers auf eine musikalische Abendstimmung zurück, so dass eigentlich erst jetzt der neue Gedichttitel erfüllt ist. So entsteht in einer Art von selbstreflexiver Volte ein Gedicht in Form einer Sonate.[68] Die Farben sind, wie die Lampe auch, alle gelöscht, so dass sogar der eintretende „Fremdling" weiß bleiben muss.

Ganz anders arbeitet Trakls 1912 entstandenes Gedicht *Kleines Konzert* mit den Farben, die nicht nur wegen des Titels auch Klangfarben sind.[69] Mag man im Titeladjektiv sogar eine feine Ironie spüren?

*Kleines Konzert*
Ein Rot, das traumhaft dich erschüttert –
Durch deine Hände scheint die Sonne.
Du fühlst dein Herz verrückt vor Wonne
Sich still zu einer Tat bereiten.

In Mittag strömen gelbe Felder.
Kaum hörst du noch der Grillen Singen,
Der Mäher hartes Sensenschwingen.
Einfältig schweigen goldene Wälder.

Im grünen Tümpel glüht Verwesung.
Die Fische stehen still. Gotts Odem
Weckt sacht ein Saitenspiel im Brodem.
Aussätzigen winkt die Flut Genesung.

Geist Dädals schwebt in blauen Schatten,
Ein Duft von Milch in Haselzweigen.
Man hört noch lang den Lehrer geigen,
Im leeren Hof den Schrei der Ratten.

---

[67] Trakl, Werke, S. 12.
[68] So Hans Weichselbaum: Georg Trakls Weg in die literarische Moderne, in: Csúri (Hrsg.), Trakl und die literarische Moderne, S. 224.
[69] Vgl. Rüdiger Görner: Georg Trakl. Dichter im Jahrzehnt der Extreme. Wien 2014, S. 151: „Diese poetischen Farben erfordern ein Traumorgan, um Wirkung zu zeigen; sie sind Manifestationen und Schmerzen dunkler Helle, die eben auch gehört sein wollen."

Im Krug an scheußlichen Tapeten
Blühn kühlere Violenfarben.
Im Hader dunkle Stimmen starben,
Narziß im Endakkord von Flöten.[70]

Das ganze Farbspektrum des Regenbogens wandert durch die Strophen des Gedichts: rot – gelb/golden – grün – blau – „Violenfarben". Die Farben verflechten sich mit den Geräuschen so, dass mit der Geräuschkulisse auch ihr Verstummen anwesend ist. Dabei wird diese Verflechtung immer intensiver. In der ersten Strophe tritt das Rot" mit äußerst aktiver Wirkung auf; es „erschüttert" und treibt einen Ich-Sprecher „verrückt vor Wonne" zur Vorbereitung einer „Tat". Geräusche gibt es keine, selbst das „still" ist adverbial gebraucht. Die zweite Strophe im Zeichen des Farbübergangs zu Gelb reduziert dieses Ich fast auf nichts („Kaum hörst du"), es verschwindet auch für den Rest des Gedichts. Stattdessen lassen sich erste, schwache Geräusche („Kaum hörst du") einer noch unmusikalischen akustischen Kulisse hören, nämlich „Grillen Singen" und „hartes Sensenschwingen". Beides, Farbe und Klang, gehen dabei eine Verbindung ein, die einerseits die Farbe leicht verändert („goldene Wälder"), andererseits die Geräusche abdämpft („schweigen"), beides in einer eindeutig-einfachen Verknüpfung: „Einfältig".

Die dritte Strophe verändert mit der Farbe Grün die gesamte Szenerie. Nicht nur das lyrische Ich ist jetzt verschwunden. Als Komplementärfarbe zum Rot der ersten Strophe ist auch der dortige Aktivitätsanspruch ganz auf den Stillstand zurückgefahren: „Tümpel", „Verwesung", sogar die Fische „stehen still". Selbst „Gotts Odem" kann kaum Luftbewegung und dann nur eine solche hervorbringen, die an den „Tümpel" gemahnt: „Brodem". Erst und genau dadurch entsteht das erste Geräusch, das zwar schwach („sacht"), aber eindeutig als musikalisch benennbar ist („Saitenspiel"). Noch mehr aber geschieht hier. Farben und Klänge gehen jetzt eine komplexere Bindung ein, die durch die im Gedichtverlauf steigernde Zunahme von Präpositionen ausgedrückt wird: „In Mittag" – „Im grünen Tümpel" – „im Brodem" – „in blauen Schatten" – „in Haselzweigen" – „Im leeren Hof" – „Im Krug" – „Im Hader" – „im Endakkord". Was bedeutet dieser syntaktische Befund? Zur Erweiterung der einfachen (vgl. „Einfältig") Bindung von Farbe und Klang treten taktile oder olfaktorische Elemente („Duft von Milch") hinzu, die sogar noch durch den Rückgriff auf mythologische Anspielungen („Geist Dädals", „Narziß") erweiterbar

---

[70] Trakl, Werke, S. 26f.

sind.[71] Die zuletzt auftauchenden „Violenfarben" liefern dann keinen idyllischen Blumeneindruck, sondern eine doppelt verschichtete Chromatik („Im Krug an scheußlichen Tapeten"), so dass die an sich schöne Farbe ästhetisch mindestens fragwürdig wird. „Dabei radikalisiert sich die Melancholie der Décadence zum Schrecken der Apokalypse."[72]

Die Musik in *Kleines Konzert* ist eben keine simple Musikveranstaltung, sondern eine vielschichtige Geräuschkulisse, die nicht allein als eine solche wahrzunehmen ist: Das „Singen" der Grillen ist kaum und nur vor dem Hintergrund des Schweigens der goldenen Wälder hörbar; das Gegeige des Lehrers findet sein Echo („Im leeren Hof") im „Schrei der Ratten"; der „Endakkord von Flöten" rundet das *Kleine Konzert* keinesfalls musikalisch ab, wie es die Titelformulierung verheißt, sondern rückt schon tote „dunkle Stimmen" – der einzige nicht-präsentische Vers des Gedichts! – in dieselbe präpositionale Position wie den sich selbst in der Musik bespiegelnden Narziß. In dieser letzten Strophe sind zudem Farbe und Musik wieder ganz auseinandergetreten. Wie sehr Trakl in *Kleines Konzert* Rimbauds *Voyelles* grundgelegt hat,[73] kann ohne Bedeutung bleiben. Während die Tapetenfarben immer noch (oder immer wieder) scheußlich „blühn", sind die „Stimmen" schon abgestorben; so kann der Reim zwischen „Tapeten" und „Flöten" nur noch unrein ausfallen. Eine Harmonie von Farbe und Musik gibt es nicht. Die einzige Verbindung, die zwischen Farbe und Musik übrigbleibt, besteht in einer kaum wahrnehmbaren Analogie beider Welten: „kühlere" Farben und „dunkle" Stimmen. Damit misslingt auch der Versuch, beides miteinander zu verschwistern. Die Schönheit des sich in der Musik spiegelnden Narziß bricht sich an der Scheußlichkeit der Tapetenmuster. Das Gedicht präsentiert diesen Vorgang freilich in umgekehrter Reihenfolge, so dass die Musik das letzte Wort über die Farben behält; diese sind als dunkle Farben mittlerweile abgestorben.

*

---

[71] Zur Bedeutung der Farbe Blau in diesem Kontext vgl. Evemarie Becht: Die Farbe Blau in den dichterischen Texten Georg Trakls, in: Adam Bisanz/Raymond Trousson (Hrsg.): Elemente der Literatur. Beiträge zur Stoff-, Motiv- und Themenforschung. Stuttgart 1980, Band 2, S. 108-131.

[72] Barbara Neymeyr: Lyrisch-musikalische Kadenzen. Zur poetischen Figuration der Dekadenz in Trakls Gedicht *Kleines Konzert*, in: Hofmannsthal-Jahrbuch 9 (2001), S. 241.

[73] Vgl. Bernhard Böschenstein: Trakl im simultanen Zwiegespräch mit Rimbaud und Hölderlin, in: Colloquium Helveticum 26 (1997), S. 35-49; auch Neymeyr, Lyrisch-musikalische Kadenzen, S. 244.

Gottfried Benn, der sich 1951 in seinem Vortrag *Probleme der Lyrik* über den exzessiven Farbgebrauch in schlechten Gedichten „als reine Wortklischees" lustig gemacht hatte, gestand zugleich ein: „In Bezug auf die Farbe Blau muß ich mich an die Brust schlagen".[74] Denn in seinen expressionistischen Anfängen hatte Benn nicht nur die Farbe Blau geradezu exzessiv verwendet und ihr mit *Blaue Stunde* noch 1950 sogar eine ganze Trilogie gewidmet.[75] Immer aber ging Benn mit seinen Farben nicht nur überschwänglich um, sondern schrieb ihnen für seine Gedichte eine strukturbildende Funktion zu. Ein Gedicht wie *D-Zug* von 1912 besteht in seinem ersten Vers aus gar nichts anderem als aus Farbangaben: „Braun wie Kognak. Braun wie Laub. Rotbraun. Malaiengelb."[76] Das Gedicht dekliniert dann diese Brauntönung wie einen Refrain durch das Gedicht hindurch: „Männerbraun stürzt sich auf Frauenbraun" – „Frauenhellbrauntaumelt an Männerdunkelbraun".[77]

Komplizierter verhält es sich bei einem Gedicht wie *Valse d'automne*. Hier werden die Farben grundsätzlich thematisiert, auch wenn als konkrete Farbbezeichnung nur „Rot" vorkommt:

*Valse d'automne*
Das Rot in den Bäumen
und die Gärten am Ziel –
Farben, die träumen,
doch sie sagen so viel.

In allen, in allen
das Larvengesicht:
„befreit – zum Zerfallen,
Erfüllung – nicht."

An Weihern, auf Matten
Das seltsame Rot
und dahinter die Schatten
von Fähre und Boot,

die Ufer beschlagen
vom ewigen Meer
und es kreuzen sich Sagen
und Völker her,

---

[74] Gottfried Benn: Gesammelte Werke in acht Bänden. Hrsg. von Dieter Wellershoff. Wiesbaden 1968, Band 4, S. 1069.
[75] Ebd., Band 1, S. 259-260.
[76] Band 1, S. 27.
[77] Ebd., S. 27f.

das Locken der Frühe,
der Späte Sang
und der große
einsame
Untergang.

Der Farben so viele,
die Kelche weit,
und das Ziel der Ziele:
Verlorenheit.

In allen, in allen
Den Gärten am Ziel,
befreit zum Zerfallen,
der Farben so viel.[78]

Benn hat das Gedicht, datiert auf September 1940, einem Brief an seinen Briefpartner F. W. Oelze als „Gegengabe" für „die beiden von Ihnen geschenkten Rumflaschen" beigelegt und dort auch gleich dem Empfänger seine Selbstkritik unterstellt: Oelze könne „den leierkastenhaften Tonfall der Verse" durchaus „bemängeln". Als spezifische Gelegenheitsdichtung – wie des öfteren bei Benn – zeichnet sich das Gedicht durch seine in ihm enthaltenen Entstehungsbedingungen aus: es ist nämlich auf von der Wehrmacht in Brüssel erbeutetem Briefpapier des belgischen Verteidigungsministeriums getippt, was Benn ausdrücklich als Korrektiv zu dem von Oelze eventuell zu bemängelnden „Tonfall" hervorhebt: „wird Sie doch jedenfalls das Briefpapier interessieren als Dokument unserer Siege u. wirtschaftlichen Durchdringung der Völker".[79] Schon dadurch gerät dieses Farbengedicht in einen eminent politischen und zeitgeschichtlichen Kontext, zumal Benn diesen Bezug unter dem Gedicht nochmals in Klammern hinzufügt: „Auf diesem erbeuteten Papier schreiben wir unsere Entwürfe – in der Bendlerstraße". Im Unterschied zum Erstdruck 1958 und zu den späteren Ausgaben enthält dieses Typoskript einige Varianten, so die Zusammenschreibung von „soviel" im vierten Vers und die Großschreibung des Herbstes im Gedichttitel.[80]

---

[78] Ebd., Band 2, S. 450f.
[79] Harald Steinhagen/Jürgen Schröder (Hrsg.): Gottfried Benn: Briefe. Band 1: Briefe an F. W. Oelze 1932-1945. Wiesbaden 1977, hier Brief Nr. 186 vom 8/X.40, S. 244.
[80] Abbildung in: Gottfried Benn 1886-1956. Katalog der Ausstellung Marbach 1986 (= Marbacher Kataloge 41), S. 269.

Der französische Titel erinnert an Benns Gedicht *Valse triste* von 1936, mit dem *Valse d'automne* einige thematische Parallelen hat. Auch das in Strophe zwei markierte, bislang nicht als ein solches nachgewiesene Zitat mag sich darauf beziehen. Ansonsten liefert *Valse d'automne* mit seiner herbstlichen Laubverfärbung die klangliche Nachahmung des im Titel angekündigten Dreivierteltakts, wozu es eigentlich keiner verrenkenden Erklärungen bedarf.[81] Das Spiel mit dem „Rot" der herbstlichen Blätter führt nicht viel weiter als bis zu einer zweiten Erwähnung; die Farbe wird zwar noch einmal bedeutsam genannt („Das seltsame Rot"), auf eine farbsymbolische Ausdeutung verzichtet Benn jedoch ausdrücklich.[82] Man vergleiche mit dem Gedicht *Ebereschen* von 1954, in dessen erster Strophe genau dies ausdrücklich stattfindet:

Ebereschen – noch nicht ganz rot
von jenem Farbton, wo sie ich entwickeln
zu Nachglut, Vogelbeere, Herbst und Tod.[83]

In *Valse d'automne* kommen schon in der ersten Strophe die „Farben" als chromatische Sammelbezeichnung ins Spiel. Sie werden auch dort schon in den einzigen Gegensatz des Gedichts („doch") von „träumen" und sagen eingerückt. In der letzten Strophe ist dieser Gegensatz dann aber ganz aufgelöst, denn die Farben zeichnen sich jetzt nur mehr durch ihre Vielzahl, nicht mehr durch ihr Vielsagendes aus. Insofern bildet auch der letzte Vers des Gedichts keinen echten Refrain auf den Anfang.[84] Beim Drehen im Walzertakt, die Briefstelle sprach eher von einem Herunterorgeln einer eingängigen Leierkastenmelodie, kreist das Gedicht allerdings nicht in sich selbst. Denn der Dreivierteltakt des Gedichts scheint in seiner fünften Strophe durch eine Versausweitung aus dem Takt zu geraten; doch der metrische Zwischenschritt bricht den Rhythmus nicht; er weist vielmehr auf eine Umsprungstelle hin, die zu einem markanten Reimausfall und einem beschwerten Schluss der Strophe führt: „Untergang". In den beiden folgenden letzten Strophen werden die „Farben" der ersten Strophe wieder aufgegriffen, jedoch in einer markanten Korrektur. Waren die Farben dort aufgefallen, dass sie „träumen", dann so viel „sagen", so beeindrucken sie

---

[81] So Winfried Freund: Deutsche Lyrik. Interpretationen vom Barock bis zur Gegenwart. München 1990 (= UTB 1583), S. 155: „ein unverwechselbares Schwingen, durch eigengesetzlich vibrierende Bewegung".
[82] Zur Symbolik der „farblichen Chiffre" bei Benn vgl. Grimm; Entwurf einer Poetik der Farben, S, 544f.
[83] Benn, Gesammelte Werke, Band 1, S. 324.
[84] So Martin Travers: The Poetry of Gottfried Benn. Text and Selfhood. Oxford u. a. (= Studies in Modern German Literature 106), S. 281.

jetzt durch ihre (sprachlose) Vielzahl. Hier haben die Farben ihre Sprach- und Träumfähigkeit durch ihre Vielheit verloren; das anfängliche „Ziel", auf das die herbstlichen Gärten geradezu farbtopisch zugesteuert waren, erscheint nun in fast grenzenloser Übersteigerung als Hyperbel und Akkumulation in einem: „Ziel der Ziele". Nicht erst hier stellt das „Ziel" sich als eine Art Schlüsselwort des Gedichts heraus; schließlich durchwandert es nicht nur das gesamte Gedicht, sondern versteckt sein Sinnpotential auch in Begriffen, die etymologisch nichts mit ihm zu tun haben: „Erfüllung" – „Untergang" – „Verlorenheit" – „Zerfallen". Was jedoch für die „Gärten" ein sinnvolles „Ziel" im Sinne jahreszeitlicher Vollendung sein mag, gilt für die Farben nicht: „Verlorenheit". Damit thematisiert *Valse d'automne* seine Buntheit als eine Reduktion auf das, worauf es eigentlich ankommt: die Farben, „sie sagen so viel"[85] – „Der Farben so viele" – „der Farben so viel".

Mit der Schlusszusammenbindung der Farben mit dem „Zerfallen" schafft das Gedicht eine neue Konstellation. In der zweiten Strophe war in dem vermuteten Selbstzitat Benns dieses „Zerfallen" aus der Atmosphäre des Herbstlichen entwickelt und in ein Spannungsverhältnis zu einer erhofften Befreiung durch den Zerfallsakt und der Nichterfüllung gerückt worden. In den beiden Schlussversen tritt nun dieses „Zerfallen" in eine durch den Gedichtvorgang gewandelte Bezüglichkeit. Seines Zitatcharakters entkleidet und aus der unklaren Verbindung mit der Befreiungserwartung gelöst, gewinnt es an Eindeutigkeit: „befreit – zum Zerfallen" – „befreit zum Zerfallen". Denn dieses „Zerfallen" ist jetzt eine denkwürdige Verbindung mit dem „Ziel" und den „Farben" eingegangen. Man beachte dabei die ausdrücklich uneindeutige, mehrere Lesarten zulassende syntaktische Bindung durch das Komma zwischen dem letzten und dem vorletzten Vers. Die Farben der Schlussstrophe sind ja mittlerweile ihres Sinn- und Ausdruckscharakters („träumen" und „sagen") verlustig gegangen und wirken nur noch durch ihre Vielheit. Selbst diese hat ihre numerische Vielzahl zugunsten einer bloßen Fülle verloren: „Der Farben so viele" – „der Farben so viel". Am Ende von *Valse d'automne* ist jede Hoffnung auf irgendeine (herbstliche) „Erfüllung" gelöscht, an dessen Stelle bieten die Farben das Ihre beim „Zerfallen". In einem ganz anderen Bildbereich, aber in einer sehr ähnlichen Denkfigur hatte Gottfried Benn in seinem Brief an F. W. Oelze argumentiert, als er auf die Bedeutung des durch Raub vereinnahmten und als Grundlage des Gedichts verwendeten Briefpapiers hinwies.

---

[85] Das Typoskript hat hier übrigens die Schreibung „soviel" (vgl. Marbacher Katalog, S. 269).

# Die Sprache der Farben

## 1. Erneutes Nachdenken über Farben

Seit der zweiten Hälfte des 20. Jahrhunderts scheint es bei den Farben keine Überraschungen mehr zu geben: sowohl die Physik und die Biologie als auch die Psychologie haben die Vorgänge bei der Farbwahrnehmung ausgiebig erforscht.[1] Die einzige Ausnahme bildet die Astronomie. Deren hochauflösende Aufnahmen ferner Galaxien erstrahlen in allen Farben. Solche Bilder erlauben aber durchaus Zweifel an dem, was auf den gemachten Fotografien im Bereich ausgewählter Strahlenspektren als farbiges Licht zu sehen ist. Schon der Versuch, die atemberaubenden Raumdistanzen zu begreifen, übersteigt das menschliche Vorstellungsvermögen und muss daher durch „Falschfarben-Darstellung" aufbereitet werden, um überhaupt begreifbar zu sein:[2] durch verschiedenfarbige Filter werden Objekte durch Farben erst sichtbar gemacht – und umgekehrt.[3] Mit denselben Manipulationsmethoden arbeitet auch die moderne Medizin, indem höchst abstrakte elektronische Messergebnisse durch Einfärbung bildhaft dargestellt werden.[4]

Zur Beschreibung solcher Phänomene behilft man sich mit Begriffen, die trotz ihrer scheinbaren Anschaulichkeit weit ins Feld der Metaphorik ausgreifen müssen: Vor wie vielen Lichtjahren hat der mittlerweile verglühte Stern geleuchtet, den wir erst in diesem Augenblick in seiner ganzen Farbenpracht erstrahlen sehen? Das berühmte ‚Schwarze Loch' ist ein solches Beispiel. Denn es handelt sich um ein Produkt physikalischer Berechnungen, das schon qua Definition eigentlich nicht sichtbar sein kann: dennoch zeigt es uns die gegenwärtige Astronomie als farbige Animation oder als kunstvolle Collage lichtschwacher Bilder. Wo die menschliche Wahrnehmung an ihre Grenzen stößt, verlangt unser Verstand nach etwas, das er mit seinen Sinnen erfassen kann – und dieses Abbild sollte farbig sein. Dabei gerät der Vorgang des menschlichen Farbensehens immer stärker ins Zwielicht. Denn je differenzierter die naturwissenschaftlichen Unter-

---

[1] Vgl. dazu den Sammelband: Jakob Steinbrenner/Stefan Glasauer Hrsg.): Farben. Betrachtungen aus Philosophie und Naturwissenschaften. Frankfurt a. M. 2007 (= suhrkamp taschenbuch wissenschaft 1825).
[2] So Günther Hasinger: Die Farben des Himmels, in: Norbert Elsner (Hrsg.): Bilderwelten. Vom farbigen Abglanz der Natur. Göttingen 2007, S. 93.
[3] Ebd., S. 90f.
[4] Vgl. Jens Frahm: Der schöne Schein der Magnetresonanz-Tomografie des Gehirns. Bilder des Unsichtbaren als Modelle der Wirklichkeit, in: ebd., S. 191-208.

suchungsergebnisse ausfallen, desto mehr stellt sich heraus, dass Farbe letztlich gar nicht gemessen, sondern nur durch eine Art Schätzung fixiert werden kann.[5]

Wenn schon unsere Wahrnehmungsmöglichkeiten so eingeschränkt sind, dann liegt der Schluss nahe, dass auch unseren Artikulationsmöglichkeiten in Sachen Farbe enge Grenzen gezogen sein könnten. Gleichzeitig und gegenläufig zu solchen grundsätzlichen Bezweifelungen der Aussagekraft von Farbbegriffen laufen Bemühungen, die Farbwahrnehmung zu objektivieren, will heißen, das gesamte Farbspektrum mit Farbkarten und gedruckten Farbmustern in verschiedenen Sättigungsgraden – etwa für die praktischen Zwecke der Textilindustrie oder im Gartenbau – umfassend katalogisieren und in sechs Sprachen normieren zu wollen.[6] Der erschöpfenden Fülle solcher Ausfaltungen steht zugleich die entwaffnende Einsicht entgegen, dass die menschliche Farbwahrnehmung leider „kein natürliches Korrelat in der Physik" hat,[7] mehr noch, dass unsere Farbbegriffe nicht nur „ein kulturelles Artefakt" darstellen, sondern in „linguistische Konzepte" gegossen sind, „die auf bestimmten kulturell geformten Abstraktionen beruhen".[8]

Ludwig Wittgenstein hat in seinen *Bemerkungen über die Farben* schon 1950 auf die Widersprüchlichkeit von Farbwahrnehmung und der dazu passenden Begriffsbildung hingewiesen, woraus ein negativer Rückkopplungseffekt entstehe: „Die Widersprüchlichkeit der Wortbildung verhindert die Vorstellung".[9] Wittgenstein liefert in seinen *Bemerkungen* freilich weder eine Theorie noch eine Logik der Farbe, sondern knüpft an seine Überlegungen über die Grenzen des menschlichen Denkens an. Sein geradezu sprichwörtlich gewordenes Diktum, worüber man nicht reden könne, darüber müsse man schweigen, gilt erst recht für die Farben. Denn die menschlichen Farbbegriffe lassen sich mit physikalischen Wellenlängen nicht zur Deckung bringen, sondern sich ihnen höchstens metaphorisch annähern.[10] Für Wittgenstein funktioniert menschliches Reden über

---

[5] Vgl. Stefan Glasauer und Bert Karcher: Farben sehen: Wahrnehmung als Schätzung physischer Eigenschaften, in: ebd., S. 310-321.
[6] Vgl. Robert Francis Wilson: Colour and Light at Work. London 1953; schon ders.: The Wilson Colour Chart. London 1938.
[7] Vgl. Rainer Mausfeld: Zur Natur der Farbe. Die Organisationsweise von „Farbe" im Wahrnehmungssystem, in: Steinbrenner/Glasauer, Farben, S. 337.
[8] Ebd., S. 346.
[9] Wilhelm Vossenkuhl: Wittgenstein über Farben und die Grenzen des Denkbaren, in: ders. (Hrsg.): Von Wittgenstein lernen. Berlin 1992, S. 86.
[10] Vgl. dazu auch Ulrich Arnswald/Jens Kertscher/Matthias Kroß (Hrsg.): Wittgenstein und die Metapher. Berlin 2004.

Farben daher nur über „Sprachspiele".[11] Selbst die Psychologie könne nur Abweichungen vom „normalen Sehen" beschreiben,[12] so dass eine tatsächliche Zuordnung von Farbwahrnehmung und Begrifflichkeit nicht erfasst werde. Es könne deshalb überhaupt „keine Theorie der Farben" geben, „weder eine physiologische, noch eine psychologische", sondern nur eine „Logik der Farbbegriffe. Und diese leistet, was man sich oft mit Unrecht von einer Theorie erwartet hat."[13] Farbbegriffe sind nach Wittgenstein arbiträr ausgewählt und durch kulturelle Normierung festgelegt, daher immer lebensweltlich eingebunden: „Wäre es richtig zu sagen, in unseren Begriffen spiegelt sich unser Leben? Sie stehen mitten in ihm."[14] Wittgenstein demonstriert dies höchst anschaulich an einem vorgestellten „Volk von Farbenblinden". Diese „würden nicht die gleichen Farbwörter haben wie wir" oder dieselben Farbwörter „doch anders gebrauchen als wir".[15] Diese unübersteigbare Kluft veranschaulicht Wittgenstein durch die Frage: „Könnten nicht auch glänzendes Schwarz und mattes Schwarz verschiedene Farbnamen haben?"[16] Das Nachdenken über Farbe steht wieder ganz am Anfang, gerade weil es sich seiner Fragwürdigkeit höchst bewusst geworden ist.[17]

## 2. Ganz wenig Farbe

Wie sehr die Farbwahrnehmung immer in einen Konflikt zum Sprechen über Farbe gerät, zeigt sich in Günter Eichs Gedicht *Tage mit Hähern* von 1954:

*Tage mit Hähern*
Der Häher wirft mir
die blaue Feder nicht zu.

In die Morgendämmerung kollern
die Eicheln seiner Schreie.

---

[11] Ludwig Wittgenstein: Bemerkungen über die Farben/Remarks on colour. Hrsg. von G. E. M. Anscombe. Oxford 1977, S. 3.
[12] Ebd., S. 4.
[13] Ebd., S. 5.
[14] Ebd., S. 57.
[15] Ebd., S. 4.
[16] Ebd., S. 36.
[17] Vgl. Josef G. F. Rothhaupt: Farbthemen in Wittgensteins Gesamtnachlaß. Philologisch-philosophische Untersuchungen im Längsschnitt und in Querschnitten. Weinheim 1996 (= Monographien Philosophie 273).

Ein bitteres Mehl, die Speise
des ganzen Tags.

Hinter dem roten Laub
hackt er mit hartem Schnabel
tagsüber die Nacht
aus Ästen und Baumfrüchten,
ein Tuch, das er über mich zieht.

Sein Flug gleicht dem Herzschlag.
Wo schläft er aber
und wem gleicht sein Schlaf?
Ungesehen liegt in der Finsternis
die Feder vor meinem Schuh.[18]

Das Gedicht zeichnet sich durch gleichförmige, im Umfang anschwellende, frei gefüllte reimlose Strophen aus. Dennoch ist es in sich geschlossen und folgt einem streng logischen Aufbau, der sich am (vermuteten) Tagesablauf des titelgebenden Eichenhähers orientiert: Die ersten beiden Verse nennen Thema und Problemstellung, außerdem führen sie einen Ich-Bezug ein; die Verse 3-6 wenden sich den Tagesaktivitäten des Hähers seit der „Morgen-dämmerung" zu, die Verse 7-11 denen der Nacht; die Verse 12-16 binden dann diese Vogelbeobachtung mit dem Ich-Bezug enger zusammen.

Eich hat in seinem Gedicht das gewohnte Erscheinungsbild der Lyrik mit gleichartigen Strophen und Verslängen, mit Reim und einheitlichem Rhythmus zugunsten einer modernen Verssprache fast ganz aufgegeben. Beibehalten sind freilich die Strophe als gedanklich abgeschlossene Einheit, in der die Erinnerung an die Konventionen traditioneller Lyrik aufbewahrt ist; man erkennt dies z. B. in den Assonanzen (Verse 6 und 15), Alliterati-onen (Vers 7-8) und Reimreminiszenzen (Vers 2 und 17) wieder. Farben kommen kaum vor, die Farbe Blau nur einmal, als Adjektiv und scheinbar beiläufig, ebenso das Rot des Laubs. Nur die „blaue Feder", die man auch als bildliches Schreibgerät des Dichters dem lyrischen Ich zuordnen kann, bleibt bis zum Ende, nun zur farblosen „Feder" geworden, erhalten. Dass die blaue Farbe der Feder zuletzt verloren geht oder zumindest nicht mehr sichtbar ist, liegt an der mittlerweile eingetretenen „Finsternis". Es sieht daher zunächst so aus, als sei dieses Blau bei Eich keine Farbe mit Bedeut-samkeitsaura.

---

[18] Günter Eich: Gesammelte Werke in vier Bänden. Revidierte Ausgabe. Hrsg. von Axel Vieregg. Frankfurt a. M. 1991. Band 1, S. 81f.

Auch wenn man den Eichelhäher nicht platt wortspielerisch einfach als Identifikationsfigur des Autors lesen sollte, was freilich naheliegt, so steht doch das lyrische Ich in spannungsreicher Relation zum Häher. Es geht um Verweigerung (Vers 1-2), um Bedrohung (Vers 11) und um Unsichtbarkeit (Vers 15). Worauf der Häher und seine Aktivitäten hindeuten, lässt sich nicht eindeutig fixieren. In ihrer „Dialektik von Zeigen und Verbergen" liefern die Farben einerseits und die Bildlichkeit des Kollerns der Schreie, des Hackens mit hartem Schnabel, des zudeckenden Tuchs und das Nicht-Dichten in Zeiten der „Finsternis" andererseits versteckte Hinweise auf das Selbstverständnis des lyrischen Ichs.[19] Auch wenn man von unmittelbareren Anschlüssen an die Situation des Dichters im Dritten Reich (Hitlers Reden als kollernde „Schreie", die rote Nazi-Fahne, das „Tuch" mit dem Hakenkreuz als hackender Schnabel) Abstand nimmt, bleibt doch die Frage erlaubt, welche Art der Auseinandersetzung mit der Zeit der „Finsternis" hier vorliegt. In welchen naturzentrierten Bildern wird die eigene Verstrickung/Entschuldung erinnert und für die Nachwelt festgeschrieben? Vögel, gar Krähenvögel, waren während des Dritten Reichs ein beliebtes Identifikationsobjekt für Autoren, die nach 1945 im Rückblick eine sog. ‚verdeckte Schreibweise' für sich in Anspruch nahmen.[20]

Worauf es – auch für die Bedeutung der Farbe Blau – ankommt, erkennt man besser, wenn man *Tage mit Hähern* neben ein schon 1948 entstandenes Gedicht Eichs setzt:

*Die Häherfeder*
Ich bin, wo der Eichelhäher
zwischen den Zweigen streicht,
einem Geheimnis näher,
das nicht ins Bewußtsein reicht.

Es preßt mir Herz und Lunge,
nimmt jäh mir den Atem fort,
es liegt mir auf der Zunge,
doch gibt es dafür kein Wort.

Ich weiß nicht, welches der Dinge
oder ob es der Wind enthält.
Das Rauschen der Vogelschwinge,
begreift es den Sinn der Welt?

---

[19] Sabine Buchheit: Formen und Funktionen literarischer Kommunikation im Werk Günter Eichs. St. Ingbert 2003 (= Saarbrücker Beiträge zur Literaturwissenschaft 75), S. 63.
[20] Vgl. Selbmann: Die Wirklichkeit der Literatur, S. 163-169.

Der Häher warf seine blaue
Feder in den Sand.
Sie liegt wie eine schlaue
Antwort in meiner Hand.[21]

Die in Strophenform und Reim traditionellere Gestalt des früheren Ge-
dichts stellt diejenigen Fragen eindeutiger, die im *Tage mit Hähern* hinter
einer verbergenden Chiffrensprache versteckt sind.[22] 1948 geht Eich noch
deutlicher, auch in der Selbstentblößung eines zentral gestellten lyrischen
Ichs, auf die Fragen nach „Geheimnis" und „Bewußtsein" ein, auf die die
Häherfeder eine „schlaue Antwort" zu geben scheint. In *Tage mit Hähern*
bleibt davon nur mehr die „Finsternis" übrig. Auf diese Weise wird *Tage
mit Hähern* geradezu zum „Widerruf" der *Häherfeder*.[23] Denn das jüngere
Gedicht ist nicht unverständlicher als das ältere, sondern umgekehrt: es re-
flektiert tiefer und gibt sich nicht mit den eher trivialen Fragen nach dem
„Geheimnis" des Lebens oder dem „Sinn der Welt" wie jenes zufrieden, die
dann auf dem einfachen Weg des Vergleichs wie im Schlusssatz abgescho-
ben und in die Sinnbildlichkeit entsorgt werden. *Tage mit Hähern* setzt sich
stattdessen der Unerklärlichkeit durch Negation und Verweigern, durch
Bildbruch und -widerspruch aus, so dass die Orientierungslosigkeit im
Text nicht bloß angesagt wird, sondern in ihm selber enthalten ist. In *Hä-
herfeder* war der Wildvogel nur ein Spiegel für das lyrische Ich, so sehr, dass
dieses Ich glaubte, der Vogel lasse sich in der letzten Strophe auf eine sinn-
haltige („schlaue") Kommunikation mit ihm ein. Im älteren Gedicht wird
die Frage nach dem „Sinn der Welt" in einer letztlich noch intakten Rah-
menordnung gestellt: das gesamte Gedicht ist zwischen „Ich bin" und
„meiner Hand" eingespannt und dadurch ganz in die Verfügungsgewalt des
Ich-Sprechers gegeben. In *Tage mit Hähern* tritt dieses Ich zurück und re-
agiert nur noch auf das von ihm unverstandene Verhalten des Vogels. Hier
bestreitet der einzige, fast nicht bemerkbare Reim zwischen Vers 2 und
dem Schlussvers jede sinnhaltige Kommunikation: Die Feder wird zuerst
nicht zu-, sondern weggeworfen, dann außerdem vom beobachtenden Sub-
jekt gar nicht wahrgenommen. Während in *Häherfeder* diese vermeintlich
„schlaue Antwort" in einen Vergleich gerückt und damit noch als sinnhaltig
und fraglos gesetzt wird, stellt *Tage mit Hähern* ausdrücklich die Tauglich-
keit eines solchen Vergleichs in Frage: „wem gleicht sein Schlaf?"

---

[21] Eich, Gesammelte Werke, I, S. 43f.
[22] Vgl. dazu Kittstein, Deutsche Naturlyrik, S. 246-252.
[23] So Jörg Schuster: Die vergessene Moderne. Deutsche Literatur 1930-1960. Stuttgart
2016, S. 175.

Für Eich sind also nicht nur die naturmagischen Bilder untauglich geworden; auch die hinter ihnen stehenden Denkformen werden einer Tauglichkeitsprüfung unterzogen. Dieser Prozess zeigt sich prägnant an der Farbe Blau. In *Die Häherfeder* konnte die Farbe Blau durch die eklatante Parallelführung von „blaue / Feder" und „schlaue / Antwort" in Syntax, Zeilensprung und Reim noch die Illusion einer Lösung vorgaukeln, der Dichter habe mit dieser tintenblauen Feder nicht bloß den Impuls zu einer poetischen „Antwort" erhalten, sondern er halte diese schon in der eigenen Hand. In *Tage mit Hähern* ist dieses Blau zuerst zu einer bloßen Blaueinfärbung (als Adjektiv), dann sogar zu einer Negation geworden. Das Ende des Gedichts ist, schon aus Gründen der „Finsternis", farblos, während bei der *Häherfeder* die Feder am Ende blau eingefärbt war.

Die Frage nach dem Erkenntnischarakter der Farben hat Günter Eich offenbar nicht losgelassen. So heißt es in einer Miniatur, die für die Sammlung *Maulwürfe* (1968) vorgesehen war, aber erst 1970 unter dem Titel *Ein Tibeter in meinem Büro. 49 Maulwürfe* veröffentlicht wurde:

*Farbenblind*
Die Welt, früher flaschengrün, ist heute violett. Ich weiß die Bedeutung der Farben nicht und auf die Wirkung muß man zu lange warten. Der Erkenntniswert ist gleich plus minus null.
Eine Aschenwolke, – wie war die Farbe gleich – adieu ihr Lieben, möge euch der Wind leicht sein. Efeugrün, Asternviolett, aber die Deutung ist unerheblich, Raum für individuelle Augenfehler, die Automatismen der Wirklichkeit sind in ein paar Farben nicht zu übersetzen, der Regenbogen hat auch zu wenig. Aschenwolken stehlen uns die Zeit, das Interesse für Gestorbene läßt sich verschieben. Eine Tombola muß her. Wir hätten Skelette zu verlosen. Tombola und Skelette können zu jeder Farbe stattfinden.
Ist das Glück zu teuer? Ein Währungsproblem und jeder schwört auf seine monetäre Einheit. Farben ohne IG sind schlecht im Kurs, man soll nicht zuviel darauf geben und dafür. Aber gerade waren wir dabei, das Einverständnis zu kündigen, da kommt dieses Violett in alles und in die Dauer, die Zumutung des Lebens wird nicht mehr bemerkt, die Zumutung des Sterbens erbittert nur wenige.
Ihr Freunde in den Aschenwolken, wir wollen uns neu entwerfen.[24]

Ein auf den November 1969 datiertes Typoskript zeigt nur wenige Abweichungen, etwa die gleich dreimal auftauchende „Aschenwolke", vor der bei ihrer zweiten Nennung im Typoskript noch steht: „Friedhöfe stehlen uns die Zeit. Die Toten vermehren sich immer noch schneller als die Lebenden,

---

[24] Günter Eich: Gesammelte Werke, Band 1, S. 383.

wir kommen nicht nach."[25] Der Titel *Farbenblind* bezieht sich offenbar auf die bekannte Rot-Grün-Blindheit: „früher flaschengrün, ist heute violett". Dabei kann der Sprecher eigentlich nicht gemeint sein, denn der reflektiert ausdrücklich „die Bedeutung der Farben", „ihre Wirkung" und ihren „Erkenntniswert". Dass die Farben eine Rolle spielen, wird freilich zum Verständnis der „Automatismen der Wirklichkeit" als „unerheblich" abgelehnt. Den Auslöser dieser negativen Farbenreflexion liefert das Bild einer „Aschenwolke", deren Einfärbung – „wie war die Farbe gleich" – für ihre Wirkung ebenso bedeutungslos ist wie „das Interesse für Gestorbene".

Die gespenstische Ästhetik der – auch violett leuchtenden – Aschenpilze der Atombombenversuche der 60er Jahre stellt sowohl die „Zumutung des Lebens" als auch die „Zumutung des Sterbens" in Frage. Eich entrüstet sich nicht, sondern schlägt (ironisch?) einen Neuentwurf des „Menschen" vor, wie das Typoskript noch deutlicher formuliert hatte als die Druckfassung, in der dafür nur „uns" steht. Die violette Einfärbung des Atompilzes übermalt alles dauerhaft: „da kommt dieses Violett in alles und in die Dauer". Doch die Lebensbedrohung in Eichs Gegenwart hat nicht nur eine aktuell-politische, sondern auch eine geschichtliche Dimension, die mit Farben zu tun hat. Der scheinbar beiläufige Hinweis auf die schlecht im Kurs stehenden „Farben ohne IG" deutet zurück auf den Chemiekonzern, der nicht nur ein Farbenproduzent war, sondern das Giftgas für die Vernichtungslager geliefert hatte und nach 1945 von den Alliierten zerschlagen wurde. Dadurch erhalten die „Aschenwolken" eine doppelte Zielrichtung, denn sie stellen auch eine Verbindung zu Paul Celans *Todesfuge* her, sowohl in deren fugalen Wiederholungen („dein aschenes Haar Sulamith") als auch in der versteckteren Anspielung: „dann steigt ihr als Rauch in die Luft /dann habt ihr ein Grab in den Wolken".[26] Zugleich und ebenfalls versteckt zitiert Eich zuvor sein eigenes, mit der *Todesfuge* fast zeitgleiches Gedicht *Tage mit Hähern* in der Formulierung: „die Zumutung des Sterbens erbittert nur wenige". Dort hatte er die „Schreie" des Hähers als „bitteres Mehl" bezeichnet. Der Aufruf an die „Freunde in den Aschenwolken" zu einem neuen Selbstentwurf stellt sich daher als eine komplexkomplizierte Verbindung dar, denn sie reicht von der (NS-)Vergangenheit zur (atomaren) Gegenwart: die „blaue Feder" von damals ist „violett" geworden, ihre „Deutung ist unerheblich". Vielleicht steckt in der Bezeichnung „Asternviolett" sogar noch eine weitere Anspielung auf Gottfried Benns bekanntes Gedicht *Astern*, in dem dieser sein Entsetzen über das

---

[25] Ebd., S. 555.
[26] Paul Celan: Gesammelte Werke in fünf Bänden. Erster Band: Gedichte I. Frankfurt a. M. 1986, S. 42.

wahre Gesicht des Nationalsozialismus verschlüsselt hatte.[27] Auch ohne die Ausfaltung von Eichs programmatischer Auslöschung der Zeit vor 1945 im Zeichen einer sog. Stunde Null[28] entsteht eine merkwürdige Identitätsstiftung von erinnerter Vergangenheit und erlebter Gegenwart im Zeichen eines „neu"-Entwurfs. Die Veränderung der Farben von der „blauen Feder" um violetten Aschenpilz tragen nicht wenig dazu bei.

*

Im Abschnitt „Gegenlicht" von Paul Celans Gedichtsammlung *Mohn und Gedächtnis* von 1952 steht ein titelloses Gedicht, das mit scheinbar nur zwei Farben auskommt:

Ich bin allein, ich stell die Aschenblume
ins Glas voll reifer Schwärze. Schwestermund,
du sprichst ein Wort, das fortlebt vor den Fenstern,
und lautlos klettert, was ich träumt, an mir empor.

Ich steh im Flor der abgeblühten Stunde
und spar ein Harz für den späten Vogel:
er trägt die Flocke Schnee auf lebensroter Feder;
das Körnchen Eis im Schnabel, kommt er durch den Sommer.[29]

Die Vogelbildlichkeit, die das Gedicht mit Eich verbinden könnte, taucht erst in der zweiten Strophe auf. Zuvor tritt ein Ich in ein Gespräch mit seinem „Schwestermund" ein, der „ein Wort" spricht und eine (farblose) Eigendynamik entfaltet. Dieses Wort lebt fort, verbindet sich mit den Träumen des Ich und „klettert" lautlos an diesem Ich empor. Die zweite Strophe setzt dann genau in ihrer Mitte einen Doppelpunkt als Markierung zwischen der herbstlich angehauchten Situation einer „abgeblühten Stunde" und dem winterlichen Überleben „für den späten Vogel". Es beendet die Ich-Aussagen und richtet sich ganz auf das Überleben des Vogels.

Beim Blick auf die Farben des Gedichts erkennt man nicht nur einen chromatisch aufgehellten Weg von der „Aschenblume" und der „Schwärze" zum Weiß des Schnees und der roten Feder. Tatsächlich ist in diesem

---

[27] Vgl. mein Aufsatz: „Vermuten" und „Gewißheit". Gottfried Benns Gedicht *Astern* im zeit- und poetologiegeschichtlichen Kontext, in: Sprachkunst 41 (2010), S. 233-243.
[28] Vgl. mein Aufsatz: Günter Eichs *Inventur* und die Poetik der Stunde Null, in: Sprachkunst 38 (2007), S. 209-213.
[29] Paul Celan: Gesammelte Werke in fünf Bänden. Erster Band: Gedichte I. Frankfurt a. M. 1986, S. 55.

sprechenden Ich durch das Aufstellen der „Aschenblume", die als „Schwestermund" zu ihm spricht, eine Verwandlung vor sich gegangen. Dieses Ich wird dadurch zu einem handelnden Subjekt. Es verlässt die aschgrauschwarze Welt wenigstens virtuell und imaginiert um sich ein farbenreich ausgemaltes Herbstbild („im Flor der abgeblühten Stunde") mit einem „späten Vogel", dem nun das ganze Interesse gilt. War die erste Strophe noch ganz in eine zeitlich stillgestellte Gegenwart eingebunden („Ich bin allein"), die sich auch aus der Vergangenheit gespeist hatte („fortlebt"), so ist die zweite Strophe hochgradig von Signalen des Zeitflusses durchsetzt und zwar so, dass am Ende sogar Zukunftshoffnung aufkommt. Die vier Schritte gehen dabei in jedem Vers vom „Flor der abgeblühten Stunde" über den „späten Vogel" zu „lebensroter Feder" dem Durchleben des Sommers voran. Dabei wird ausdrücklich die Chronologie der Jahreszeitenfolge außer Kraft gesetzt, so dass in den Zusammenstellungen Gegensätze entstehen: die „abgeblühte Stunde" steht (noch) „im Flor", die „Flocke Schnee auf lebensroter Feder", das „Körnchen Eis" lässt den Vogel „durch den Sommer" kommen.

Celans Gedicht entwirft eine ganz andere Vergangenheitsbewältigung als Eichs Krähengedichte – dafür spricht nicht nur die „Flocke Schnee auf lebensroter Feder" hier und die blaue Feder als „schlaue Antwort" dort. Eich eröffnet mit „Ich bin, wo", Celan mit „Ich bin allein". Celan schreibt seinem Gedicht eine Erinnerungsdimension ein, die von der „Aschenblume" ausgehend, ein „Wort" hervorbringt, „das fortlebt". Bei Eich hingegen gibt es „kein Wort", jedoch bleibt die blaue Feder, gesehen oder nicht, als Hoffnung zurück.

### 3. Sprach-Farben

Peter Rühmkorfs *Wintergewitter* stammt aus der Sammlung *Haltbar bis 1999*, die seine zwischen 1975 und 1979 verfassten Gedichte enthält. Es eröffnet mit einem Zitat als Hommage an Gottfried Benn („Blaue Stunde"), das reimtechnische Erwartungen weckt; schließlich war Rühmkorf schon in seinem *Lied der Benn-Epigonen* durch gewagte Reimkonstruktionen in Anlehnung an sein Vorbild aufgefallen. In *Wintergewitter* sind diese Reimexzesse sogar noch gesteigert:

*Wintergewitter*
Blaue Stunde in verklärten Taxis,
in der klammen Brust nach Worten grabend
oder du nach mir –

Haben wir noch Schwebstoff bis zum Abend,
bis zum Morgen Bier?

Futter für die innere Galaxis?
Los! – die – Honda:
aus der Hüfte raus und rein in den Betrieb;
rundumwunden meine Stundenanakonda,
Beispiel bilde, Antwort gib.

Reich nochmal vom Gift.
Ein Gedanke, der die Zeit verlängert,
hochgeweht ... und fort inmitten ...
Ehe Abschiedsweh den Beichtstuhl schwängert,
folg ich deiner Hängerosentitten
stummer Blindenschrift.

Uns verschlingend, uns entgleitend,
weitet diese Wildnis sich zur Weltnis,
unterführt Instinkt;
bis wir wie ein klassisches Verhältnis,
unsre Grenzen überschreitend, schuldig werden,
und die Wahrheit in die Augen springt.

Feuerfingerzeige und Habachtgebärden!
Schau das Licht sich 3 x überschlagen,
fort! der Himmel ist gezackt / gezinkt,
diese Dichtung nicht mehr von Bedeutung –
Doch die Leute unterm Hagelregenbogen sagen:
Welche  –  eigenartige  -  Beleuchtung[30]

Statt der Beschreibung einer Witterungsauffälligkeit, wie man nach dem
Titel erwarten könnte, ergreift eine Sprecherinstanz in der Anrede an einen
Partner das Wort. Der erotische Kontext ist offenkundig. Das Gedicht er-
öffnet ein mutiges Reimspiel über große Distanzen hinweg, wobei es die
Verse weniger auf ihre Sinnaussage hin als vielmehr auf die Gewagtheit ih-
rer Reimverbindung hin befragt. Alles reimt sich tatsächlich, zum Teil in
weiten Bögen über fünf Verse oder gar sechs und eine Strophengrenze wie
„Taxis" – „Galaxis" oder „Instinkt" – „gezinkt". Selbst dort, wo man eine
Abweichung zu entdecken meint, wie im ersten Vers der vierten Strophe,
findet sich das Reimwort vier Verse weiter im Binnenreim versteckt („über-
schreitend"). Nach der Eingangsfarbmarkierung („Blaue Stunde") tauchen

---

[30] Peter Rühmkorf: Außer der Liebe nichts. Liebesgedichte. Reinbek 1986, S. 146.

im Gedicht überhaupt keine Farben mehr auf. Gleichzeitig mehren sich die Hinweise auf die Bedeutung der optischen Wahrnehmung, etwa die „Blindenschrift" oder dass „die Wahrheit in die Augen springt". Erst die letzte Strophe greift die Titelthematik wieder auf, indem sich die „Feuerfingerzeige" der Blitze „überschlagen". Dieser Ausbruch des Gewitters setzt nicht nur eine heftige „Licht"-Regie in Gang, sondern verknüpft dieses winterliche Gewitterereignis mit einer Thematisierung des Dichtens darüber. Zwar behauptet das Gedicht, das Gewitter entziehe sich durch sein Schauspiel der „Dichtung" (und damit auch diesem konkreten Gedicht) seine „Bedeutung", doch ist diese Selbstnegierung nur halbernst gemeint. Zum einen fehlt diesem poetologischen Vers das Verb – „ist" steckt noch in der vorherigen Beschreibung der zuckenden Blitze. Zum zweiten ist der Vers syntaktisch höchst merkwürdig eingefügt: am Vers zuvor hängt er ohne ein den Sinnzusammenhang erklärendes Partikel einfach so dran, durch Komma abgetrennt, mit dem folgenden Vers ist er hingegen durch einen Gedankenstich verbunden, der den Fortgang offenlässt, indem er ihn betont. Zudem stellt das (einzige) Adversativ („Doch") einen Gegensatz zur Meinung der „Leute" her. Hebt dieses „Doch" die angebliche Bedeutungslosigkeit der „Dichtung" auf oder bestätigt sie diese?

Durch diese unklare, zumindest ambivalente Überbrückung von Gewitterausbruch und „Dichtung" entsteht ein merkwürdiges Beziehungsgeflecht, zumal der nach dem Gewitter nun sichtbare „Hagelregenbogen" ein verschobenes („unterm") und zugleich (durch den Hagel) verfremdetes Zitat des Faustschen Regenbogens darstellt. Der Kommentar, den der letzte Vers im hervorgehobenen und durch die Gedankenstriche noch dreigeteilten Schritt ausgibt, reduziert das Gewitter (und mit ihm das Gedicht) ganz auf die „Beleuchtung", als könnte man die vier vorausgehenden Strophen ganz außer Acht lassen. Das Eigenartige des Gewitters, das in dieser „Beleuchtung" aufbewahrt ist, hatte der Anfang dieser Strophe freilich genannt: nämlich „Feuerfingerzeige und Habachtgebärden" oder das sich dreifach überschlagende „Licht" – die ‚Liebesgeschichte' des Gedichts war in drei ‚sich überschlagenden' Strophen entfaltet worden. So erscheint diese angeblich bedeutungslose Dichtung ganz unmittelbar mit den Lichtzeichen der Blitze am „Himmel" gleichgeschaltet, nämlich „gezackt / gezinkt", wobei beide sogar auf dasselbe Verb zurückgreifen. In dieser Dichtung spielen Farben keine Rolle mehr, das Zitat der Bennschen ‚blauen Stunde' erweist sich als Relikt einer „verklärten" Vergangenheit. Die eigene Gegenwart muss sich einem behaupteten Verlust jeder „Bedeutung" von Dichtung stellen, was freilich in dieser Totalität nicht stimmt: im sich überschlagenden Licht der Blitze gibt es genügend „Feuerfingerzeige", dass in dieser ‚eigenartigen' „Beleuchtung" „diese Dichtung" in der eigenen Art des konkreten Dichters durchaus enthalten ist, auch wenn sie nur noch in der entstellten Form als „Hagelregenbogen" zu sehen ist. Auch der nachgezeichnete Zickzackweg der Blitze am Himmel bewahrt eine eigene, unnachahmliche Handschrift dieser angeblich bedeutungslos gewordenen „Dichtung". Da wirkt es fast wie ein selbstironisches Schlaglicht Rühmkorfs, dass trotz (oder gerade wegen?) aller Reimvirtuosität ausgerechnet der Reim zwischen „Bedeutung" und „Beleuchtung" unrein ausfällt, man darf es vielleicht auch anders formulieren: Die Welten der „Dichtung" und die der „Leute" mögen vielleicht sehr ähnlich aussehen, sie passen aber nicht zusammen („Doch").

*

Eugen Gomringer gilt mit seinen Gedichten als einer der bekanntesten Vertreter der sog. Konkreten Poesie. Er selbst hat seine eigenen Texte schon früh (1958), auch in Abgrenzung von anderen Formen konkreter Poesie, als „Konstellationen" bezeichnet:

Unter Konstellation verstehe ich die Gruppierung von wenigen, verschiedenen Worten, so daß ihre gegenseitige Beziehung nicht vorwiegend durch syntaktische Mittel entsteht, sondern durch ihre materielle, konkrete Anwesenheit im selben Raum. Dadurch entstehen statt der einen Beziehung meist deren mehrere in verschiedenen Richtungen, was dem Leser erlaubt, in der vom Dichter (durch die Wahl der Worte) bestimmten Struktur verschiedene Sinndeutungen anzunehmen und auszuprobieren. Die Haltung des Lesers der Konstellation ist die des Mitspielenden, die des Dichters die des Spielgebenden.[31]

Nimmt man diese Selbsteinordnung ernst,[32] dann erlaubt und verlangt das folgende titellose Farbgedicht eine andere Annäherung als die gewohnte. Dabei ist die Lesart als Text mit semantischer „Struktur" nicht ausgeschlossen, sie ermöglicht aber auch eine andere, nämlich eine solche, die nach der „Gruppierung" von „Worten" „im selben Raum" Ausschau hält. „Sinndeutungen" sind in beiden Leseweisen nicht ausgeschlossen, sondern als Beitrag des „Lesers" ausdrücklich gefordert:

---

[31] Zit. nach: Harald Hartung: Experimentelle Literatur und konkrete Poesie. Göttingen 1975 (= Kleine Vandenhoeck-Reihe 1405), S. 40f.
[32] Eigen Gomringer: die konstellation. eine neue gedichtform. Rundfunkvortrag Radio Zürich am 22. März 1963, in: eugen gomringer: theorie der konkreten poesie. Band II: texte und manifeste 1954-1997. Wien 1997, S. 48: „– es gehört zum sinn einer konstellation, zweifel zu wecken an der scheinbar normalen funktion der sprache."

du blau
du rot
du gelb
du schwarz
du weiss
du[33]

Das Gedicht verkompliziert sich noch zusätzlich, weil durch die konse-
quente Kleinschreibung nicht eindeutig festgelegt ist, ob der „du"-Anrede
jeden Verses ein Farbadjektiv oder die Farbe als Nomen zugeordnet ist.
Wird hier eine „du"-Figur in der Abfolge der Farben jeweils anders einge-
färbt und dadurch in der Farbreihenfolge charakterisiert oder handelt es
sich um fünf Farben, die abwechselnd mit „du" angeredet werden? Auf je-
den Fall entsteht durch diese Konstellation eine „tautologische Struktur".[34]
    Folgt man hingegen der Leseanweisung des Autors, die Worte nicht
als Texte, sondern als Markierungen „im selben Raum" zu verstehen, dann
kann man auch zwei Wortsäulen sehen, deren erste das „du" sechsmal un-
tereinander reiht; daneben steht die fünffache Säulenreihe der Farben.
Diese Farbenreihe stellt in ihrer ersten Hälfte mit „blau", „rot" und „gelb"
ein verkürztes Regenbogenschema dar, während die zweite Hälfte mit
„schwarz" und „weiß" und der Leerstelle eine unfarbige Abnahme ins Farb-
lose darstellt. Findet hier eine Auseinandersetzung Gomringers mit der
Tradition der Farbgedichte statt?
    Der Vergleich mit Rimbauds *Voyelles* liegt auf der Hand, die Kenntnis
einer solchen Vorlage ist bei Gomringer, der das Schweizer Bildungssystem
durchlaufen hat, vorauszusetzen. Während bei Rimbaud freilich eine chro-
matische Abfolge ausgelistet ist, die sich am Klang der Laute ausrichtet,
folgt Gomringer einem anderen Muster. Er beginnt mit Rimbauds Schluss-
farbe Blau, dekliniert das Farbenspektrum jedoch nicht wie dieser durch,
sondern beendet diese Reihenfolge ausgerechnet mit „gelb", einer Farbe,
die bei Rimbaud gar nicht vorkommt. Bei Gomringer fehlt hingegen die
Farbe Grün. Während bei Rimbaud alle Farben in ihrer Eigenwertigkeit
durchexerziert werden, beschränkt sich Gomringer (oder erweitert sie) auf
eine Zuordnung zum „du". Mit Beginn der zweiten Hälfte des Gedichts
verzichtet er ganz auf die Chromatik und lässt seine Reihe ins Leere

---

[33] Eugen Gomringer: Konstellationen, ideogramme, stundenbuch. Stuttgart 1977, S. 20.
[34] Thomas Kopfermann: Konkrete Poesie – Fundamentalpoetik und Textpraxis einer
Neo-Avantgarde. Frankfurt a. M./Bern 1981 (= Europäische Hochschulschriften, Reihe
1, Deutsche Sprache und Literatur 408), S. 205, auch: „Das interpunktionslose geomet-
rische Muster relativiert den Wert der syntaktischen Grundform Aussagesatz; denn die
Leserichtung ist nicht festgelegt".

auslaufen, während Rimbaud seinem blauen „O" den Höhepunkt der Farb-
skala reserviert hatte.

Aber selbst das letzte „du" des letzten Verses ist nicht eindeutig. Folgt
ihm eine Leerstelle, also nichts, oder bezeichnet diese Leerstelle Farblosig-
keit? Zumindest dominiert dieses „du" den Raum, auch zahlenmäßig min-
destens doppelt so gewichtig, sowohl im Vergleich mit den drei Buntfarben
als auch im Bezug auf Schwarz und Weiß.


*


In einer Sammlung von Essays und Aphorismen kommentiert Reiner
Kunze unter der Überschrift „Der gedeutete Autor" die Wirkungsmecha-
nismen des Poetischen am Beispiel eines Farbgedichts, das gar nicht exis-
tiert:

*Das weiße Gedicht*
Hätte ich ein weißes Erlebnis gehabt und versucht, ein weißes Gedicht zu schrei-
ben, und ein Leser würde sagen, das Gedicht sei schwarz, könnte ein Grund dafür
sein, daß ich mit dem Weiß des Erlebnisses zu sparsam umgegangen bin, so daß das
Gedicht grau wirkt und der Leser, dunkel vorgestimmt, vor allem die Schwarztöne
herausspürt. Denkbar wäre aber auch, daß der Leser keinen Zugang zu diesem Ge-
dicht findet oder nicht *mein* Leser ist oder überhaupt mit Gedichten wenig Erfah-
rung hat.
Würde dagegen ein Mädchen, das über und über verliebt und also lila gestimmt ist,
dieses Gedicht als lila empfinden, spräche das weder dagegen, daß das Gedicht weiß
ist, noch gegen das Poesieverständnis des Mädchens – im Weiß sind alle Farben des
Regenbogens gebündelt.[35]

Bis zur Schlusspointe bleibt der Irrealis der Leitmodus dieser Erläuterung
einer starken Autorintention. Aber auch, dass es sich um ein weißes Ge-
dicht handelt, wird nie in Zweifel gezogen; eindeutig bleibt, „daß das Ge-
dicht weiß ist". Eine denkbare andere Farbigkeit bleibt immer eine solche
im Auge des Lesers. Dieser Leser wird von Kunze in zweierlei Weise einer
Korrektur unterworfen. Zum einen werden dreierlei unqualifizierte Leser
ausgeschlossen: wer „keinen Zugang" hat, „nicht *mein* Leser ist oder über-
haupt mit Gedichten wenig Erfahrung hat". Zweifel an der adäquaten Um-
setzung der Autorintention („versucht, ein weißes Gedicht zu schreiben")
sind nicht erlaubt. Denn zu eindeutig ist das Ausgangserlebnis („ein weißes
Erlebnis"), zu fraglos greifen die Wirkungsmechanismen des Texts („so

---

[35] Reiner Kunze: Das weiße Gedicht. Essays. Frankfurt a. M. 1989, S. 167.

daß das Gedicht grau wirkt"). Genauso läuft auch die notwenige Einge-
stimmtheit des Lesers ab („dunkel vorgestimmt"), so dass Wahrnehmun-
gen von Farbveränderungen monochromatisch auf dem Weg vom „Weiß
des Erlebnisses" zu „grau" oder gar „schwarz" beschränkt bleiben.

In einer überraschenden Wendung lässt Kunze in dieser Schwarz-
Weiß-Welt ein verliebtes „Mädchen" auftauchen. Deren Grundstimmung
der Verliebtheit erweitert das bisherige Schwarz-Weiß-Schema, denn des
Mädchens „über und über"-Verliebtheit erlaubt die Farbabweichung, die
zugleich auch Einfärbung ist, nicht nur, sondern verschafft ihr sogar ein
logisches Recht („also lila gestimmt"). Das weiße Gedicht bleibt weiß und
lässt dennoch eine farbige Empfindung zu, ohne dass das adäquate „Poe-
sieverständnis" dadurch gestört würde. Die Pointe, dass auch die lila Farb-
gebung im Weiß enthalten und daher gültig ist, wirkt freilich vertrackt.
Denn Kunze rekurriert ja nicht nur auf die „Farben des Regenbogens", son-
dern auch auf eine andere Ordnungsinstanz als diejenige von Newtons
Lichtbrechung – denn diese seine Farben werden nicht in einem
Lichtspektrum entfaltet, sondern dort „gebündelt".

Dieser Realität – das Gedicht „ist", die Farben „sind" – steht Kunzes
Spiel mit dem Irrealis gegenüber. Schließlich war das „weiße Gedicht" ja
gar nicht verfasst worden, sondern bestand nur in der poetischen Imagina-
tion. In dieser Imagination existiert es aber fraglos, zeigt Wirkung und
zeugt von der Autonomie des Gedichts und der Poesie. Das nur vorge-
stellte Gedicht ist und bleibt weiß; ihm liegt ein „weißes Erlebnis" zu-
grunde, auch wenn es als lila wahrgenommen wird. Denn es kann „alle Far-
ben des Regenbogens" bündeln.


## 4. Kommende Farben

Marcel Beyers Gedicht *Das kommende Blau* stammt von 1997:

*Das kommende Blau*
Sie löffelt Blau aus einer Tonne,
in der Farbhalle, russisches. Im
Nebenraum die fleckigen Papiere,
Öl und Film, Grußkarten, Erste
Hilfe-Bilder, Leitfäden in
gebläuter Schrift. Wir lesen
nicht, wir waten durch den offenen
Maschinensaal, wir löffeln mit
der Kehrichtschaufel Blau in einen
Kübel. Der Kragen steht, der Himmel

ungenau, im Lager, Wald- und
Sperrbereich fällt der Marinehimmel,
fällt frisches Wolkenblau in Placken
von der Mauer. Du löffelst noch, ich
wende Logbücher im Nebenraum,
flimmernder Schuh und blaue Hand.[36]

Vor uns liegt ein kompakter, nicht in Strophen gegliederter Textkorpus von 16 Versen. Diesem Bildeindruck entspricht der erzählende Textfluss, der auf Versgrenzen keine Rücksicht nimmt und damit dem Zeilensprung zum Normalfall macht. Dass es sich überhaupt um Lyrik handelt, ist nicht mehr an Reim, Metrum oder Rhythmus abzulesen, sondern nur noch am druckgrafischen Signal des unausgefüllten Zeilenspiegels erkennbar. Der Anspruch, keine Prosa zu sein, sondern als Bildverdichtung gebundener Rede gelesen werden zu wollen, bleibt allerdings erhalten. Dies gilt zumal für Beyer, der sich auch als Erzähler sehr lyrikaffin definiert hat: „Das Entstehen eines Satzes und die Abfolge von Sätzen werden wesentlich vom Rhythmus bestimmt."[37] In dieser lyrischen Form wird die Geschichte einer Beziehung im Dreischritt erzählt: „Sie löffelt" (Vers 1) – „wir löffeln" (Vers 8) – „Du löffelst" (Vers 14). Das lyrische Ich, im erzählenden Duktus des Gedichts eine Art mitspielender Erzähler, gibt sich lange nicht zu erkennen, bis es – und auch da nicht als Individuum – in der Szenerie als beteiligtes „wir" auftaucht (Vers 6). Erst am Ende des Vorgangs zeigt es Eigensinn und Eigenheit, indem es aus der Reihe tanzt: „Du löffelst noch, ich / wende".

Dieser Weg vom „Sie" über das „wir" zum „Du" und „ich" bindet sich an Realitätssignale, die von der Titelfarbe auf die geschilderte Umgebung gleichsam abfärben – schließlich handelt es sich um ein „russisches" Blau. Auch ohne biografisches Begleitwissen, dass Beyer, aus dem Westen stammend, seit 1996 in Dresden lebt, findet man sich durch das Gedicht in die maroden Überbleibsel einer zusammengebrochenen Industrielandschaft zwischen „Wald- und Sperrbereich" versetzt, in der handgreiflich mit Altlasten aufgeräumt wird. In diesem alten „Blau" steckt freilich auch eine Perspektive auf die Zukunft, wie der Titel kundgibt. Zahlreich sind die Anspielungen auf die jüngere Vergangenheit. Erst unter dieser Perspektive kann man erahnen, dass es sich bei *Das kommende Blau* um

---

[36] Marcel Beyer: Falsches Futter. Gedichte. Suhrkamp Verlag Frankfurt a. M. 1997. (= edition suhrkamp 2005), S. 74.
[37] So Beyer selbst in seinen *Pinkshots* 1990, zit. nach: Katharina Picandet: Zitatromane der Gegenwart. Frankfurt a. M. 2011 (= Hamburger Beiträge zur Germanistik 52), S. 145.

„Geschichtslyrik" handeln könnte.[38] Die „Leitfäden in gebläuter Schrift" enthalten einen seit der Rechtschreibreform noch besser lesbaren Doppelsinn von ‚einbleuen' und ‚verblassen'. Gar nicht versteckt sind Verweise auf die blaue Farbe der FDJ-Hemden oder der offene Hinweis auf „Mauer" und Wendezeit (Vers 15) zu finden. Insgesamt beschreibt das Gedicht in höchst artifizieller Weise den Prozess eines lyrischen Ichs im Umgang mit Altlasten (Verse 3-5), eingeschrieben in eine Beziehung von neuer Hilfe beim Aufräumen (Vers 9f.), die die alte „Hilfe" der eingebläuten „Leitfäden" ersetzt. Am Ende dieser Arbeitsgemeinschaft des gemeinsamen Löffelns wird dann aber doch eine differenzierte Alternative sichtbar. Eine lyrische Form der Gespaltenheit von Ost und West bricht auf, einerseits mit der Verhaftung am Alten: sie löffelt „noch", während das Ich sich „im Nebenraum" abgesondert hat, um dort eine Orientierungswende vorzunehmen. Dabei liefert die Farbe Blau nicht nur den Leitfaden (Vers 5) durch das Gedicht, sondern eine universale Einfärbung alles Beobachteten; eine andere Farbe kommt überhaupt nicht vor. Aus der Farbe der (russischen) Altlasten wird durch den Entsorgungsakt des gemeinsamen Löffelns am Ende ein „frisches Wolkenblau". Diese Einfärbung haftet allem an, das damit in Berührung kommt (Vers 16: „blaue Hand"); das gilt sogar für die Zukunft, wie der Gedichttitel verspricht. Beyers wortspielerischer Umgang mit der Farbe Blau erinnert an das Verfahren in seinem Erfolgsroman *Flughunde* von 1995, in denen ein Akustiker der Welt der Geräusche „in ganz verschiedenen Tonfärbungen" und „Klangfarben" nachgeht.[39]

Dem Gedicht *Das kommende Blau* ist jedoch noch eine weitere Dimension eingeschrieben, die es zu einem metapoetischen Text macht. Das Gedicht spricht ja ausdrücklich vom „lesen", das zunächst verweigert wird („Wir lesen / nicht"), obwohl „Papiere" und „Bilder", „Leitfäden" und „Schrift" dazu einladen. Das Farblöffeln hat Vorrang. Erst am Ende, als dieses Löffeln auch zum Ende kommt („Du löffelst noch"), tritt an die Stelle der anfangs verweigerten Lektüre eine andere Form des Umgangs mit Schriftlichem. Das lyrische Ich befreit sich aus der bisherigen Gemeinschaft mit dem „wir", wird zum selbsttätigen „ich" und beschäftigt sich auf ganz neue Weise mit Geschriebenem. Indem es „Logbücher" „wende[t]", noch dazu in einem „Nebenraum", tritt es auf eine eigensinnige Weise in eine Auseinandersetzung mit den Relikten vergangener Zeiten ein. Diese Umkehrung der bisherigen Orientierung, dessen sich die „Logbücher" vergewissern, liefert jedoch noch nicht das letzte Wort des Gedichts. Der

---

[38] Frieder von Ammon: „Muskatplüts Hofton ist hier unbekannt." Marcel Beyer, das Mittelalter und die Germanistik, in: Christian Klein (Hrsg.): Marcel Beyer. Perspektiven auf Autor und Werk. Stuttgart 2018 (= Kontemporär 1), S. 54.
[39] Marcel Beyer. Flughunde. Roman. Frankfurt a. M. 1995, S. 115.

Anschluss des letzten Verses, „flimmernder Schuh und blaue Hand", ist syntaktisch völlig uneindeutig angeschlossen, zudem weder aus sich selbst noch aus dem Gedichtkontext erklärbar. Versteht man indes *Das kommende Blau* als repräsentativen Text, der Geschichtslyrik und Postmoderne miteinander vereint, dann demonstriert das Beyer-Gedicht ein freies Spiel mit allen Möglichkeiten lyrischen Sprechens, indem es sie benutzt und wieder zum Verschwinden bringt – z. B. das im Anfang von Vers 11 versteckte, kaum sichtbare, nur hörbare Reimwort zu „blau": „ungenau". Mit diesem „ungenau" nähme Beyer dann aber eine ganz zentrale Bestimmung der Farbe Blau auf, weil er damit wörtlich auf Rilkes *Blaue Hortensie* zurückgriffe. Genauso wörtlich wäre dann auch Eichs *Tage mit Hähern* zitiert, bei dem die „blaue Feder" vor dem „Schuh" liegt. Weitergehende Bezugnahmen lassen sich finden, auch wenn sie bereits im Feld des nicht mehr eindeutig Verifizierbaren angesiedelt sind. Denn Satzbau und Schlussstellung von „flimmernder Schuh und blaue Hand" rufen den Schluss von Hugo von Hofmannsthals Gedicht *Manche freilich müssen drunten sterben* von 1895 auf, das in einer vergleichbar kryptischen Wendung endet: „Und mein Teil ist mehr als dieses Lebens / Schlanke Flamme oder schmale Leier."[40] Stimmten diese Befunde, dann enthielte *Das kommende Blau* mehr als nur *eine* explizite poetologische Zuspitzung.

So muss offen bleiben, ob und inwieweit Beyer auf die eigene Schreibsituation in Wendezeiten anspielt, indem er Rilkes verwaschenen Farbeindrücken und Eichs poetischem Pessimismus die Erwartungen auf das „kommende Blau" des Titels und die „blaue Hand" eines neuen Schreibens entgegensetzt.

---

[40] Hugo von Hofmannsthal: Gedichte. Dramen I. 1891-1898. Hrsg. von Bernd Schoeller. Frankfurt a. M. 1979, S. 26.

# Farbe als Gedicht

Unser literaturgeschichtlicher Durchgang mag viele Einsichten in die Besonderheit farbiger Verse hinterlassen haben, er krankt jedoch an einem Mangel an interpretatorischer Systematik. Wie wäre dem abzuhelfen? Übereinstimmung besteht vielleicht darin, dass eine Typologie der Farbgedichte nicht infrage kommt, auch wenn eine solche Typologie durchaus berücksichtigt, dass in allen Farbgedichten „nicht so sehr der semantische Inhalt des Farbworts als dessen strukturbildende Kraft" der entscheidende Träger ist.[1] Überhaupt scheint jedes herkömmliche Modell der Farbenbildlichkeit bei Gedichten, sei es als eine bunte Einfärbung im Sinne des rhetorischen *ornatus* oder als besondere Form metaphorischen Sprechens, nicht gerecht zu werden. Vielmehr muss man wohl nach dem bisher Untersuchten davon ausgehen, dass poetische Farbbegriffe eine spezifische Form des Sprachgebrauchs darstellen, die mit den bisher zur Verfügung stehenden Kategorien nicht hinreichend erfasst werden kann. Wenn eine solche poetische Farbe sich weder in den Bereich der Rhetorik einordnen noch auf den Gegensatz von Wirklichkeits- und Fiktionsreferenz bringen lässt, sondern irgendwo dazwischen angesiedelt ist, also beiden Bereichen zugleich und beiden auch nicht so ganz zugehört, dann ergeben sich daraus mindestens zwei Schlussfolgerungen wie von selbst.
1. Farben im Gedicht stellen genau die Wirklichkeitsreferenz in Frage, auf die sie sich scheinbar so eindeutig einlassen.
2. Farben im Gedicht widersprechen genau der Fiktionsreferenz, zu deren Absicherung sie doch eigentlich eingesetzt werden.
Wenn dieser Befund stimmt, dass Farben in Gedichten eine eigene Dimension poetischen Sprechens darstellen, die sich der Eingemeindung in Symbolik, Vergleich, Metaphorik usw. entzieht, dann liegt der Verdacht nahe, dass das lyrische Sprechen in und mit Farben einer ganz eigenen Form der dichterischen Sprachverwendung zugehört.

Insofern ist es kein Zufall, dass die literarische Moderne an der Wende zum 20. Jahrhundert dafür ein feinsinniges Sensorium entwickelt hat. In *Die Briefe des Zurückgekehrten* hat Hugo von Hofmannsthal 1907 einen auf 1901 datierten, bisher wenig beachteten Text bereitgestellt, in dem er genau dieses poetische Sprechen mit und über Farben hinterfragt.[2] Wie in seinem

---

[1] So Grimm, Entwurf einer Poetik der Farben, S. 546.
[2] Vgl. dazu Eva Eßlinger: Wortlos sprechende Farben, sprachliche Form. Hugo von Hofmannsthals *Briefe des Zurückgekehrten*, in: dies./Heide Volkening/Cornelia Zumbusch (Hrsg.): Die Farben der Prosa. Freiburg/Berlin/Wien 2016 (= Rombach Wissenschaften Reihe Litterae 221), S. 203-222.

fast zeitgleich entstanden, freilich berühmteren *Chandos*-Brief steht am Anfang eine Sprachkrise, die auch eine solche des Bewusstseins und der Erkenntnis ist: „Meine Begriffe sind mir über dem wirklichen Ansehen in diesen vier Monaten verloren gegangen".[3] Der fiktive Briefschreiber der *Briefe des Zurückgekehrten* übermittelt einem ungenannten Adressaten in fünf Briefen die Eindrücke seine Verstörung, die so lange anhalten, bis er auf eine Ausstellung mit Bildern Vincent van Goghs trifft. Wie sich im *Chandos*-Brief aus dem Sprachverlust eine neue poetische Sprache ergibt, die sich einem Sprechen in Chiffren überantwortet, so erwächst auch in den *Briefen des Zurückgekehrten* aus dem Bildersehen, „wie neugeboren aus dem furchtbaren Chaos des Nichtlebens, aus dem Abgrund der Wesenlosigkeit", ein neues Verständnis von Farbe: „Aber was sind Farben, wofern nicht das innerste der Gegenstände in ihnen hervorbricht!"[4]

Dieses neue Farbensehen ist dabei nicht auf das Optisch-Malerische beschränkt, sondern versteht sich ausdrücklich als Sprachreflexion. So fragt Hofmannsthals Briefschreiber in seiner Verwirrung nach: „Aber was sind eigentlich Farben? Hätte ich nicht eigentlich ebensogut sagen mögen: die Gestalt der Dinge, oder die Sprache des Lichtes und der Finsternis, oder ich weiß nicht welches Unbenannte?"[5] Hofmannsthal verknüpft diese neue Farbwahrnehmung ganz unmittelbar und in völliger Betroffenheit mit seinem Sprachbewusstsein: „Ein Schauen ist es, nichts weiter" – „So geht's mir mit der Sprache". Denn „die Farben der Dinge haben zu seltsamen Stunden eine Gewalt über mich".[6] Er schließt mit scheinbarer Resignation: „Farbe. Farbe. Mir ist das Wort jetzt armselig. Ich fürchte, ich habe mich Dir nicht erklärt, wie ich möchte." Doch bevor er *Die Briefe des Zurückgekehrten* mit rhetorischen Fragen um weitere „Vermutungen" beendet, dass es „höhere Begriffe" für dieses Phänomen geben möge,[7] äußert Hofmannsthal einen für unsere Überlegungen grundlegenden Gedanken:

Warum, wenn nicht die Farben eine Sprache sind, in der das Wortlose, das Ewige, das Ungeheure sich hergibt, eine Sprache, erhabener als die Töne, weil sie wie eine Ewigkeitsflamme unmittelbar hervorschlägt aus dem stummen Dasein und uns die Seele erneuert.[8]

---

[3] Hugo von Hofmannsthal: Gesammelte Werke in zehn Einzelbänden. Erzählungen. Frankfurt a. M. 1979, S. 544.

[4] Ebd., S. 565.

[5] Ebd., S. 567.

[6] Ebd., S. 569.

[7] Ebd., S. 571: „Und warum sollten nicht die Farben Brüder der Schmerzen sein, da diese wie jene uns ins Ewige ziehen?"

[8] Ebd., S. 570.

Die Farben nicht als Mittel, als Motiv, als Figuren der Sprache, sondern als eine eigene poetische Sprache – Hofmannsthal wäre nicht der Farbendichter, der er ist, wenn er nicht selbst diese neue Farbsprache ausprobierte. In seinen *Aufzeichnungen aus dem Nachlaß*, in Bruchstücken erst 1939 und dann 1959 in Zusammenhang publiziert, heißt es unter dem Eintrag „1906“:

Blumen. Im Mai hatten wir im Garten viel Tulpen. Wir stellten zusammen in eine große Vase weißen gefüllten Flieder, dazwischen Vergißmeinnicht, blaßrosa Tulpen und weiße Narzissen. – Im Juni nach der Taufe hatten wir schöne Vasen mit spanischer Iris, bräunlich und tiefblau, mit Akelei und gestreiftem Binsengras. – Im Oktober die letzten starken Farben: große Dahlien, eine samtig rotbraun, fast schwarz, eine tiefviolett, dazu hellere braunrot. Aus diesen steigen hervor Gladiolen rot ins Bläuliche, eine fast blau, eine stark geschwungene, sich über den Rand lehnend, rosa, fast weiß. Zwischen ihnen sind zarte, rispige Montbretien, feuerfarb. Links hängt aus dem Gefäß (das selbst die Farben herbstlicher Blätter hat und braune Schnecken als Henkel) ein tiefgrüner Efeuzweig, rechts eine gelbrote Ranke von wildem Wein, im Herzen des Buketts ist das einzige Weiß, eine üppige Traube von Tuberosen. – Wie weit ist dieses üppige, gegens Elfenbein gehende Weiß von dem unberührten Weiß jener Narzissen und des Flieders im Mai. Und damals wäre es keinem eingefallen, ein Grün als Farbe zu den Blumen zu fügen. Nur überwunden, blaß streifig war es im Innern mancher weißen Tulpenblüten; jetzt ist das dunkle leidenschaftliche Grün dieses Efeuzweiges fast die ergreifendste Farbe unter allen.[9]

Es dauert, bis aus der Zusammenstellung der Blumen im Jahresverlauf die schon enthaltenen Farben zu sprachlich „starken Farben“ werden, ohne dass die Blumenfarben verloren gehen. Vielmehr erhalten die Blumen erst jetzt ihr eigentümliches Kolorit. Sie färben auch auf ihre Umgebung ab und strukturieren einen Farbraum. In der Reflexion über den Wandel des Weiß vom frühlingshaften „unberührten Weiß“ zum herbstlichen „gegens Elfenbein gehende Weiß“ wird sogar eine jahreszeitliche Dimension eingeschrieben. Im Kontrast dazu entsteht mit der Farbe Grün dann ein Reflexionsmedium, das „jetzt“ ganz anders wirkt, nämlich als emotionsgeladene Farbsprache.

Man erkennt unschwer, dass das Nachdenken über das poetische Sprechen über Farben noch ganz am Anfang steht.

---

[9] Hofmannsthal, Gesammelte Werke, Reden und Aufsätze III, S. 479.

# Farb-Literaturverzeichnis

(Das Literaturverzeichnis enthält nur diejenigen Studien, die sich unmittelbar auf die Farbthematik beziehen)

Beate Allert: Wie farbig darf die Dichtung sein? Lessings Beitrag zum Diskurs der Farben im 18. Jahrhundert, in: Lessing-Yearbook 37 (2006/2007), S. 139-149.

Ulrich Arnswald/Jens Kertscher/Matthias Kroß (Hrsg.): Wittgenstein und die Metapher. Berlin 2004.

David Batchelor: Chromophobie. Angst vor der Farbe. Wien ²2004.

Maria Behre: Übersetzen als Doppelspiegelung. Goethes Gedicht *Entoptische Farben*, in: Ulrich Stadler (Hrsg.): Zwiesprache. Beiträge zur Theorie und Geschichte des Übersetzens. Stuttgart/Weimar 1996, S.368-381.

Ingrid Bennewitz/Andrea Schindler (Hrsg.): Farbe im Mittelalter. Materialität – Medialität – Semantik. Band II. Berlin 2011.

Toni Bernhart: Die Vermessung der Farben in der Sprache. Zur Berlin-Kay-Hypothese in der Literaturwissenschaft, in: Literaturwissenschaft und Linguistik 38 (2008), S. 56-78.

Brent Berlin/Paul Kay: Basic Color Terms. Their Universality and Evolution. Berkeley/Los Angeles/Oxford 1969.

Gernot Böhme: Ist Goethes Farbenlehre Wissenschaft?, in: ders.: Alternativen der Wissenschaft. Frankfurt a. M. ²1993.

Margarete Bruns: Das Rätsel Farbe. Materie und Mythos. Stuttgart 1997.

Frederik Burwick: Goethes Farbenlehre und ihre Wirkung auf die deutsche und englische Romantik, in: Goethe-Jahrbuch 111 (1994), S. 213-229.

Joachim F. Danckwardt: Farben im Traum. Ein Beitrag zur Traumdeutung Sigmund Freuds, in: Forum der Psychoanalyse 22 (2006), S. 165-181.

Martin Dönike/Jutta Müller-Tamm/Friedrich Steinle (Hrsg.): Die Farben der Klassik. Wissenschaft – Ästhetik – Literatur. Göttingen 2015 (= Schriftenreihe des Zentrums für Klassikforschung 3).

Anja Eichler: Goethes *Farbenlehre* und die Lehren von den Farben und vom Färben. Wetzlar 2011.

Ein Rot, ein Grün, ein Grau vorbeigesendet. Farben in der deutschen Lyrik von der Romantik bis zur Gegenwart. München 1994 (= dtv Klassik).

Norbert Elsner (Hrsg.): Bilderwelten. Vom farbigen Abglanz der Natur. Göttingen 2007.

Eva Eßlinger/Heide Volkening/Cornelia Zumbusch (Hrsg.): Die Farben der Prosa. Freiburg/Berlin/Wien 2016 (= Rombach Wissenschaften Reihe Litterae 221), S. 203-222.

René Etiemble: Le sonnet des voyelles. De l'audition coloré à la vision érotique. Paris 1968 (= Les Essais 139).

Victoria Finley: Das Geheimnis der Farben. Eine Kulturgeschichte. Berlin 2005.

John Gage: Kulturgeschichte der Farbe. Von der Antike bis zur Gegenwart. Ravensburg 1997.

John Gage: Die Sprache der Farben. Bedeutungswandel der Farbe in der bildenden Kunst. Ravensburg 1999.

Frederik A. Gierlinger: Wittgensteins *Bemerkungen über die Farben*. Frankfurt a. M. 2015 (= Forschungsergebnisse der WLL Wirtschaftsuniversität Wien 60).

Helmut Gipper: Die Farbe als Sprachproblem, in: Sprachforum 1 (1955), S. 135-145.

Jürgen Goldstein. Blau. Eine Wunderkammer seiner Bedeutungen. Berlin 2017.

Reinhold Grimm: Entwurf einer Poetik der Farben, in: Revue de littérature comparée (38) 1964, S. 531-549.

Andreas Heberstreit: Die soziale Farbe. Wie Gesellschaft sichtbar wird. Berlin/Zürich 2007.

Holger Helbig: Naturgemäße Ordnung. Darstellung und Methode in Goethes Lehre von den Farben. Köln/Weimar/Wien 2004.

Hermann von Helmholtz: Goethes Vorahnungen kommender naturwissenschaftlicher Ideen, in: Deutsche Rundschau 18 (1892), S. 115-132.

Ders.: Über das Sehen von Menschen (1855), in: ders.: Vorträge und Reden. Band 1. Braunschweig 1903, S. 85-118.

Walter Hess: Das Problem der Farbe in den Selbstzeugnissen der Maler von Cézanne bis Mondrian. Mittenwalt 1981.

Rudolf Hochegger: Die geschichtliche Entwickelung des Farbensinnes. Eine psychologische Studie zur Entwickelung des Menschen. Innsbruck 1884.

Felix Höpfner: Wissenschaft wider die Zeit. Goethes Farbenlehre aus rezeptionsgeschichtlicher Sicht. Mit einer Bibliographie zur Farbenlehre. Heidelberg 1990 (= Beiträge zur neueren Literaturgeschichte, 3. Folge, Band 106).

Ulla Hofstaetter: „Ein Meer von blauen Gedanken". Bemerkungen zur Farbverwendung bei Heinrich Heine unter besonderer Berücksichtigung seines Frühwerks, in: Heine-Jahrbuch 1995, S. 1-24.

Alexander Honold: Goethes Farbenkrieg, in: KulturPoetik 2 (2002), S. 24-43.
Claudine Hunting: La Voix de Rimbaud. Nouveau point de vue sur les „naissances latentes" des *Voyelles*, in: Publications of the Modern Language Association 88 (1973), S. 472-483.

Andreas Käuser: Goethes Redeweise über die Farbe, in: Zeitschrift für Germanistik. Neue Folge 2 (1997), S. 249-261.

Joachim Knuf: Unsere Welt der Farben. Symbole zwischen Natur und Kultur. Köln 1988.

Helmut Koopmann: Grün oder blau? Zu C. F. Meyers poetischen Farben, in: Gunter Martens/Winfried Woesler (Hrsg.): Edition als Wissenschaft. Festschrift für Hans Zeller. Tübingen 1991 (= Beihefte zu Editio 2), S. 150-158.

Verena Krieger: Die Farbe als „Seele" der Malerei. Transformationen eines Topos vom 16. Jahrhundert zur Moderne, in: Marburger Jahrbuch für Kunstgeschichte 33 (2006), S. 91-112.

Reiner Kunze: Das weiße Gedicht. Essays. Frankfurt a. M. 1989.

Beat Lehmann: ROT ist nicht „rot" ist nicht [rot]. Eine Bilanz und Neuinterpretation der linguistischen Relativitätstheorie. Tübingen 1998 (= Tübinger Beiträge zur Linguistik 431).

Jacques Le Rider: Les couleurs et les mots. Paris 1997 (= perspectives critiques), auf Deutsch: Farben und Wörter. Geschichte der Farbe von Lessing bis Wittgenstein. Wien/Köln/Weimar 2000.

Angelika Lochmann/Angelika Overath (Hrsg.): Das blaue Buch. Lesarten einer Farbe. Nördlingen 1988 (= Krater Bibliothek).

Alexandra Loske: Die Geschichte der Farben. München/London/New York 2019.

Max Lüscher: Der 4-Farben-Mensch oder der Weg zum inneren Gleichgewicht. München 1977.

Rainer Mausfeld: „Wär' nicht das Auge sonnenhaft ..." Goethes Farbenlehre: Nur eine Poesie des Chromatischen oder ein Beitrag zu einer naturwissenschaftlichen Psychologie?", in: Mitteilungen des Zentrums für interdisziplinäre Forschung 4. Bielefeld 1996, S. 3-27.

Kurt Mautz: Die Farbensprache der expressionistischen Lyrik, in: Deutsche Vierteljahrsschrift für Literaturwissenschaft und Geistesgeschichte 31 (1957), S. 198-240.

Christel Meier: Von der Schwierigkeit, über Farbe zu reden, in: Michael Scheffel/Silke Grothues/Ruth Sassenhausen (Hrsg.): Ästhetische Transgression. Festschrift für Ulrich Ernst zum 60. Geburtstag. Trier 1006, S. 81-99.

Françoise Meltzer: On Rimbaud's *Voyelles*, in: Modern Philology 76 (1979), S. 344-354.

Carolin Oster: Die Farben höfischer Körper. Farbattributierung und höfische Identität in mittelhochdeutschen Artus- und Tristanromanen. Berlin 2014 (= Beiträge zu einer kulturwissenschaftlichen Mediävistik 6).

Walter Pape (Hrsg.): Die Farben der Romantik. Physik und Physiologie, Kunst und Literatur. Berlin/Boston 2014 (= Schriften der Internationalen Arnim-Gesellschaft 10).

Michel Pastoureau: Blau. Die Geschichte einer Farbe. Leicht gekürzte Ausgabe. Aus dem Französischen von Antoinette Gittinger. Berlin 2013 (= Wagenbach Taschenbuch 718).

Matthias Politycki: Die Farbe der Vokale. Von der Literatur, den 78ern und dem Gequake satter Frösche. München 1998.

Linda Puccioni: Farbensprachen. Chromatik und Synästhesie bei Hugo von Hofmannsthal. Würzburg 2019 (= Epistemata Reihe Literaturwissenschaft 903).

Theda Rehbock: Goethe und die „Rettung der Phänomene". Philosophische Kritik des naturwissenschaftlichen Weltbilds am Beispiel der Farbenlehre. Konstanz 1995.

Dies.: Hat Schopenhauer Goethes Farbenlehre verstanden?, in: Daniel Schubbe/Søren R. Fauth (Hrsg.): Schopenhauer und Goethe. Biographische und philosophische Perspektiven. Hamburg 2016, S. 371-403.

Karl Richter: Wiederholte Spiegelungen im *West-östlichen Divan*. Die Entoptik als poetologisches Paradigma in Goethes Alterswerk, in: Scientia Poetica 4 (2000), S. 115-130.

Heinz Rölleke: Weiß – Rot – Schwarz. „Die drei Farben der Poesie". Zur Farbsprache in Grimms *Snewittchen* im Märchen und anderswo, in: Fabula 54 (2013, S. 214-234.

Josef G. F. Rothhaupt: Farbthemen in Wittgensteins Gesamtnachlaß. Philologisch-philosophische Untersuchungen im Längsschnitt und in Querschnitten. Weinheim 1996 (= Monographien Philosophie 273).

Philipp Otto Runge: Farben-Kugel oder Construction des Verhältnisses aller Mischungen der Farben zu einander, und ihrer vollständigen Affinität, mit angehängtem Versuch einer Ableitung der Harmonie in den Zusammenstellungen der Farben. Nebst einer Abhandlung über die Bedeutung der Farben in der Natur von Prof. Henrik Steffens in Halle. Hamburg 1810 (Faksimileausgabe. Mittenwald 1977)

Monika Schausten (Hrsg.): Die Farben imaginierter Welten. Zur Kulturgeschichte ihrer Codierung in Literatur und bildender Kunst vom Mittelalter bis zur Gegenwart. Berlin 2012.

Peter Schmidt: Goethes Farbensymbolik. Untersuchungen zu Verwendung und Bedeutung der Farben in den Dichtungen und Schriften Goethes. Berlin 1965 (= Philologische Studien und Quellen 26).

Sabine Schneider: Kaumblau. Rilkes prekäre Bildontologie in den *Neuen Gedichten*, in: Ralf Simon (Hrsg.): Das lyrische Bild. München 2010 (= eikones), S. 273-297.

Arthur Schopenhauer: Ueber das Sehn und die Farben. Eine Abhandlung. Leipzig 1816, S. 40.

Albrecht Schöne: Goethes Farbentheologie. München 1987.

Ludwig Manfred Schweinhagen: Die Farbe als konstitutives Element der deutschen Barockdichtung. Diss. Masch. FU Berlin 1955.

Jakob Steinbrenner/Stefan Glausauer (Hrsg.): Farben. Betrachtungen aus Philosophie und Naturwissenschaften. Frankfurt a. M. 2007 (= suhrkamp taschenbuch wissenschaft 1825).

Ders./Christoph Wagner/Oliver Jehle (Hrsg.): Farben in Kunst und Geisteswissenschaften. Regensburg 2011.

Jacob Steiner: Die Farben in der Lyrik von George bis Trakl, in: ders.: Rilke. Vorträge und Aufsätze. Karlsruhe 1986.

Rudolf Steiner: Farbenerkenntnis. Dornach 1990.

Ders.: Das Wesen der Farben. Dornach [4]1991.

Walther Steinert: Ludwig Tieck und das Farbempfinden der deutschen Romantik. Dortmund 1910 (= Schriften der literaturhistorischen Gesellschaft Bonn 7).

Alexander Theroux: Blau. Anleitungen eine Farbe zu lesen. Hamburg 1998.

Joseph Vogl: Der Weg der Farbe (Goethe), in: Inka Mülder-Bach/Gerhard Neumann (Hrsg.): Räume der Romantik. Würzburg 2007 (= Stiftung für Romantikforschung 42), S. 157-168.

Wilhelm Vossenkuhl: Wittgenstein über Farben und die Grenzen des Denkbaren, in: ders. (Hrsg.): Von Wittgenstein lernen. Berlin 1992, S. 7998.

Ludwig Wittgenstein: Bemerkungen über die Farben. Hrsg. von G. E. M. Anscombe. Oxford 1977.

# Namenregister